MURDER, FORENSICS,
AND THE BIRTH OF AMERICAN CSI

AMERICAN
SHERLOCK

凱特・溫克勒・道森──著
Kate Winkler Dawson
張瓊懿──譯

American Sherlock

Kate Winkler Dawson

目　錄
Contents

一九二〇年代為了降低犯罪率而頒行的禁酒令，不意促成了更新穎的犯罪手法。當時聯邦調查局成員大多未經訓練，主要調查銀行的詐欺。地方警力則缺乏足夠經費和指導，不但人力輸給歹徒，就連聰明程度也經常不及對手。

這時期的複雜刑事案件需要具有特殊才能的專家——在現場必須擁有偵探般的直覺；在實驗室要具備鑑識科學家的分析能力；上了法庭還能將這些知識說得淺顯易懂。此時開始從事鑑識科學工作的愛德華・奧斯卡・海因里希，成了美國第一位具備這些獨特才能的調查人員。

一九一〇年他成立美國第一間私人犯罪實驗室時，還引來譏諷，然而一九二一到一九三三年間，大家從對他感到好奇，變成視他為傳奇。在CSI（犯罪現場調查）一詞還未出現時，他已發明各種現場與實驗室裡可採用的鑑識技術，可說是二十世紀發展現代犯罪調查技術的第一人。

1

艾琳・蘭森的身體癱在陶瓷浴缸邊緣，有一半身軀懸在浴缸外，雙臂下垂。她的頭朝地磚傾著，辮子有一邊已經鬆開，順著她的

左手臂散在地板上，一隻手落在浴缸旁的拖鞋上。

奧斯卡讀過許多歐洲調查人員所寫，關於身體受衝擊時血液會如何流出的著作，在先前幾起案件中磨練了這項技術，並在一九二五年的一宗謀殺案中提出血跡形態分析，這可能是美國首次提出這門技術的案例。

二度造訪案發的蘭森家浴室後，奧斯卡已經收集好他需要的所有東西。他認為自己的假設很合理，嫌疑犯就在身邊，他可以用繩線和浴室牆壁上數百滴乾掉的血漬來證明。從血跡的高度、角度，還有噴濺軌跡，就能判斷衝擊發生的角度。隨著艾琳的動作不同，產生的血跡形態也會不一樣。利用繩線、量角器和數學計算，就能從艾琳留下的血跡解開她的死亡之謎。

2 | 天才：奧斯卡·海因里希的心魔 53
Genius: The Case of Oscar Heinrich's Demons

父親奧古斯特從後院消失的時候，母親阿爾貝婷發現他沒有帶晚餐出門。她很快走到棚屋把門打開，接著，鄰居都聽到了她的尖叫⋯⋯

奧斯卡被迫成為一家之主後，捨高中學業改上夜校，取得藥劑師資格。當時藥學課程偏重化學，除了學習配藥，還要熟悉臨床化學，像是學習尿液分析之類的體液分析。這類訓練促成了他成為鑑識科學家的第一步。十八歲通過國家考試披上白袍後，他開始在藥廠學習藥物、毒物、化學，也學習人性。這八年期間，他還學會一項寶貴技能：辨識筆跡的能力。「我必須解讀醫生寫的天書，」他解釋道。

隨後，由於渴望成為技術高明的化學家，並找到收入豐厚且穩定的工作，他冀望能在實驗室找到差事，而要實現這個心願得先上大學。在聽說加州大學柏克萊分校有專門為非正規學生開的課時，時年二十三歲，口袋僅有十五塊錢的他打定主意，開始他第二階段的教育。

赫斯林神父遭人綁架，偵查人員雇用三位知名的文件專家，來分析那封詭異的勒索信。

筆跡偵測領域包含「筆跡分析」和「筆跡學」兩大類別，兩者至今仍常被混為一談。筆跡分析大約在西元三世紀問世，當時羅馬帝國的法官必須拿文件上的簽字比對其他文字，來判斷是否造假。筆跡分析的依據是：只有特定的人能寫出特定的字，因此簽名或更長的文字能用來辨識人，就像指紋一樣。然而字體會因一個人的環境、書寫工具、年紀，甚至情緒而改變，筆跡受太多不確定因素影響，其實不是很可靠的鑑識工具。

有人說筆跡學相較於筆跡分析，就像占星術相較於天文學的關係。筆跡學的藝術成分重於科學，它宣稱能根據字跡判斷書寫者的個性，探討的是筆觸背後的心理學，屬於罪犯側寫的範疇。筆跡學家不怎麼受敬重，百餘年來鑑識筆跡學一直被視為偽科學。

奧斯卡將赫斯林神父遇害地點搜得的刀子，放在顯微鏡底下仔細觀察刀柄，發現了幾粒沙子。他比對了他對威廉・海陶爾房內帽子上黏的沙子做的紀錄，接著再次觀察刀片。「刀片的末端有些沙子，外觀和大小都跟帽子上的沙粒相同。」海陶爾帽子上的沙粒，很可能來自神父遇害的地方──這是很有力的間接證據。

為了提供警方確鑿的證據，奧斯卡做了一件了不起的事。他採用一種他擔任化學和衛生工程師時學會的技術，發展出突破性的鑑識地質學，從此改變了警察調查犯罪的方式。這門技術叫岩相分析，是一種用來鑑定岩石成分與來源的顯微手法。此前從來沒有人將岩相分析運用在刑事案件上，奧斯卡是第一人。這個創新且高明的作法，直到今日在鑑識學領域仍受到重用。這是奧斯卡基

於辦案需求所做的第一個改良，這個非凡的發現引導出的新技術，將在鑑識歷史上留名。

奧斯卡慢條斯理的在兩個房間進行網格狀搜尋，並在每個找到證據的地方做了記號。將這些線索串連起來，便可以說明維吉妮亞‧拉佩和肥仔阿爾巴克當晚發生了什麼事。「發現男女雙方發生衝突的證據，」他在工作日誌上寫道。

他盯著最有力的證據，就在一二二○號房的門把上方幾英尺處，有兩個潛藏手印。其中一個是男人的，另一個是女人的。男人的手印蓋在女人手印的上面。他撒了些細粉在深色的門上。門上的隙縫立刻被白色粉末填滿，原本隱藏的線索馬上顯現出來。奧斯卡迅速寫了複雜的數學式，計算這個旅館開業以來有多少人來過這個房間。接著他推了一個金屬架過來，用上面的大相機開始拍照。門上有兩個明顯的手印，但指尖似乎長了點；指紋的漩渦都在，但是被拉長了。它們不是單純印上去的，而是被拖拉了一下，現在已經模糊了。他寫下「找出潛藏指紋」。

陪審員關在房間裡，針對證人的證詞、科學證據，以及嫌疑犯阿爾巴克本人的說詞進行討論。經過四十四個小時的爭辯後⋯⋯他們放棄了。判定無罪與有罪的票數一直僵在十比二──大多數成員都不相信檢察官，認為阿爾巴克有罪的其中一人表示，是奧斯卡說服了她。「影響我最終決定的是那些指紋，」海倫‧哈伯說道，「阿爾巴克的講法無法完全說服我，因此我選擇將他定罪，沒有什麼能改變我已經做好的決定。」

全國最著名的犯罪專家憑著自己的力量，成功促成一次無效審判，

但最後的結果實在無法令奧斯卡滿意。阿爾巴克一案讓奧斯卡聲
名大噪，但也損害了他做為專家證人的信譽。當時指紋識別在美
國還處於起步階段，遭到頗多批評。陪審員不了解它是否是一種
可靠的科學，因此就算媒體對阿爾巴克做了很多負面報導，但奧
斯卡很肯定陪審員還是受了阿爾巴克的明星光環左右。

南太平洋鐵路公司的特別探員在審訊室與一名嫌疑犯周旋了幾
天，都沒問出什麼，現在只能冀望奧斯卡能從在犯罪現場尋得的
物品中找到蛛絲馬跡。

奧斯卡摸了摸在鐵軌附近的草叢中找到的吊帶牛仔褲，又聞了聞
它的味道，接著把褲子攤在木門上，用六支別針固定住。他用量
尺仔細做了垂直和水平測量，記下測量結果，接著將靴子放在一
只收納盒上，把它們擺在吊帶褲下方；他發現它們跟褲腳距離五
英吋，再次低頭做了筆記。「從（吊帶褲）上半身內緣左側及鈕扣
上的油漬，以及吊帶末端和扣環的油漬及磨損情形來看，主人習
慣只解開左邊的吊帶。」他在便箋上記下⋯⋯

就憑一根頭髮和一件工作褲，奧斯卡畫了一張嫌犯的速寫，而且
還非常精準。他的描述和羅伊・迪奧崔蒙完全吻合——棕髮的伐
木工人，在奧勒岡西部的冷杉和雲杉林工作，個性吹毛求疵。

奧斯卡看著史瓦茲焦黑的身體躺在葬儀社裡，散發出惡臭。跟焦
黑的身體相較，他的大牙顯得特別白。身體的肌肉組織幾乎都燒
掉了，看來確實像死於火災意外。除了身高，他還測量了史瓦茲
的各個身體部位。他從史瓦茲的胃裡掏出一些東西，好判斷他最
後一餐吃了什麼。他寫下牙齒的數量，並注意到右上方的一顆臼

齒被很有技巧的拔掉了。接著他扳開史瓦茲的手指，發現上面居然都沒有指紋。他又看了看死者的眼窩，發現他的眼球竟然也不在了。

這名犯罪學家從史瓦茲的嘴巴往他的頭顱裡窺，發現裡面是空的。他用手術剪刀小心取下一小塊帶著頭髮的頭皮，將它擺在一旁，接著瞇著眼睛，彎腰檢查史瓦茲的頭部。頭顱有一處沿著一道裂痕裂開，看起來像是有人用錘子或斧頭多次敲擊過。警方原本猜想這是起實驗室意外，實則不然──這是他殺。這件事隨後正式被列為凶殺案調查。

9

支離破碎：貝西・費格森的耳朵
Bits and Pieces: The Case of Bessie Ferguson's Ear

奧斯卡用鑷子從死者耳下脂肪組織拉出幾隻蛆──牠們能協助判斷死亡時間。將昆蟲與刑事偵查結合的學問叫法醫昆蟲學，從一八○○年代中期開始，就有一群科學家希望利用這方面的自然現象協助調查，但在美國，此前從未有這樣的文獻紀錄，這件案子是頭一樁。

另外，受害者衣物上的沙子摻雜著小蚌殼，數量多到讓人懷疑這沙來自大海附近，但又沒有多到能夠認定它們來自海邊的沙灘。奧斯卡把顯微鏡推到一旁，露出了笑容。「石子的顆粒大小顯示有水流交替，也有水中物質沉澱的靜止期，這代表有死水進入潮水的情形。」

奧斯卡向調查人員解釋他的岩相測試結果：死者衣服上發現了少量的鹽和氯（就像海沙），但又有大量淡水植物和化學物質（像是沼澤的沙）。「我從沙粒的大小判定，它們來自淡水低谷處，水流緩慢的地方……」這時奧斯卡還不知道，他這個方法再度寫下鑑識科學的新頁，並沿用至今。

鑑識彈道學的發展可以回溯到一八三五年，當時倫敦警察廳的前身鮑街警探們在一顆子彈上發現不規整的情形。美國早期的槍枝都是由槍匠個別打造，所以槍枝的每個部位，包括槍管、轉輪和子彈都是獨一無二的，槍枝在使用過的子彈上留下的痕跡也是絕無僅有，如此一來，專家便可以用子彈比對出是從哪一把槍射出的。十九世紀，槍枝製造者開始大量生產武器後，專家便改以顯微鏡來尋找更多細微的不規整處。槍枝還是會留下獨特的痕跡，只不過更難以察覺了。

二〇〇九年，美國國家科學院發表了指標性的報告，並下結論指出，鑑識彈道學在犯罪調查上雖有其價值，但陪審委員會不應該以它為唯一的證據來源。「科學委員會同意，對於會留下特殊痕跡的工具，製造或使用過程產生的個別痕跡便足以追溯到特定來源，但是還需要進行額外研究來讓個別化的過程更加精準且能夠重複。」

在大衛・蘭森案中，奧斯卡・海因里希要面對難纏的法庭專家，以及對犯案現場和屍體解剖有專長的病理學家。但現在的司法系統認為，他們的醫學背景不足以指證大部分與血濺形態分析有關的刑案，因為血濺形態分析還運用了數學、物理等複雜的科學原理，而病理學家通常沒有這方面的訓練——但是奧斯卡・海因里希有。他的化學學位，以及在過去的工作中得到的生物學與物理學知識，讓他比其他專家更符合資格；只不過他做結論時仍得更審慎些。

「血濺痕跡可以告訴我們，血液噴出的速度是快是慢等訊息，但有些專家的推論卻遠超過合理的範圍，」美國國家科學院二〇〇

九年發表的一份報告這麼警告。「血濺形態分析充滿了不確定。」
該報告提醒，只有資格符合的專家才能進行血濺形態分析實驗；
在法庭上提出結論時，應該由他們正確的解釋那些變數。此外，
血濺形態的結果仍然不該做為刑事案件中的唯一證據。

編按：本書傳主愛德華・奧斯卡・海因里希（Edward Oscar Heinrich）綽
號American Sherlock，直譯應為「美國謝洛克」，但因台灣習慣以「福爾摩
斯」稱呼Sherlock Holmes，所以內文全部與書名皆改譯為「美國福爾摩斯」。

左上｜奧古斯特・海因里希和他的家人。（Courtesy: Millard F. Kelly/UC Berkeley）

右上｜海因里希和瑪莉安搭乘康特・比安卡馬諾號（Conte Briancamano）遠洋輪船，1930年。
（Courtesy: EO Heinrich/UC Berkeley）

下｜海因里希看著顯微鏡的接目鏡。（Courtesy: EO Heinrich/UC Berkeley）

左上｜艾琳・蘭森在案發現場的照片。
（Courtesy: EO Heinrich/UC Berkeley）

左｜艾琳・索普・蘭森。（Courtesy: AP Photo）

右上｜海因里希和兩位助理檢視著案發現場的一扇門。
（Courtesy: EO Heinrich/UC Berkeley）

左下｜噴濺到壁紙上的血漬。（Courtesy: EO Heinrich/UC Berkeley）

右下｜蘭森家的浴室草圖。（Courtesy: UC Berkeley）

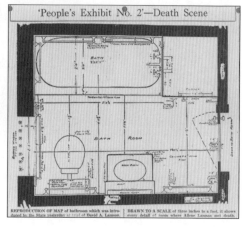

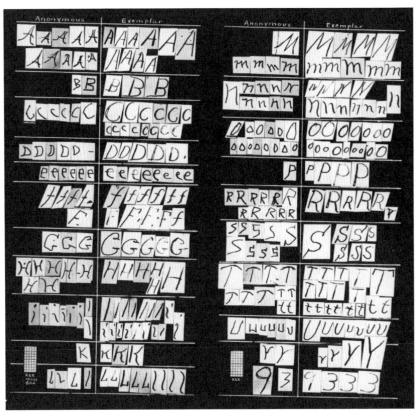

上│海陶爾案的字母筆跡比較。（Courtesy: EO Heinrich/UC Berkeley）

左下│威廉·海陶爾。（Courtesy: The San Francisco Examiner）

右下│刀片上的纖維特寫。（Courtesy: EO Heinrich/UC Berkeley）

左上｜女星維吉妮亞‧拉佩和喜劇演員羅斯科‧「肥仔」‧阿爾巴克。（Courtesy: AP Photo/File）

右上｜阿爾巴克的飯店套房內部。（Courtesy: EO Heinrich/UC Berkeley）

左下｜案發現場門上的手印特寫。（Courtesy: EO Heinrich/UC Berkeley）

右下｜門上大面積的手印。（Courtesy: EO Heinrich/UC Berkeley）

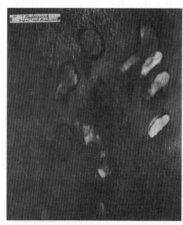

左上｜馬汀・科威爾案的子彈特寫。（Courtesy: EO Heinrich/UC Berkeley）

右上｜貝西・弗格森。（Courtesy: UC Berkeley）

下｜海因里希檢視費格森的骸骨。（Courtesy: EO Heinrich/UC Berkeley）

左上｜破損的郵件收據和美國火車快遞標籤。（Courtesy: UC Berkeley）

右｜迪奧崔蒙兄弟的懸賞海報。（Courtesy: UC Berkeley）

左下｜釘在門上的工作褲和量尺。（Courtesy: UC Berkeley）

右下｜從郵車端拍攝的火車內部。（Courtesy: UC Berkeley）

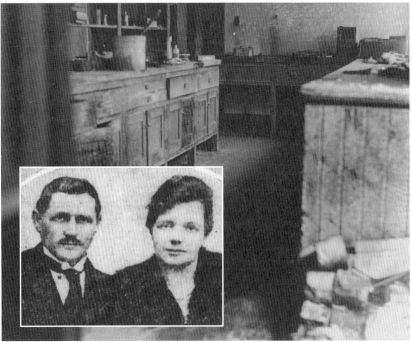

上｜警方檢視史瓦茲的實驗室內部。（Courtesy: Reynolds, Oakland PD/UC Berkeley）

下｜查爾斯‧史瓦茲的實驗室內部。（Courtesy: EO Heinrich/UC Berkeley）

圖中圖｜查爾斯和愛麗絲‧史瓦茲。（The San Francisco Examiner）

上｜大衛・蘭森於
加州聖荷西的司法廳
面對初步審訊，
1933年6月16日。
（Courtesy: Associated Press）

下｜海因里希
於實驗室中檢視槍枝。
（Courtesy: Herbert Cerwin
/UC Berkeley）

獻給昆恩（Quinn）與艾拉（Ella），我們家族中最會說故事的人

前言
檔案箱裡的故事：手槍、頜骨和情詩
PROLOGUE
Tales from the Archive: Pistols, Jawbones, and Love Poetry

　　他的上頜骨特別大[1]——長而彎曲的骨頭上有九個小洞，那是牙齒長的位置。其餘的骨頭已經被不知名的凶手燒得焦黑。我用燈照亮這塊頜骨，仔細檢查黏在外側的幾根草——來自北加州艾爾塞里托（El Cerrito）山坡墳墓上的有機證據。

　　手握謀殺案受害者的骨頭讓人心裡難受，特別是主人身分不明的骨頭。我看了檔案保管人拉拉・米歇爾（Lara Michels）一眼，在這間偌大的倉庫裡，她靜靜站在一張木桌後。「還有什麼呢？」我問道。

　　她帶我走過一長排大紙箱，這一百多個紙箱都是同一個人捐贈的。我得到了獨家授權來到這裡，一探來自二十世紀前半葉這位鑑識科學家暨犯罪專家——美國福爾摩斯——執業五十年間的收藏，看他如何在鑑識科學成為辦案基礎之前改變辦案模式。我沿著狹長走道一邊走、一邊在紙箱標籤上尋找一個共同的名字：愛德華・奧斯卡・海因里希（Edward Oscar Heinrich）。

　　海因里希於一九五三年七十二歲時離世，十六年後，他的小

兒子摩提莫（Mortimer）決定捐出父親實驗室裡的東西。位於加州柏克萊家中這些承載鑑識科學歷史的物品，曾經佔據了摩提莫童年時期。一九六八年，他將這些裝有檔案、證據、私人日記，甚至浪漫情詩的箱子，捐給了加州大學柏克萊分校。這是奧斯卡的母校，也是他多年教授鑑識科學的地方。這個檔案庫藏含有龐大信息，但礙於建檔和研究的經費有限，已經原封不動擱在這邊五十多年了，尚未有人為它們編目分類。

　　二○一六年，我在一篇短文上讀到了奧斯卡・海因里希極其著名的案件——一九二三年的西斯基尤（Siskiyou）火車劫案，很驚訝竟然沒有人為他寫一本書。於是，我向柏克萊大學申請開放他的收藏讓我做研究。米歇爾答應了。經過一年多的等待，我開始沉浸在這名你可能從來沒聽說過的著名犯罪專家奧斯卡・海因里希的奇幻世界。

　　箱子裡裝的資料有照片、筆記、信件、速寫和審判紀錄等，內容非常豐富卻雜亂無章。海因里希顯然將能保留的東西（包括私人和工作上的）全保留了下來，包括記了筆記的餐巾紙、幾千份報紙、數百顆子彈和幾十本帳冊。我一開始只是開玩笑的說他是個「有生產力的囤積者」，直到一位在德州大學擔任心理學教授的同僚告訴我，他的確符合強迫性人格障礙（obsessive-compulsive personality disorder）的診斷標準。世上約有百分之一的人受強迫症影響，他們過度執著於完美、受掌控而有秩序的生活[2]。這樣的人通常生產力極佳、很有成就，但也因為標準僵硬、或是在控制力受到威脅時容易生氣，因此人際關係上困難重重。海因里希

原本就備感壓力的生活，當然也因為強迫症而變得更為複雜，但是我作為作家和研究員，倒是非常感謝他吹毛求疵和喜歡收藏的習慣，特別是那一箱箱從犯罪現場收集來的證據。

證物內容涵蓋了數十年的調查案件，數量相當可觀。管理人讓我看了炸彈的碎片、死於自己車子底下的女子留下的項鍊、死於一場惡名昭彰的派對的女星留下的一撮頭髮，還有幾把需要柏克萊警方移除撞針的手槍。

第一眼看到海因里希的照片時，我有一種奇怪的感受——就一個嚴謹的科學家而言，他長得挺英俊的。他很清瘦、不是特別高，淺棕色的頭髮有些稀疏，但臉部的稜角十分迷人，正在清理左輪手槍的他眼睛裡有著過人的自信。

我盯著數千張照片看了幾個月，有些是海因里希的助理拍的，有些是他自己沖洗出來的（他是一名狂熱的攝影師，喜歡用照片記錄案發現場）。我發現了許多細節，像是他在調節顯微鏡上的調節輪時會瞇著眼睛，嘴裡叼菸斗時會用牙齒咬著，彎腰檢視證據時額頭會出現皺紋，還有圓形的無框眼鏡跟太陽穴貼得特別緊——經常得低頭使用顯微鏡的化學家往往會這麼做。

那些照片也讓我得以更深入了解他的私人實驗室。他的實驗室位於柏克萊山丘（Berkeley Hills）上，這是個可以俯瞰舊金山灣的迷人小社區。實驗室裡有各種儀器。長木桌上放置了各式各樣的顯微鏡[3]。多出來的空間全給試管、坩堝、燒杯、透鏡和天平等佔據了。櫃子上有數百本無價的書籍，至少對從化學家轉行當鑑識科學家的他而言是無價的。書籍涉獵的內容包括指紋辨

識、應用機械、分析幾何學、粉末狀植物藥劑等。

這些以六種語言寫的書名，像是《血液、尿液、糞便和水分：測試手冊》(*Blood, Urine, Feces and Moisture: A Book of Tests*)[4]、《紙類和織品中的砷》(Arsenic in Papers and Fabrics)等，相信任何好奇的知識分子都會感興趣。他甚至有一本字典收錄犯罪分子常用的俚語。這些書看起來互不相關，就像一個聰明的瘋子胡亂收集的書庫。但每本書都是一幅拼圖中的一小塊，而這幅只有他才懂的畫，講訴著一名天才和他所屬的動盪時代。

名符其實的動盪時代──一九二○年代，海因里希開始從事鑑識科學工作時，拜禁酒令所賜，凶殺率相較前十年增加了百分之八十[5]。當年聯邦政府為了降低犯罪率施行了禁酒令，但是十三年下來，這麼做反而促成了更新、更具創意的犯罪手法。各地方政府和全國的警察局則有著不同程度的腐敗，法官樂於享有免遭逮捕的豁免權，大多數城市都有黑道插手管理。在大家渴望擁有安全、受到保障的情況下，貧窮和失業率也促成了暴力犯罪案件增加。懸而未解的犯罪案件日益增多[6]。

當時的聯邦調查局還只是調查局(Bureau of Investigation)[7]，成員大多沒有經過訓練，調查的主要是銀行的詐欺行為。地方警力缺乏足夠經費和指導，採用的調查技術從維多利亞時期就沒有更新過。一直要到一九三二年，第一間公立的聯邦犯罪實驗室才會問世；暴力銀行搶劫日益猖狂，殺人凶手讓美國人，特別是甫獲得獨立自主權的女性們感到害怕，因為這一點激怒了社會上激進和憤怒的人[8]。

　　打擊犯罪的古老方法——直覺和薄弱的間接證據——已經不再適用。警察現在面對的是更狡詐的罪犯，這些小偷和殺人犯懂化學、懂槍械，也了解刑事法院系統。警察不但人力輸給對方，就連聰明程度也經常不及對手。

　　「鞋印是最好的線索，」當時一名頂尖的警員表示，「我們不需要其他辨識方法。」

　　無辜的人遭處死，犯罪的人卻逍遙法外。一九二〇年代這些複雜的刑事案件，需要一種具有特殊才能的專家——在現場時，他必須擁有偵探般的直覺；在實驗室裡，他要具備鑑識科學家的分析能力；上了法庭，他還要能將這些知識說得淺顯易懂。愛德華・奧斯卡・海因里希成了美國第一位具備這些獨特才能的案發現場調查人員——美國最偉大的鑑識科學家之一，破解了美國幾椿最難解開的案件[9]。

　　但不是每個執法人員都欣賞他獨特的辦案方法。一九一〇年，他在華盛頓州的塔科瑪（Tacoma）成立美國第一間私人犯罪實驗室時[10]，立刻引來譏諷，一些人認為這名學者未免太大言不慚，竟然認為他能用那些莫名其妙的化學藥品和一台笨重的顯微鏡，破解別人解不開的案件。他的粗花呢西裝讓他看來像一名普通的大學教授，而不是經驗老道的偵探，但最後的成果讓許多人跌破了眼鏡。海因里希執業的四十多年間，總共破了兩千多個案子，一個月處理的案子大概在三十起到四十起。

　　愛德華・奧斯卡・海因里希在實驗室裡的聰明才智、在案發現場的冷靜自持，以及在證人席上的專業態度，讓媒體給了他

「美國福爾摩斯」[11]的稱號。一九二一到一九三三年間，大家從對他感到好奇，變成視他為傳奇。書上記載了許多他調查過的案子，大家或許對這名英雄所知甚少，但是解決犯罪的領域裡處處有他留下的痕跡。

在CSI（Crime Scene Investigation，犯罪現場調查）這個英文縮寫名詞還不存在時，他就已經發明了各種現場與實驗室裡可採用的鑑識技術。早在近五十年前，聯邦調查局於一九七二年成立行為科學部（Behavioral Science Unit）時，他便已經開始使用罪犯側寫[12]。直到今天，坐上證人席的科學家都還在使用他的方法。一些我們現在視為理所當然的打擊犯罪工具，像是血濺形態分析、彈道學和潛藏指紋的採集與分析等，都是他發明的。我們可以說，奧斯卡・海因里希是二十世紀發展現代犯罪調查技術的第一人。

他也帶頭犯了幾個明顯的錯誤——一些執法單位至今依然面對的問題。

海因里希幾個最著名的案件，就能讓我們有很大的收穫，這些當時都是報上的頭版新聞（但慢慢為人遺忘，就像海因里希本人一樣）。他的名聲就是這樣透過一個又一個案件累積起來的。也是在幾個關鍵案件中，他犯了嚴重錯誤，影響了後面幾代的調查人員。但是在了解他做錯了什麼之前，我們必須先透過他事業顛峰時期的幾件案子，了解他做對了什麼。

註釋

1　Bessie Ferguson case, 1925, carton 24, folder 5, Edward Oscar Heinrich Papers, BANC MSS 68/34 c, Bancroft Library, University of California, Berkeley.

2　Encyclopedia of Mental Disorders, http://www.minddisor ders.com; the expertise of Dr. Kimberly Fromme, professor of Clinical Psychology at the University of Texas at Austin.

3　From a photo in 89–44, box 175, file 2291, Theodore Heinrich Collection, Dr. John Archer Library, University of Regina, Saskatchewan, Canada.

4　This title and other examples from Heinrich's library come from the University of California at Berkeley library catalogue: search "Edward Oscar Heinrich."

5　Mark Thornton, "Policy Analysis No. 157: Alcohol Prohibition Was a Failure," Cato Institute, July 17, 1991 (specifically the section "Prohibition was criminal"). Note: the numbers for the increase in crime are widely disputed, ranging anywhere from 5 percent to 78 percent.

6　Encyclopedia.com, "Crime 1920–1940."

7　History of the FBI, Federal Bureau of Investigations, https://fas.org/irp/agency/doj/fbi/fbi_hist.htm.

8　"'Sex Appeal' Responsible for U.S. Crime Wave," *Times of India*, March 22, 1926.

9　Katherine Ramsland, "He Made Mute Evidence Speak: Edward O. Heinrich," *Forensic Examiner* 16, no. 3 (Fall 2007): 2.

10　Max M. Houck, ed., *Professional Issues in Forensic Science* (Amsterdam: Elsevier, 2015), 3; carton 5, folder 5, Edward Oscar Heinrich Papers.

11　"Grains of Sand Convict Killer," *Reno Gazette-Journal*, February 18, 1930.

12　Tom Bevel and Ross M. Gardner, *Bloodstain Pattern Analysis*, 3rd edition (Boca Raton, FL: Taylor & Francis, 2008).

1

斑斑血跡：浴中遇害的艾琳・蘭森（上）
A Bloody Mess: The Case of Allene Lamson's Bath, Part I

他將玻璃吸量管放進這個瓶子，又放進那個瓶子，然後從每個瓶子吸出幾滴液體。接著，他把一個裝有溶液的試管擺在桌上……「你來得正是時候，華生，」福爾摩斯說道，「如果這張紙維持藍色，那就什麼事都沒有。但要是它變成了紅色，就表示那溶液是可以殺死人的。」

——亞瑟・柯南・道爾（Arthur Conan Doyle），
《海軍協定》（*The Naval Treaty*），一八九三年

後院傳來了刺耳的劈哩啪啦聲，意味著正在進行週末的例行儀式——零星的火花從小火堆竄出，這樣的場景在過去三年來不可勝數。艾琳・索普・蘭森（Allene Thorpe Lamson）的先生很喜歡將他們在北加州小平房收集的垃圾用火燒掉[1]。

時間是一九三三年五月三十日星期二[2]。熊熊的火燄燃燒著數量驚人的垃圾，當中有院子修剪下的樹枝、死掉很久的蝸牛、死掉的朝鮮薊[3]、廢紙、帆布，甚至還有陳年的牛排骨頭

——任何大衛‧蘭森（David Lamson）覺得可以化為灰燼的東西。味道愈來愈重，就像廚師一不小心煮焦了肉一樣，但是艾琳‧蘭森不太抱怨，因為這樣可以滿足一下她先生想維持住家整潔的強迫行為。

能住在有史丹佛大學這所名校的教員住宅區是件光榮的事，這個富裕的社區位在帕羅奧圖（Palo Alto），距離舊金山南邊大約三十英里。早在一九三〇年代，這個當今的矽谷心臟地帶便吸引了許多有錢人、高級知識分子和有頭有臉的政治人物。蘭森家的小房子座落在大學教授和專業人士們[4]富麗堂皇的大房子之間，有蔥鬱的海岸櫟樹環繞著，社區裡還開了花的尤加利樹。史丹佛大學在一九三〇年代便得到了國際認可，對於負擔得起的人而言，尤其是在大部分的美國都進入了經濟大蕭條的第四年[5]，也是事後被認為最艱難的一年，它是未來學術界的殿堂。

蘭森家位於薩爾瓦帖拉街（Salvatierra Street）上，有著西班牙式的紅色屋瓦和灰色水泥牆，牆上有常春藤點綴。它和鄰近的豪宅相比，是間相當低調的房子，只要走路十分鐘，便能到達前總統赫伯特‧胡佛（Herbert Hoover）引人注目的三層樓大宅[6]。第一夫人盧‧亨利（Lou Henry）對建築很有興趣，便在一九一九年參與設計了一棟五千平方英尺大的房子，採用的是新興的歐洲莊園國際風。一九二〇年代，她監工了這七棟為年輕教員蓋的平房，以四千到七千美元出售，蘭森夫婦買下了其中一間。

胡佛總統剛在總統大選上徹底敗給了民主黨的福蘭克林‧羅斯福（Franklin D. Roosevelt），不久前才搬回加州的住處。許多人把

經濟大蕭條怪罪到胡佛頭上，畢竟這場大災難發生於他為共和黨拿回政權的七個月後。到了一九三三年，美國各地被戲稱為「胡佛村」的貧民窟愈來愈多了。在胡佛留下爛攤子搬回帕羅奧圖之際，靠食物救濟過活的民眾多達數百萬人。相對前總統家兩英畝寬的排場，蘭森家顯得溫馨可愛，對一個小家庭來說，它的大小剛剛好。大衛幾乎每個週末都帶著一點驕傲精心打理庭院。

一九二九年爆發了世界金融危機，直到一九三三年，大多數美國人都還在努力從中恢復過來；經濟大蕭條讓許多家庭陷入了困境——有一千五百萬個美國人失業，約佔總人口的四分之一。相較之下，帕羅奧圖的居民幸運多了，大家都過得不錯，或至少還過得去。

史丹佛大學的教授和學者依舊授課和進行研究[7]。學校得到的捐款少了，但是體育領域和學術領域都持續在擴展。這座城市倚靠大學教授和員工的消費來支持，他們也沒有辜負大家的期待。

黑煙從火堆中竄出。那是個陽光明媚的北加州夏日，藍色的天空帶著一絲暖意。和位於灣區北邊的舊金山相比，帕羅奧圖由於有聖塔克魯茲山脈（Santa Cruz Mountains）屏蔽，少了那份濕冷的夏日霧氣。

院子裡的垃圾緩緩燒著，但有個埋在灰燼底下的金屬塊文風不動，並未熔化。再過幾個小時，它將成為重要線索，而現在，它就只是大衛‧蘭森火堆裡的一件垃圾。

那天早上九點左右，艾琳‧蘭森用手順了順一頭棕色頭髮，輕輕將它分成幾個部分後，編了兩條辮子。她穿著棉質睡衣，坐

在夫妻倆臥房的梳妝台鏡子前，凝視鏡中的自己。艾琳身材修長、皮膚白皙，深色的頭髮搭配巧克力色的眼珠子，是個天生的美人胚子[8]，但她最吸引人之處是她的內涵。她從史丹佛大學取得學士和碩士學位，這在一九三〇年代是了不起的成就，以女人來說更是如此。艾琳參加了好幾個校園組織，是德爾塔姊妹會（Delta Delta Delta sorority）和美國新聞業婦女姊妹會（Theta Sigma Phi）的領導人物，也是半島女子史丹佛俱樂部（Peninsula Women's Stanford Club）的會長。

她是史丹佛大學《一九二六年年鑑》（1926 Quad）和校園報紙《史丹佛日報》（Stanford Daily）的新生作家和編輯。研究生時期，她寫過關於學校的巨額捐贈和年鑑出版等內容的長篇深入報導。她的文筆流暢而引人入勝，很明顯樂在新聞工作中。

「在短短幾英里內，就可以從海平面來到高山頂上，每個地區都有它獨特的野生動植物[9]，」艾琳這麼描述史丹佛做為禁獵區的角色。

她迷戀北加州美麗的鄉村風光。幾年前，她從出生地密蘇里州搬到加州，此後身邊的景緻便經常出現在她的文章裡。

她和大衛·蘭森是在年鑑辦公室認識的。才華洋溢的大衛是當時廣受歡迎的幽默雜誌《史丹佛灌木帶》（Stanford Chaparral）主編。他倆有許多共同的興趣，都是成績優秀的學生，也都願意投入史丹佛的社區事務[10]。到了畢業之際，艾琳已經深深為這名英俊的作家吸引，幾年後兩個人便結婚了。

她這名結褵五年、現年三十一歲的另一半身材精瘦，有著深

棕色眼珠，和一頭髮際線逐漸後退的波浪狀深棕色頭髮。大多數時候，大衛都一副若有所思的樣子——對他感興趣的女性或許會認為這樣的他很有魅力。他的外眼角有點往下垂，但他的小女兒總能讓他的臉綻放出燦爛的笑容。他在朋友間很吃得開，這讓他們夫妻很受歡迎，對此艾琳欣然接受。

一九三三年，大衛在聲譽極高的史丹佛大學出版社擔任銷售經理[11]。在這之前他在學校教了一年廣告學[12]，是個有雄心的作家。艾琳則在YWCA擔任助理行政祕書，那只是份工作，不是什麼人生志向。她在學校拿的兩個學位完全派不上用場，雖然覺得悶，但還是不得不工作。

「她需要有東西來填補她的大腦[13]，」大衛向一個朋友解釋道，「老待在家裡沒辦法滿足她。」

蘭森是對新世代夫妻[14]，兩人都來自受敬重的家庭。大衛來自加州的庫比蒂諾（Cupertino），他的母親和兩個姊姊住在附近，其中一個姊姊是著名的醫師，擁有自己的診所。他們的朋友中不乏帕羅奧圖最富有的人[15]，當中有國家科學研究委員會（National Research Council）的化學家、冶金工程師、新聞學系的教授和律師等。他們最要好的朋友之一是胡佛總統迷人的外甥女露易絲‧鄧巴（Louise Dunbar），她是社交名媛，與城裡的名門望族素有往來。

就像大多數女人一樣，艾琳仔細端詳著鏡裡那張臉上的細紋。二十八歲的她有個名叫艾琳‧吉納維芙（Allene Genevieve）的女兒，小名貝貝（Bebe），有一頭黑色捲髮。這天早上，艾琳順了

一下辮子，把它們盤起來後用髮夾乾淨利落的固定在兩旁。她每天早上都會這麼做。昨天晚上是這個週末假期的最後一晚，她真的累壞了。過去這三、四天晚上，她和大衛都忙著社交活動。星期五去歐姆斯比（Ormsby）家作客，星期天在史威恩（Swain）家打橋牌，前一天晚上和拉夫‧衛斯理‧萊特（Ralph Wesley Wright）醫生夫婦一起吃點心。蘭森夫婦喜歡和這些朋友往來，這些菁英人士可以拓展他們的視野，挑戰他們的想法。

「我覺得他們生活挺幸福的，」萊特醫生回憶。[16]

但是熱衷社交很可能為這對夫妻招來了不幸。那天晚上，他們在萊特夫婦家相談甚歡，待了幾個小時後，回到家已經十一點了。這時艾琳突然胃痛如絞，不知道是不是在萊特家吃的檸檬派和柳橙汁造成的。體貼的大衛決定到屋後的小孩房睡，避免打擾到她。每當艾琳需要好好休息，他便會這麼做，這是他們多年來的習慣了。兩歲的貝貝那天剛好在大衛的母親家過夜——「太幸運了，」家人們事後這麼說。

大衛告訴艾琳，他隔天打算在院子裡工作，所以先拿走了他的工作服、浴袍、睡衣和室內鞋，免得隔天早上吵到她。艾琳鑽進被窩，閉上眼睛，但是沒多久便醒了。

清晨三點，她的胃又痛了。她喊了大衛，沒有很大聲，因為他們的屋子就這麼點大。大衛穿著睡衣來到房間門口。他用手輕輕撫摸她的背，並建議她吃點東西。

很快的，艾琳聽見大衛在廚房裡準備食物的聲音。他拿來了一杯檸檬水，短暫離開後，又端著熱番茄湯和烤起司三明治進

來。吃點熱的通常能讓她再次入睡，但那天晚上她真的沒胃口，只咬了點吐司邊，喝了幾口湯。

艾琳睡著後，大衛回到小孩房。貝貝不在家，屋裡特別安靜，靜到有點讓人不習慣。屋裡安靜也意味著夫妻倆能稍稍喘息。這一整個冬天，貝貝都因為嚴重的鼻竇炎[17]哭個不停，過去幾個月艾琳累壞了——在保母的幫忙下，她一個夜晚接著一個夜晚的安撫貝貝。是大衛提議讓貝貝到奶奶家住幾天的；他也讓保母休假幾天，好讓他和艾琳有些隱私。貝貝不在家，艾琳終於能享有一點清靜，除了消化不良的干擾外。

早上九點，大衛再次來到房間門口。他光著上身，胸膛上汗水淋漓，在火堆旁工作了幾個小時讓他滿頭大汗。

艾琳還是不舒服，大衛已經料到會這樣。他剛幫艾琳準備了熱水澡，浴室水龍頭的熱水還在流著。他也幫艾琳準備了早餐，滿滿一碗麥片、一點酸乳酪和一杯用來泡波斯敦（Postum）的熱水。波斯敦是當時很受歡迎的咖啡替代品，成分是穀物和蜜糖，特別適合那些不想要咖啡因的人。

大衛扶著艾琳穿過走道，來到臥房左邊的浴室。浴室裡的牆壁、櫃子和浴缸周圍的磁磚都是白色的[18]。由於浴室非常小，沒辦法容下兩個人，所以大衛小心翼翼的避免艾琳碰著洗手台；她的腳踝非常虛弱無力[19]。

艾琳脫下羊毛內襯的拖鞋，解開睡袍掛在一旁的門上。大衛扶她進入快速注入熱水的浴缸。艾琳體重僅僅五十二公斤[20]，就連身體無恙時都顯得纖弱了，何況是受胃痛困擾時。她只想好

好泡個澡來讓身體覺得好點——沒打算洗頭，甚至連肥皂都不想用，她只想放鬆一下。

艾琳在水中坐穩後，大衛便轉身將門帶上，並用厚厚的地墊卡著，留了個縫。浴缸的水半滿時[21]，她緩緩起身，馬上要開始新的一天了。這時門鈴響了[22]，但不知道有沒有人注意到。

突然，浴室的燈熄了，黑壓壓的一片。又或許是她閉上了眼睛，就那麼一下子，但是那感覺太驚人了[23]，她像是被濃稠的墨水遮蔽了視線，一時喘不過氣來，接著後腦勺一陣劇痛炸開。她倒下了。

艾琳的身體癱在冰冷的陶瓷浴缸邊緣，有一半身軀懸在浴缸外[24]，雙臂下垂。她的頭朝地磚傾著，稍早編的辮子有一邊已經鬆開來，順著她的左手臂散在地板上，髮尾顯得有些凌亂。一隻手落在浴缸旁的拖鞋上。

浴室裡到處是血——連天花板上也有——只不過她並沒注意到，因為她已經奄奄一息了。紅色液體從她的後腦勺快速流進浴缸澄清的水中，看起來就像從她身體伸出的紅色觸角。閃閃發亮的血液浸濕了她的棕色髮絲，整個浴室幾乎都染成了紅色。

相對她原本平淡無奇的生活，艾琳·蘭森慘死的消息很快便引來了注意。她的交友和婚姻狀況，也成了愛挖人瘡疤的媒體與有政治頭腦的檢察官關注的焦點。艾琳大部分的朋友都不知道，在她優雅的笑容背後，原來藏著令人著實不安的祕密。但是大家很快便會知道了。她嫁給了一名殺手——他甚至自己承認了。再不久，美國各大報就會開始報導大衛·蘭森殺害艾琳的消息。但

這些都是更晚的事。現在，艾琳‧索普‧蘭森還會在浴缸中再待一會兒，然後在溫暖的水中死去。

———————

過去三年來，大衛‧蘭森一直是個親切誠摯的鄰居。在後院燒東西除了是件揮汗的活兒，也是他的社交時間。他總和鄰居隔著籬笆交談，一邊修剪茂盛的果樹——榅桲、蘋果、梨、枇杷和無花果樹等，一邊聊著同事與朋友的八卦。

「我剷除了黑莓樹藤周圍的雜草，想幫它們澆澆水[25]，」他回想。

那天早上，大衛計畫要修剪後院的朝鮮薊，這對眾多選擇在假日處理家中雜事的男人來說，一點兒也不稀奇。早上七點左右，他喝了咖啡、吃了早餐，便往後院去了。他們打算過一陣子離開帕羅奧圖，到山上去避暑，並在這段期間把房子租出去幾個月。在這之前有許多事得忙。鄰居見到大衛在整理那些剪下來的樹枝和雜草，快十點時他還停下來和海倫‧文森（Helen Vincent）聊了幫她的車打蠟的事。

「我說他同時完成了好幾件事[26]，」文森回想著說，「整理院子的同時還做了日光浴。」

他倆交談時，房地產仲介茱莉亞‧帕勒斯（Julia Place）來到他的院子，表示有兩名從舊金山來的客戶有興趣在夏天租他們家的空房子。大衛看來有點驚訝，他不記得跟這位房仲有約。艾琳在浴室裡，大概沒有聽到門鈴響。

「他要我到前門去，然後他會從後門進去幫我和我的客戶開門，」帕勒斯說道。[27]

帕勒斯和文森看著大衛穿上上衣，從後門廊進了屋子，這名仲介於是帶著她的客戶轉身往前門走去。不到四分鐘，屋裡便傳來非常駭人的聲音——或許是尖叫聲。

「我不知道該怎麼形容那聲音[28]，」帕勒斯事後這麼告訴警察。「我覺得是歇斯底里的聲音。」

「天啊，有人殺了我太太！」大衛開門大叫。[29]

站在門廊上的茱莉亞・帕勒斯和她的客戶盯著大衛，他繼續尖叫著，上衣沾滿了血，水從他的手和臉滴下。接下來的事他就記不太清楚了。他記得自己拿了睡衣往浴室走。

「我先是看到地上的血跡，接著看到艾琳趴在浴缸上[30]，」大衛說道，「她的頭顱裂了。」

大衛抱著艾琳大叫，衣服沾上了血跡，但是艾琳沒有回應。大衛放下艾琳，衝向走道，一路上留下了沾了血的腳印。艾琳再度滑入水中，上半身垂掛在浴缸外。

「我完全不記得那天早上的其他事了，」大衛說道。「就好像我的大腦打開快門拍了幾張照片後便關上，只留下單獨幾個畫面和中間的空白片段。」

他央求仲介進屋去。

「去找警察來抓凶手！[31]」大衛尖叫。

他再次跑回浴室，瘋狂的哭喊著，再次抱著他的太太並盯著她看。一位鄰居說[32]，她在一百公尺外便聽到他的叫聲了。

「我記得的都是一些無關緊要的事[33]，」大衛回想著說。「有個朋友一直要我放開我太太。」

他事後得知，鄰居布朗太太[34]見到他跪在艾琳身旁哭，趁著他還沒昏厥過去前，先將他帶到了小孩房。這可怕的一幕事後一直揮之不去。

「有個鄰居因為同情和害怕，臉部表情扭曲，在房裡眾多模糊的臉孔中特別突出[35]，」大衛說道。

他要布朗太太打電話給他當醫生的姊姊……也打電話報警。上午十點十分，帕羅奧圖的警察局長帶著幾名警員來到他的住處。小屋子裡一下子擠進了十多個人。局長見到布朗太太手裡拿著一條沾了血跡的毛巾，指責她不該破壞鑑識證據。

「她當時正在擦地板[36]，」霍華德・辛克局長（Howard Zink）說道。「我要她別再清理血跡了，所有東西都必須保持原狀，做為證據。」

有八名警員到場[37]，很快的，每個人都在盤問大衛。一名攝影師拿著相機拍攝艾琳赤裸的身體——她倒臥在浴缸上將近兩個小時了，就這樣被陌生人指指點點的看著。驗屍官注意到她的後腦勺有好幾處撕裂傷和挫傷。一名探員和艾琳的身體保持幾英吋的距離，將手伸入浴缸，隨後他表示水還是溫的。醫生們測試了屍體僵硬的程度，四肢和關節通常會在死亡兩個小時後變得僵硬，此時他們還可以轉動她的頭。事後的屍體解剖也判定，艾琳

大概是一個小時前死掉的，就在她進入浴缸不久後[38]。

「誰會做這種事？[39]」大衛大喊。「她沒跟任何人有過節。」

屋裡的狀況對調查人員來說簡直是惡夢。艾琳的血液已經被踩得到處都是[40]。除了大衛·蘭森和仲介之外，還有病理學家、葬儀社人員、辦案人員和許多鄰居在裡頭走動。浴室裡有幾大灘的血、血跡濺上了走道，紅色的腳印一直延伸到兩間臥室。浴室的每一面牆都有大量血滴，有些還抹在門把上。重建案發現場將會非常艱難，即使對經驗豐富的偵探也是如此。

警員們看著浴室的地板，不敢相信這樣嬌小的女人居然能流這麼多血。醫生推測她流失了一半的血液[41]，大概是三公升。有些血已經被浴缸裡的水稀釋，也有些是動脈血——從身體直接噴出來的，沒和其他液體相混。

兩個小時後，艾琳的身體被抬上擔架——在往前廊的路上又流出了更多血，把鄰居給嚇壞了。對於一位進入史丹佛校園就得到大家愛戴、成就斐然的女人，這樣的結局著實悲慘。很快的，艾琳的死會讓大家愈加困惑，特別是對她的先生而言。大衛回答問題時，警察局長緊盯著他。

「十分鐘後，他們便開始指控我殺了我的妻子[42]，」大衛說道，「兩個小時後，我就進了聖荷西的監獄。」

———————

艾琳死後還不到十二個小時，媒體緊鑼密鼓的抓緊了這個故事。當地的《聖克魯茲報》(*Santa Cruz News*)下了個聳動（而且冗

長）的頭條標題：「傑出年輕的帕羅奧圖女士陳屍浴缸，後腦勺遭重擊破裂。」同一天稍晚，美國各地數百份報紙也開始報導相關消息。

「警長威廉‧伊米格（William Emig）認為她是被殺害的[43]，」報紙上這麼寫。「大衛‧蘭森……無法提出他的妻子遭致殺害的動機。」

大衛大致上同意警長的說法，有人闖進屋裡，或許是搶劫犯，然後殺害了浴中的妻子——沒有其他解釋。許多美國人都讀了相關報導，並渴望媒體能提供更多消息。一年前，著名的飛行員查爾斯‧林白（Charles Lindbergh）二十個月大的兒子在紐澤西州霍普威爾市（Hopewell）的家中遭到綁架[44]。聯邦探員花了兩個月大規模搜查，最後在林白住家附近的樹林裡找到了孩子的屍體。

在林白這個案子中，聯邦探員追蹤了上萬條線索。每出現一個新細節，都可以引發媒體狂熱，帶動數百萬份報紙的銷售量。但是到了一九三三年春天，這個案子已經沒怎麼更新了，讀者們都引頸期盼有新醜聞出現。於是，報紙編輯便祭出了這個著名學術殿堂的成員搖身變為老婆殺手的新懸案。讀者們在每個曲折中要求更多細節，要是能穿插些不可告人的八卦偽裝成的事實，那就更好了。

「神祕男子提供了謎樣的新理論[45]」，艾琳去世兩天後，一則新聞以此為頭條，報導一名大學生曾目睹「一個穿著邋遢的不明男子在藤蔓覆蓋的小屋附近遊蕩」。這名目擊證人說，該男子

在艾琳死去的那個星期二，一早就埋伏在他們的住家附近。但警察覺得這個消息不可靠，他們認為大衛‧蘭森就是凶手。蘭森夫婦的朋友則出面表示不相信警方的說法，於是「在校園高級住宅區有一名殺手出沒」這個令人不安謠言就這麼傳了出去。

———————

「他只是客人[46]，」聖克拉拉郡（Santa Clara）警長威廉‧伊米格這麼描述大衛‧蘭森在聖荷西監獄的身分。他不算被逮捕，也沒有遭起訴，只是在調查人員忙著釐清證據這段時間暫時收押而已。警方自知時間不多，因為蘭森的律師正大聲疾呼，向媒體抱怨警方不當逮捕。

大衛‧蘭森穿著三件套的棕色毛呢西裝，在離家不到二十英里的監獄中坐在油燈旁，拿著筆在紙上亂畫。他看起來不像囚犯，反而更像個學者。牆上貼了一張艾琳和貝貝的照片[47]。大衛的囚房在三樓，是該樓層唯一的一間。他注視著手上的金色婚戒，在這個只有十五平方英呎大的空間裡來回踱步，為接下來的開庭審理而煩惱。他不時望著上了大鎖的鐵門。鋼筋和石頭打造的牆壁讓這棟建築物裡的回音難以忍受。大衛躺在床上思念著住在姊姊家的貝貝。他的兩個姊姊和媽媽都堅信他是清白的[48]。

大衛坐在書桌前回憶他循規蹈矩的人生。一九二五年，他從史丹佛大學畢業後，立刻在學校出版社謀得一份前景看好的工作。三年後他和艾琳結婚，隔年買了位於校區的一棟平房，緊接著，女兒貝貝出生了。大衛幫自己規劃了一個中規中矩卻也稱心

如意的人生，有社交圈、有家庭，還有一份令人滿意的工作。但就像大部分的婚姻一樣，艾琳和大衛也有他們的問題，一些他不與外人道的祕密。

在等待審判的期間，聖荷西的這間囚房是他的居所。他抓著鐵窗的欄杆，望著外面的街道，不時看著艾琳的照片，想念有她在的日子。他已經沒有什麼情緒可言，甚至不再覺得悲痛了，因為他現在得擔憂自己的性命。他有州裡最優秀的一群律師組成的辯護團隊，他們向他保證，會聘請最專業的人士針對州調查員提的證據各個擊破，讓他重獲自由。

「除了無罪釋放，我們當中沒人想過會有其他結果[49]，」大衛說道。

***

再回到蘭森的住處。一名棕髮女性臉貼著地板躺在窄小的浴室裡[50]。她的膝蓋頂著白色浴缸的邊緣，頭垂在洗手台下方，用手臂撐著地板來支持她的身體。

六月二十日——距離艾琳‧蘭森遇害已經幾個星期了——愛德華‧奧斯卡‧海因里希（他的朋友叫他奧斯卡）站在走道上看著這位「模特兒」。這是他的助理的太太，他好不容易才說服她扮演這個不幸的「屍體」，讓他拍照。她慢慢起身，準備聽戴著圓形絲框眼鏡的奧斯卡指示，告訴她接下來要擺什麼姿勢。這是他這個星期第二次到蘭森家了。他記下筆記後，又看了看牆上的紅褐色血跡。

「門在玻璃以下布滿了血跡[51]，」他在日誌上寫道。「門框上的血跡呈朝南向上的噴射狀。」

奧斯卡身旁還有個同樣穿著三件套西裝的男士，他是帕羅奧圖的犯罪學家喬治·韋伯（George A. Weber）。奧斯卡又拍了一張珍·韋伯（Jean Weber）的照片——手臂掛在浴缸緣上，頭朝下，就像艾琳·蘭森被發現時的模樣。

奧斯卡·海因里希讀了許多歐洲調查人員所撰寫，關於身體受到衝擊時血液會如何流出的著作。他在先前幾起案件中磨練了這項技術，並在一九二五年發生於加州的一宗謀殺案的審理過程中，提出了血跡形態分析（blood-pattern analysis，簡稱BPA），這可能是美國首次提出這門技術的案例[52]。奧斯卡和法庭上某些招搖撞騙的江湖術士不同，他受過化學和生物鑑識科學訓練。到了一九三三年，他已經是全美國最熟悉血跡形態分析的人了。

大衛·蘭森的案子由於犯罪現場管理不當，所以非常棘手。帕羅奧圖警方無法消弭四起的謠言——有人說大衛·蘭森與一名作家有婚外情、跟女兒的保姆有染，還有人說他們夫妻間因為性生活問題產生激烈爭執，以致艾琳總是將大衛拒在門外。當地警察缺少將焦點放在事實的技能，因此捕風捉影了兩個星期沒有任何收穫。大部分的鑑識證據也都在案發當天的混亂中遺失了。

鑑識專家的首要之務，就是維護犯罪現場以保留證據，但大衛·蘭森家早已被進進出出的人徹底汙染了。奧斯卡幾經思考後，決定向曾經擔任柏克萊警局局長、目前在大學教書的好友奧古斯

特・瓦爾默（August Vollmer），以及圖書館管理員約翰・伯因頓・
凱薩（John Boynton Kaiser）尋求意見。奧斯卡辦案過程遇到問題時，
經常請教瓦爾默，因為他具有敏銳的調查直覺，也相信受過教育
的警員能勝過最狡猾的罪犯。奧斯卡非常喜歡和他一起辦案。

　　「這個人個頭小但很精明[53]，」有個記者這麼描述奧斯卡
──他擅長以看不見的線索來重建犯案過程，接著回到實驗室進
行分析，最後以專家證人的身分出庭作證。他以此在國際享有盛
名，更在多次案情膠著的審理中成了檢方救星。一九一〇年，他
在美國成立了第一間私人實驗室[54]，這是美國最早成立的鑑識
科學實驗室。直到一九一九年，在紐約才出現另一間鑑識科學實
驗室，不過這間的專長為毒理學，奧斯卡的實驗室則可以進行所
有鑑識相關科學的檢測──這是真實世界中的福爾摩斯的基地。

　　奧斯卡辦案的二十年期間，美國報紙經常大規模報導他經手
的案件。疑犯光是看到自己的檔案中出現大名鼎鼎海因里希，就
會伏首認罪。世界各地的報紙都喜歡拿他和史上最有名但純屬虛
構的名偵探福爾摩斯做比較。

　　「看來，這裡就是福爾摩斯的聖所內殿囉，」一名記者進入
奧斯卡位於北加州的柏克萊實驗室時，這麼說道。

　　「我不是福爾摩斯[55]，」奧斯卡糾正他，一邊搖搖頭。「福
爾摩斯辦案憑的是直覺，但我的犯罪實驗室跟直覺完全不相干。」

　　經過幾個小時的調查，奧斯卡終於將在蘭森屋外徘徊的記者

召集起來。由於他不信任記者,其實他很少向記者透露細節,但是社會大眾都在等著最新消息。

「我已經掌握足夠的證據,能夠持續調查這個案子[56],」奧斯卡解釋道。「這件命案的案發地點只有浴室,而且我能重建案發現場的細節。我很幸運的發現了一些檢方和辯方都沒有注意到的重要線索。」

那天結束時,奧斯卡已經收集好他需要的所有東西了。他認為自己的假設很合理,嫌疑犯就在身邊,他可以用繩線和浴室牆壁上數百滴乾掉的血漬來證明。從血跡的高度、角度,還有噴濺的軌跡,就能判斷衝擊發生的角度。隨著艾琳的動作不同,產生的血跡形態也會不一樣。利用繩線、量角器和數學計算,就能從艾琳留下的血跡解開她的死亡之謎。

「就是這個地方[57],」他轉頭告訴助理喬治・韋伯。

一九三三年之前,奧斯卡・海因里希便破過無數被認為無法解開的暴力犯罪事件。他聲名遠播,但他的紀錄並非完美無瑕。過去十年,他的成就和日益攀升的聲譽,令警方和陪審員都對他的查案能力寄與厚望。但是在這當中,他也犯過嚴重的失誤。此外他時不時在證人席上顯露的高傲態度,偶爾也成了他將犯人定罪的障礙。藉由鑑識科學破案在當時還是很新穎的主張,經常有人批評他的技術「未經核准」、「不值得信任」或「不可靠」,讓他得不斷為自己辯解。

奧斯卡相信,他的實驗室研發出來的最新鑑識工具,可以找出艾琳的死因。他掌握著一條人命,這不是他第一次扛起這樣的

責任了。回想他自己多舛的職業生涯——有時是自己在審理過程的失誤造成的，有時是和其他專家惡鬥的結果——奧斯卡對於這當中還有存疑空間感到痛苦。

在試著看懂艾琳一案的結論前，我們得先回到故事的開始——不是艾琳的故事，而是奧斯卡的故事。我們得從奧斯卡童年時期一連串的成長悲劇談起，因為這些事造就了他接下來數十餘年充滿故事性的職業生涯。

註釋

1 Criminal No. 3730, *In the Supreme Court of the State of California, the People of the State of California vs. David Lamson* (San Francisco: Pernau-Walsh Print. Co., October 1934), 114.

2 Ibid., 112–18.

3 Ibid., 117, 247.

4 Theresa Johnston, "These Old Houses," *Stanford Magazine*, November/December 2005.

5 "Great Depression History," History.com, October 29, 2009, https://www.history.com/topics/great-depression/great-depression-history.

6 "Was 'Bathtub Murder' an Accident?," *Decatur Herald* (IL), July 1, 1934.

7 "History of Palo Alto," https://www.cityofpaloalto.org/gov/depts/pln/historic_preservation/history_of_palo_alto.asp.

8 Per photos contained in the Lamson Murder Case Collection (SC0861), 1933–1992, Department of Special Collections and University Archives, Stanford University.

9 "The Campus as a Game Refuge" in "Clippings, articles, publications" in ibid.

10 Ibid.

11 *Supreme Court of the State of California*, 14–15.

12 "The 1930s: Continued Growth," *Stanford: 125 Years of Journalism*, http://ww.125yearsofjournalism.org/1930s.

13 *Supreme Court of the State of California*, 258.

14 *Supreme Court of California statement PEOPLE v. LAMSON*, 1 Cal.2d 648 (San Francisco: Pernau-Walsh Print. Co., October 1934), 1.

15 Ibid., 17.

16 *Supreme Court of the State of California*, 111.

17 Ibid., 257–58.

18 "Experiment Summary," dated June 20, 1933, in the "Lamson" folder found in carton 71, folder 31–41, Edward Oscar Heinrich Papers.

19 Frances Theresa Russell and Yvor Winters, *The Case of David Lamson* (San Francisco: Lamson Defense Committee, 1934), 30.

20 Lamson Murder Case Collection.

21 "Testimony of Chief H. A. Zink Given at Second Trial," Lamson Murder Case Collection, 7.

22 *Supreme Court of the State of California*, 121.

23 Details about Allene Lamson's likely physical reaction to her injuries come from Dr. Jill Heytens, a neurologist with almost thirty years in practice.

24 Description of Allene's body, including her braids, comes from a crime scene photo in Lamson Murder Case Collection.

25 *Supreme Court of the State of California*, 117.

26 Ibid, 112.

27 Ibid, 121.

28 Ibid, 130.

29 Russell and Winters, *The Case of David Lamson*, 49. Note: there was much debate over that statement. Mrs. Place, the real estate agent, testified that he said "murdered" rather than "killed." Her client, Mrs. Raas, testified he said "killed."

30 David Lamson, *We Who Are About to Die* (New York: Charles Scribner's Sons, 1936), viii.

31 *Supreme Court of California statement PEOPLE v. LAMSON*, 2.

32 "Husband Is Held When Wife Killed," *Healdsburg Tribune* (CA), May 30, 1933.

33 David Lamson, *We Who Are About to Die* (New York: Charles Scribner's Sons, 1936), viii.

34 "Lamson Sits Silent as He Hears Charges," *Santa Cruz News* (CA), June 16, 1933.

35 Lamson, *We Who Are About to Die*, xi.

36 "Testimony of Chief H. A. Zink," 2–3.

37 *Supreme Court of the State of California*, 138.

38 Ibid, 29.

39 *Supreme Court of California statement PEOPLE v. LAMSON*, 2.

40 *Supreme Court of the State of California*, 131; "Experiment Summary," dated June 20, 1933, in the "Lamson" folder found in carton 71, folder 31–41, Edward Oscar Heinrich Papers.

41 Russell and Winters, *The Case of David Lamson*, 36.

42 Lamson, *We Who Are About to Die*, ix.

43 "Prominent Young Palo Alto Woman Is Found Dead in Bath Tub with Gaping Hole in Back of Her Head," *Santa Cruz News* (CA), May 30, 1933.

44 "Lindbergh Kidnapping," FBI.gov, https://www.fbi.gov/history/famous-cases/lindbergh-kidnapping.

45 "Mystery Man Adds New Theory Puzzle," *Madera Daily Tribune* (CA), June 1, 1933.

46 Ibid.

47 This and other details about his time in the San Jose jail are from Lamson, *We Who Are About to Die*, 10–11; physical descriptions of the jail originated from various photos of Lamson's cell in different collections.

48 "Steadfast and True," *Oakland Tribune*, October 1, 1933.

49 Lamson, *We Who Are About to Die*, ix.

50 This description of Heinrich's photo shoot with Weber comes from his photos in the Lamson Murder Case Collection. The description of experiments is from "Experiment Summary," dated June 20, 1933, in the "Lamson" folder found in carton 71, folder 31–41, in Edward Oscar Heinrich Papers.

51 Ibid.

52 R. H. Walton, *Cold Case Homicides: Practical Investigative Techniques* (Boca Raton, FL: CRC Press, 2014), 23.

53 "Lamson Aide Hits State; Pipe Clean," *Press Democrat* (Santa Rosa, CA), September 12, 1933.

54 Houck, *Professional Issues in Forensic Science*, 3.

55 Eugene Block, *The Wizard of Berkeley* (New York: Coward-McCann, 1958), 28.

56 "Not Guilty to Be Plea by Lamson," *Santa Cruz News* (CA), June 21, 1933.

57 Nancy Barr Mavity, "Two Criminologists Reveal Evidence that Convinced Them of Lamson Innocence," *Oakland Tribune*, February 13, 1934.

CHAPTER

2

天才：奧斯卡·海因里希的心魔
Genius: The Case of Oscar Heinrich's Demons

「有人說，天才就是擁有無窮的吃苦能耐，」他笑著說，「這個定義不好，但是用在偵探工作上確實講得通。」

——亞瑟·柯南·道爾，

《血字的研究》(*A Study in Scarlet*)，一八八七年

在華盛頓州塔科瑪市（Tacoma）家中的小廚房裡，愛德華·奧斯卡·海因里希看著母親來回走動，收拾著早餐留下的碟子。那天是一八九七年十月七日，杯子在洗碗槽內敲擊出聲，十六歲的男孩正緩緩吃著他的早餐，玻璃杯上映著一名面容姣好而纖瘦的女人，大大的眼睛和深色的頭髮——這是他所認識最堅強、最剛毅的人了。她是他的道德指標，但是在今天早晨過後，他將成為她餘生的救主。

奧斯卡的整個童年時期，幾乎都在目睹著母親阿爾貝婷（Albertine）受苦。她和奧斯卡的父親奧古斯特·海因里希（August Heinrich）結婚時年僅二十歲[1]，父親則時年二十八。同樣來自

德國的兩人在威斯康辛州的三一路德教會（Trinity Lutheran Church）結婚。女兒阿德麗娜・卡勒拉（Adalina Clara）出生的一年後，阿爾貝婷又生了個兒子，取名古斯塔夫・西奧多・海因里希（Gustav Theodor Heinrich）。但這個男孩出生一個月便夭折了，對這個年輕的小家庭來說，這件事無疑是個沉痛的打擊。古斯塔夫死後不久，奧斯卡在一八八一年四月二十日來報到。

他是海因里希家最後一個孩子。奧斯卡為了紀念素未謀面的哥哥，後來將他的大兒子取名西奧多。奧斯卡想起母親時，心裡總是溫暖的——在這個年輕人的生命中，她是堅定和安全的象徵，他對她堅忍不拔且對家庭深具責任感，深感佩服。她在這兩方面必須非常努力，因為打從結婚開始，家裡的經濟就面臨困境。

「我和姊姊們會到工廠外頭撿威士忌的瓶子拿去賣，換點小錢[2]，」奧斯卡回憶道。「小瓶子能換一分錢，大一點的可以換兩分錢。那是我們唯一可以花的零用錢。」家裡永遠在缺錢，但這個年輕的移民家庭總有辦法攢到一點錢。奧斯卡在這方面尤其足智多謀。

奧斯卡九歲時，奧古斯特帶著全家遷往西邊的塔科瑪，希望剛興建完成的鐵路能帶給他們多點機會。但是事情並沒有如他所願，他們的生活依舊艱難。當奧斯卡發現，在這個日益興盛的伐木小鎮裡，他的身邊盡是些享有特權的孩子時，他感到沮喪不已。由於父親沒有能力給他零用錢，奧斯卡決定自己想辦法賺錢。他找到了一份送報紙的工作，這件差事利潤豐厚，但缺點是他得進入紅燈區。

奧斯卡此前從來沒離開家過，進到這些風評較差的地方賣報紙讓他眼界大開。他對周圍保持警覺，但是仍謹守該有的禮節。

「家人休戚與共以及母親的教導對我助益良多，」他說道。「向酒吧裡的女人推銷報紙時，我會記得把帽子脫下來拿在手裡。他們似乎很敬重我。」

企業家的天賦，加上對寫作的喜愛，讓年輕的奧斯卡愛上了各種新聞工作。他不滿足於光是讀別人寫的新聞，於是自己也動筆寫起手球比賽的報導[3]，並且刊登在一八九五年的《塔科瑪晨報》(Tacoma Morning Union)。這時的他還只是個八年級的學生，便從送報紙轉換跑道改寫起新聞了。但是他拚命賺錢不只是因為好玩，也是因為家裡愈發有這個必要了。同一年，奧古斯特·海因里希在經濟衰退中用盡了家中的存款，十四歲的奧斯卡被迫離開學校幾個月，在一家藥房擔任清潔工，這個入門級的工作最後為他的職業生涯奠定了基礎。

不工作的時候，奧斯卡喜歡看書：英國文學、科學巨作、語言入門等都讀。他也開始寫一些簡單搞笑的偵探故事。靠清潔工作賺錢是件好事，但是他知道自己更想要必須動腦的工作。很幸運的，後來家裡的經濟情況稍微好轉，休學不到一年後他便重返學校，這時他的夢想是搬到國外去。但是當他向父親吐露這件事，奧古斯特·海因里希注視著他並且嚴厲警告他，未來的日子只會更難過。

「你沒有兄弟，」父親提醒他，「萬一我出了什麼事，你的母親和姊姊還得靠你照顧。」

　　肩膀寬闊、雙手長繭的父親是名優秀的木工，每天在他們塔科瑪家後方的棚屋鋸木頭、釘釘子，辛勤的工作。但是四十九歲的他一直沒辦法找到穩定的工作來源。奧古斯特面容俊俏，但是被蓬亂的棕髮和鬍子遮住了──這跟奧斯卡後來溫文儒雅的公眾形象截然不同（他也要求他兒子要注重形象）。母親跟他原本都以為父親和家裡的狀況改善了，沒想到那只是短暫的喘息。

　　一八九七年十月六日，早晨六點剛過，奧古斯特吃完早餐便拿起他的工具箱，告訴妻子和兒子他要到C街去工作。他看了屋後的棚屋一眼，祝他們有美好的一天後便出門了。在他走出後門的那一刻，阿爾貝婷壓根沒料到他會就這麼走了，留下四十二歲的她跟一個十多歲的兒子，還有兩個尚未出嫁的女兒。

　　奧古斯特從後院消失時，阿爾貝婷發現他沒有帶晚餐出門。她很快走到棚屋把門打開，接著，鄰居們都聽到了她的尖叫。

　　再不到十年，奧斯卡便會成為史上最偉大的鑑識科學家之一。而那一天站在廚房裡的他再過幾分鐘，就會見到他後來見到的眾多屍體的第一具。一直到奧斯卡過世，那個畫面都還一直陰魂不散的跟著他，提醒他屈服於自己的弱點會有什麼後果。

　　聽到母親的哭聲時，奧斯卡從餐桌上跳起來，立刻衝到後院，來到父親的工作棚屋門口，在他抬頭看的同時，母親倒下了。父親拿繩索在一根梁木上吊自盡了。

　　奧斯卡做了件以十六歲男孩來說非常了不起的事。他冷靜的把母親帶回廚房，讓她在椅子上坐下，免得她再次暈倒。接著，他打電話報警，然後從廚房拿了一把刀子回到棚屋；他站上父親

上吊時用的凳子，開始割繩索，他的身體因用力過猛而顫動。終於，父親的身體落到地上了。精疲力盡的奧斯卡將父親的遺體拖進屋子。很快的，警察和地方新聞記者都到了，開始詢問這樁家庭悲劇的細節。

「發生在格蘭岱爾（Glendale）的自殺事件」，《塔科瑪日報》（*Tacoma Daily News*）的標題這麼寫道，「奧古斯特‧海因里希於自家工作室上吊自殺」。

「自殺原因不明[4]，」報上這麼寫，「他的妻子、家人，以及和他熟識的人都無法解釋他為什麼會自殺。」

但奧斯卡家其實很清楚：多年來，財務困難一直帶給父親龐大壓力，但除此之外，還有一股黑暗勢力籠罩著他的生活，他一直努力試圖抵擋，卻揮之不去。驗屍官判定奧古斯特的死因是窒息，而不是頸椎斷裂——這種死法時間拖得較長，也更加痛苦。對這位不完美、但奧斯卡仍深深愛著的父親而言，這是個悲慘的結局。

接下來的六十年，奧斯卡暗地裡不時擔心自己是否承受和父親相同的痛苦、有著相同的弱點。但也是這樣的恐懼塑造了他的未來——激發了他的決心，讓他把生活的每個層面都控制得很妥當。他以挫折培養韌性，將自身缺陷（像是強迫症等）變成個人特質……直到有一天，這些特質威脅到了他的職業、他的家庭——甚至他的性命。

「在我早期記憶中，最鮮明的就是那些別人用殘酷方式奪走的幻想[5]，」奧斯卡在寫給他最好的朋友約翰‧伯因頓‧凱薩時

提到。「它引發不滿，挑起了復仇的念頭，還讓我隨時提高警覺。」

　　父親在一八九七年自殺後，十六歲的奧斯卡一肩扛起沉重到幾乎難以承受的負擔。記者來敲門，問了更多父親死去的事，這是奧斯盡其一生守護的眾多祕密中的第一個。父親悲慘的命運將困擾奧斯卡長達數十年，並考驗著他和孩子的關係，挑戰他自身的心理健康。

　　被迫成為一家之主後，他回高中完成最後兩年學業的希望破滅了。他後來上了夜校[6]，取得了藥劑師資格，這對一個必須養家糊口的年輕人來說是份穩定的工作。二十世紀以前，藥劑師有時候被稱為「藥劑員」（apothecary），他們的工作是配藥、開藥單，有時也協助病人做些他們難以自行進行的事（例如灌腸等）。當時，沒有上藥學學校雖然也能參加國家資格考試，但是一定得在有執照的藥劑師底下實習一年以上。

　　一九〇〇年代初期的藥學課程偏重化學。學員除了學習配藥，還要熟悉臨床化學，像是學習尿液分析之類的體液分析[7]。就是這樣的訓練，促成了奧斯卡成為鑑識科學家的第一步——一份他想都沒想過要從事的工作。

　　十幾歲的他負擔不起正式藥學課程的費用，所以只能靠著自學去了解藥劑的內容和背後的數學。他仰賴他的記憶力，強迫自己記住有用的訊息。十八歲通過國家考試，披上白袍的那一天，他大概是唯一不感到驚訝的人。他在史都華和福爾摩斯藥廠

（Stewart and Holmes Drug Company）學習藥物、毒物、化學……也學習人性。

「藥房是不折不扣的行為主義心理學實驗室[8]，」他曾這樣說。

他看過男性顧客鬼鬼祟祟盯著店裡的女人，也遇過顧客明明沒有處方箋卻試圖要他開藥。有些人顯然是對藥用酒精上癮而被逼得走投無路，還有部分顧客如果不順他們的意，便會翻臉不認人，若是以為沒有人聽到他們說話，甚至會語出威脅。

「我學到人們私底下都會偷偷摸摸幹些什麼事，」他微笑著說。

藥房工作還給了他另一個收穫——他等於受了八年筆跡辨識的訓練，得到一項寶貴技能。

「我必須解醫生寫的天書[9]，」奧斯卡解釋道。「醫生是世上字寫得最糟的人了。就在那時候，我開始成為筆跡專家。」

「我發現自己的工作能力和那些受過大學訓練的人相距甚遠[10]，」他說道。「做為技術人員，那些人的能力遠超過我。」

他渴望成為技術高明的化學家，也需要在塔科瑪找到收入豐厚且穩定的工作，好養家活口。如果能在實驗室找到差事便能兩全其美，但是要實現這個心願，他得先上大學才行，這對他來說不是件容易的事。奧斯卡雖然擁有藥師執照，卻連高中文憑都沒有，而且即使已經工作多年，他的存款還是少得可憐。即便如此，他還是下了決心。所以當他聽說加州大學柏克萊分校有個專門為非正規學生開的課時，覺得那簡直是為他量身訂做的。就這樣，二十三歲，口袋裡只有十五塊錢的他打定主意，開始他第二階段的教育。

但是就在他要搭火車前往柏克萊的三個小時前，悲慘的事發生了：他收到一封學校寄來的信，說他錯過了兩個星期前的特殊學生入學考試。細節究竟如何已經不復記憶，總之，心懷大志的他還是上了火車，決定親自到柏克萊的註冊組去，非要拿到入學許可不可。

「學院記錄員聽了我的故事後，上下打量我一番，便要我到化學學院去工作，」奧斯卡多年後這麼告訴他兒子。

奧斯卡念書的願望沒有馬上實現，但是他靠著毅力與才智，說服了招生單位，允許他加入化學學院的大一班，做為化學工程系的特殊學生。這是一項不錯的賭注。他很快就成了教授們在計量分析上不可多得的實驗室助理，接著又成了物理課和機械課的助理講師。他還去修了醫學系和法律系的課，接著又到衛生工程系上課──這門課的重點在於用科學和數學方法，提供大眾安全的飲用水，以改善公共衛生條件。

這個理學學士學位的訓練過程，讓他學會如何發現幾乎看不到的線索，並成為懂得檢測毒物、辨認不明汙漬的化學法理學專家。在忙得不可開交的學習與教學中，他也從學生變成了獨立的男人，騰時間找了一位文靜美麗的人生伴侶。

瑪莉安・艾倫（Marion Allen）和奧斯卡・海因里希是在校園認識的，兩人同是柏克萊大學的學生，也分別參加了兄弟會和姊妹會。瑪莉安活躍於德爾塔姊妹會，奧斯卡則是通過考驗，進入了化學榮譽社團（Mim Kaph Mim）和由大學部共濟會成員（Freemason）組成的洋槐社團（Acacia club）。他們一起修了化學課，只不過瑪莉

安從來沒有把所學用於工作——嫁給奧斯卡就夠有挑戰性了。

他們的朋友開玩笑的幫奧斯卡取了「老屁股」（Heinie）這個綽號，嘲笑他是個吹毛求疵、覺得自己什麼都懂的學生。大部分的時候，奧斯卡是個不苟言笑的人，甚至說他孤僻也不為過。然而與他親近的人，像是他的太太，都知道他其實很機智詼諧，而且富有愛心。

「這裡看起來很不錯[11]，」他在華盛頓特區的五月花高級飯店寫道，「就是少了你。少了你就像啤酒少了酒精一樣。」

一九〇八年，瑪莉安畢業後不久，他們便在女方父母位於舊金山的家中結婚[12]，隨即搬到男方母親所在的塔科瑪。兩年後，長子西奧多出生了。瑪莉安是個聰明又擅長交際的家庭主婦——她持續關心國家時事，但似乎不太和奧斯卡談他工作上的事。她的大部分信件聊的都是鄰居的八卦、孩子（幾年後又生了一個兒子），以及家裡的財務狀況。

奧斯卡和瑪莉安結婚後，機會便接二連三的到來。奧斯卡先在塔科瑪擔任化學和衛生工程師，負責鋪路造橋與興建水電公司，工作內容包括視察水庫、隧道、水壩和橋梁。他研究了城市的廢水與灌溉系統，還設計了兩個化學工廠。不久後，他接受了城市化學家的職位，工作內容需要配合驗屍官及警察，協助調查牽扯到複雜化學物質的案件[13]。

但是薪資不高和設備不足讓他很挫折，於是他在一九一〇年辭了工作，開設了自己的工業化學實驗室，取名「海因里希技術實驗室」（Heinrich Technical Laboratories），專門為客戶研發生產產品

或設計流程。之前和警察及驗屍官合作的經驗，讓他對鑑識科學一直很感興趣，所以他也接了許多市政府和一般民眾的刑事案件。

奧斯卡很快便意識到，光懂得化學，在犯罪學上還有許多侷限——缺乏正規訓練會忽略掉許多線索。為了擴展自己的專業知識，他先從鑑識通才必須懂的毒物、指紋圖譜、地質學和植物學等著手，徹夜研讀。他在塔科瑪的實驗室破解了許多稀奇古怪的案子，像是某個人收到了有毒的檸檬派，嘗了一小口後差點喪命。奧斯卡利用顯微鏡觀察，發現派皮中加的糖粒其實是有毒的晶體。但是真正為他奠定「鑑識專家」名聲的，是開業不久後的一個案子。

他檢視了一具在廚房爐灶後方發現的女性屍體。她的身旁有一把左輪手槍，因此調查人員認定是自殺事件。但奧斯卡不是那麼確定。警察帶他去看遇害者身後的牆上埋的一顆子彈。奧斯卡拿著鑷子仔細檢查那個洞，發現裡頭有灰塵，這代表近期並沒有子彈射穿它。他蹲在地板上徹底檢查了那面牆後，找到了兩個重要線索：一是有個沾了鉛的小凹痕，二是周圍牆面有洗去的血跡。這時候，他的彈道學訓練派上用場了。

他利用細繩從牆面上的一個點推測射擊者站的位置——距離婦人的身體有一大段距離。接著他又用細繩推測出婦人在牆邊遭射擊後，往爐灶後方倒下的軌跡。這是一樁凶殺案。警察最後逮捕了死者的丈夫，奧斯卡成了主要證人，成功將他定罪。從此，這位一臉嚴肅的青年化學家成了鑑識專家中的新起之秀。

沒多久，性喜挑戰的他又想換工作了，碰巧也遇到了一個機

會。透過一個朋友的介紹，奧斯卡認識了一名調查人員。這名警員也很沉迷科學，日後他將成為美國福爾摩斯的「雷斯垂德探長」（Inspector Lestrade），協助奧斯卡剖析幾個最棘手的案子。

———

在一九一〇年代晚期，這位奧古斯特‧瓦爾默（August Vollmer）探員[14]可說是灣區的一盞明燈。他在擔任柏克萊市第一任警察局長時，重新規範了全國警察的執務辦法，因此被譽為「現代警務之父」，是執法領域裡令人敬畏的人物。

進入二十世紀之際，刑事調查通常是靠直覺來「解決」的——經驗豐富但裝備不足的警探，主要根據犯案動機來找嫌疑犯，過程宛如一場危險的猜謎遊戲。警察只憑一把槍和警徽辦案，以強力水柱對嫌疑犯逼供更是時有所聞。調查人員需要線索、需要證人，在證據不足的狀況下，只好將嫌疑犯屈打成招。牽扯進任何法律問題都可以使人陷於不義，對於少數民族和移民者更是如此。

奧古斯特‧瓦爾默決心改革，他的應變迅速且意義深遠。他建立了美國最早的中央警方記錄系統，也是第一位擁有大學學位的警察局長。瓦爾默嚴格禁止嚴刑逼供，並表示有一種一九二〇年代早期研發出來，名為東莨菪素（scopolamine）的真相血清（truth serum）[15]效果更好。科學家現在知道沒有哪種藥物可以讓人說實話，但光是瓦爾默為這個血清背書，便足以讓全國警局大幅減少採用殘酷的審訊方式了。

瓦爾默訓練並聘用黑人警察和女警員。他建立了第一支機動巡邏隊，並提供機車和汽車給警員，讓他們的活動範圍更廣。他深信同理心，但也常因為對小罪犯過於寬容而遭受批評。他總是給新進員警中肯的建議。

「身為警員，你的主要工作不是逮捕很多犯人，而是協助防止犯罪[16]，」瓦爾默這麼告訴他們。「最好的方法就是從小把小孩教好，跟他們當朋友。引導他們成為奉公守法的公民。告訴他們法律是他們的朋友，不是敵人。」

但瓦爾默最令奧斯卡欣賞之處，在於他重視科學。他們是透過一個共同的朋友認識的。他倆都喜歡讀歐洲鑑識專家的書，講相同的科學語言。瓦爾默堅持使用血跡、纖維、塵土等鑑識證據辦案，在奧斯卡的引導下他成立了美國第一間警察實驗室，提倡建立以鑑識科學打擊罪犯的專業。兩人的教育哲學也彼此呼應。

一九一六年，瓦爾默邀請奧斯卡為警員設計一個創新的計畫，也就是美國第一間「警察學校」[17]。他們透過書信往來討論課程內容，也討論聘請教員的方式、上課的地方，以及最先進的鑑識方法。他們逐條分析教學大綱，都希望描述愈清楚愈好。

「你提議的圖書館工作指導很合時宜，」瓦爾默告訴奧斯卡，「而且非常受用。」

一起建立學位制度的過程中，兩人建立了深厚的友誼。

「課程為期三年，第一年的課程包括物理、化學、生理學、解剖學和毒理學[18]，」瓦爾默解釋道。「第二年必須安排一些大學教育課程，包括犯罪心理學、精神病學、犯罪學、警察組織、

方法和程序。第三年的課程則是微生物學、寄生蟲學、基本法律和犯罪法律。」

隔年，他們的警察學校（School for Police）在加州大學柏克萊分校開課，奧斯卡也開始教授美國的第一堂犯罪學課程。瓦爾默對他充滿了感激。

「你的課程內容很完整，所有參與刑事調查的學生都將受用無窮，」他寫信告訴奧斯卡。

瓦爾默和奧斯卡有相同的哲學認同：受過教育的警員，將是美國在執法上最有價值的資產。所以他聘請了像奧斯卡這樣的專家教授基礎法律和犯罪學，以及指紋辨識、筆跡分析和彈道學等鑑識科學。全國各地的警察部門紛紛將他們的警員送到柏克萊。他們聽瓦爾默教授警察組織、行政管理、方法和程序等，跟奧斯卡學化學法理學、司法攝影、應用光學、筆跡分析和證據中的化學與物理學應用。

奧斯卡是個要求嚴格、精力充沛的教育者，課堂上學生滿座令他頗為得意，但他卻不要學生稱呼他「教授」。他認為自己雖然擁有這頭銜，然而對一個世俗的犯罪專家，這稱呼太沉重了。奧斯卡能給學生最獨特的禮物，是他豐富的現場經驗和實驗室經驗，以及從為數驚人的書籍得到的知識。

「我能讓你們從驚訝變為驚恐[19]，」奧斯卡這麼告訴一批新進的菜鳥警員。「但是你們警局裡的下棋板要比犯罪書籍有用多了。我認為沒有什麼東西會比一盤棋更能讓人快速學會觀察情境和運用類比[20]。」

只有受過教育、懂科學的調查人員才能逮到犯人,其他人都只是憑運氣而已——奧斯卡和瓦爾默對此深信不移。

「犯罪調查不過就是行為學上的個案研究[21],」奧斯卡這麼告訴朋友。「成功與否,取決於調查人員是否具備敏銳的洞察能力,以及同等重要的記憶與推理能力。」

剛開始時,他的學生清一色是警員,他們對課程常抱著懷疑態度。還好奧古斯特・瓦爾默和奧斯卡・海因里希兩人的理念一致,都想要為解決犯罪和培養未來的警探貢獻心力。他們在工作上信任扶持,建立了終身夥伴關係,也因著成長背景相似,成了非常要好的朋友。跟奧斯卡一樣,瓦爾默的父母也來自德國,他同樣在年紀很小時便失去了父親。

他們合作調查了許多案件,包括一件在舊金山審理的謀殺案,該案涉及某個幫派分子在遊行中置放了行李箱炸彈,造成九人死亡。奧斯卡在其中一名嫌犯的房間裡,找到了和炸彈的某個零件相同的材料。在某個男人遭指控從後腦勺射死妻子的案件中,瓦爾默協助奧斯卡找到了相符的指紋。多年來,他們就這樣相互依靠。但是不久後,他們對彼此的忠誠度,就會因為一個能夠和鑑識領域傳奇人物共同教學的職位,而受到考驗。

奧斯卡對警務領域愈來愈感興趣,到了一九一七年,教導年輕的執法警員已經無法滿足他。三十五歲時,儘管他毫無正式執法經驗,還是當上了舊金山灣區阿拉米達郡(Alameda County)的

警察局長。他重組了加州的警察部門架構，並向知名審判專家湯瑪斯‧奇卡（Thomas Kyka）學習以筆跡取證。

奧斯卡‧海因里希不管擔任什麼職務都要求完美，任何事都要井井有條，而且非常重視細節。他具備將成千上萬的關鍵資料整理起來，在日後需要時找到並運用它們的能力。從書櫃、書桌到儲物櫃，實驗室的每個角落都有他收集的資料，並依據他的標準分門別類。他以高規格建立的系統成效斐然，不管是學生或同僚，在處理案件時都有一個整理證據時可參照的藍圖。承受的壓力愈大，他的強迫症就愈嚴重——從小，遇到焦慮和缺乏安全感時，列清單和做表格便是他最大的慰藉。

早在二十年前，奧斯卡第一次穿上藥師的白袍時，他就在發展成一位有效率、有潛能，並具有極佳組織力的調查人員，一名到了犯罪現場便知道要用什麼測試來破案的犯罪專家。

到了一九一八年，他的兩個兒子西奧多和摩提莫分別八歲和四歲時，奧斯卡想要再次尋找新挑戰。一月份，奧斯卡從一百多位申請者中脫穎而出，成為科羅拉多州波德市（Boulder）的程式經理和公共安全專員[22]，這份工作的年薪約五千美元，但是他只做了一年。他在舊金山的導師湯瑪斯‧奇卡突然過世，奧斯卡於是回去接手他的文書鑑定事業，並和瓦爾默同在柏克萊教書。這時，他和一位原本交情就不錯的人才關係更好了。他是奧斯卡在塔科瑪認識的參考書管理員約翰‧伯因頓‧凱薩[23]，後來成了奧斯卡專屬的「華生醫生」。

奧斯卡對其他競爭對手經常有怨言，但這些事他從來不對太

太或柏克萊的同僚提及，而是在數百封信中向這位知己傾訴。

「他的宣傳有一部分是為了個人知名度，而不是他所謂具有科學價值的發現，」奧斯卡曾這麼抱怨一位專業上的對手。

自從一九一四年在華盛頓州相識後，奧斯卡和凱薩幾乎每個星期都有書信往來。凱薩不只是他的知心好友，更是名傑出的研究人員，還是發表過作品的作家。三十四歲的凱薩曾經為南美各國撰寫如何整理市政和法律文件的圖書管理員指南，獲得不少好評。他喜歡犯罪學，曾為《美國刑法和犯罪學研究所雜誌》（*Journal of the American Institute of Criminal Law and Criminology*）寫過一篇有關販賣兒童的文章。

他在一九一七年從阿爾巴尼（Albany）著名的紐約州立圖書館學校（New York State Library School）取得了圖書館科學的碩士學位，畢業後，被指派到德州州立圖書館擔任管理員，接著升遷前去伊利諾大學，最後來到塔科瑪。他是奧斯卡直言不諱的諍友，也經常提供他物資。四十年間，他寄了許多書給奧斯卡，也提供建議給他，十分樂意扮演協助奧斯卡解決問題的角色。

這名圖書管理員很會打扮，他身材略顯肥胖，深色頭髮微禿，還留了個小鬍子。他是個吹毛求疵但優秀的作家，也是書呆子型的業餘偵探。他喜歡找有用的書籍給奧斯卡，像是談怎麼辨別真偽文件的參考書。

「在《圖書館雜誌》（*Library Journal*）的第363頁有個十個項目的測試清單[24]，可以用來分辨原版和翻版文件，或許對你有所幫助。」凱薩寫道。

奧斯卡也把凱薩當成個人問題的諮詢顧問，不管是健康問題、財務問題或刑事案件，都會找他商量。教課或在證人席上發言時，奧斯卡都展現出犯罪學專家該有的沉著與自信，但是在他對外的英雄氣概底下，其實隱藏著對自身的懷疑和不安全感，這一點除了凱薩以外，鮮有人知。

「有時候，我會為你堅信我是個偉大的偵探而感到開心[25]，」奧斯卡寫道，「但有時候我實在不懂你為什麼會這麼認為。也許是我在最近的信中告訴過你我從不跟人交談。我只用眼睛觀察他們。」

在幾次極富挑戰的案子中，凱薩都提供了奧斯卡書籍和參考資料。大約在五年前，這位鑑識科學家因為協助美國政府解開了一戰期間的敵軍密碼，首度登上國際新聞。一九一六年，印度民族主義者企圖在印度對英國發動叛亂，這個計畫稱為「印度教加達爾陰謀」（Hindu Ghadar Conspiracy）[26]。奧斯卡花了好幾個月，跟家教學了信件中用到的三種印度方言。但是只翻譯那些密碼還不夠；他想要學習這些語言間的細微差異，然後根據用字選擇和書寫風格進行分析，來破解訊息並確認作者身分──這就是人物側寫。

在凱薩的協助下，奧斯卡讀了更多書籍，分析了數百件文件的筆跡和打印，並學會以化學方法測試墨水。最後，透過與倫敦警方和美國政府調查員合作，他們終於解開這件案子，找到了參與這樁陰謀的三十多人。大戰結束時，奧斯卡獲得了美國工程師後備隊隊長的頭銜，並得到聯邦調查員的讚賞。

一九二〇年，他在重量級冠軍拳擊手傑克・登普西（Jack Dempsey）的逃兵審判中，擔任筆跡分析的專家證人，雖然他並沒有站上證人台，但綽號馬納薩大榔頭（Manassa Mauler）的登普西最後還是獲判無罪。

奧斯卡也曾利用毛髮比對分析，將在加州薩利納斯（Salinas）用撞球桿打死一位計程車司機的兩名軍人定罪。基本上，奧斯卡經手的每一個案件，都讓凱薩嘗到了鑑識調查過程神祕而迷人的一面。

「我附上一張照片，這是頭髮在球桿上的樣子[27]，」奧斯卡在給凱薩的信上寫道。「我無法判斷它們是不是計程車司機的頭髮。」

他們交換書籍、照片，也交流意見。兩人都特別喜歡看書和看新聞。他們另一個共同興趣是收集和研究郵票。奧斯卡小時候就把辨識郵票上的郵戳日期當成嗜好。

「你準備好時，就把你提過的三分錢林肯郵票寄給我[28]，」奧斯卡在信上寫道。

在學術上，凱薩和奧斯卡經常有不同看法，但他們非常珍視彼此的情誼，願意向對方吐露生活上的細節。這些事他們平常不太講的，就連他們的太太也不知道，或者說，尤其不能讓他們的太太知道。凱薩認為，奧斯卡這位「重要證人」的生活非常複雜，因為打從他們認識以來，奧斯卡就對自己的財務感到不安。一九二一年，奧斯卡拓展了他的鑑識實驗室，地點就在他位於柏克萊山丘上的三層樓房住宅的一樓。大大的玻璃窗可以俯瞰舊金山灣，奧斯卡終於有間像樣的實驗室了，這是他四年前離開塔科瑪

後的第一間辦公室。

「我目前用了三個房間[29]，」他告訴凱薩，「一間當實驗室，裡頭有相機可以做影像放大和顯微攝影等工作；一間是完全隔開來的暗房；還有一間是給祕書用的，同時也當圖書室使用。」

拓展實驗室花了家裡很多錢，雖然太太和兩個孩子都很支持，但奧斯卡還是頗為擔心。一九二〇年的經濟蕭條讓他的生意受了影響，家裡的帳單令他感到煩惱，就像幾十年前他父親的遭遇一樣。

「我最近買了車子，這讓家裡的現金帳戶大失血，我必須工作一整個冬天才有辦法補上[30]，」他告訴凱薩。

奧古斯特・海因里希的自殺給他留下了很深的陰影，讓他亟欲避免和父親走上相同的路。他開始嚴格管控家中財務，將數千條資料一冊冊的整理起來。大約十年前，他就開始記錄太太家用的各種開支，包括雜貨、保險、衣服和書籍等任何讓他花了錢的開銷。得到的數字沒有太教人意外，真正讓人驚訝的是訊息量之大。保留這些資料讓他覺得，家裡的錢都在他的掌控之下，即使有些時候事實並非如此。

一九一五年，這名犯罪專家拖欠了他在塔科瑪的房貸，相關法律程序處理了三年。他們舉家搬到波德市後，便由凱薩代收信件。一九一八年，凱薩發了一份緊急電報給奧斯卡，告訴他銀行來警告了。

「銀行信託公司（Bankers Trust Co）取消了你的貸款，並判欠款超過一千一百元美金[31]，」凱薩的電報寫道。「如果不付錢，

就要拍賣房子了。」

　　奧斯卡付錢保住了房子，但資金問題持續困擾著他。然而一九二一年，儘管奧斯卡當時負債纍纍，他還是決定在舊金山增設一間小一點的實驗室，以服務舊金山的客戶。這似乎是個不明智的決定，但是奧斯卡一心一意想要當個成功（有競爭力）的鑑識科學家，因此他必須確保自己有周全的設備——發展事業的決心是必要的，但它也可能是風險。

　　父親驟逝決定了那名十六歲男孩的命運——生命將是一場無止境的奮鬥。父親的死讓奧斯卡決心擺脫貧窮，一定要讓兩個孩子過好日子——絕對要讓他們的成長過程比自己更健全、更安穩，要有很多玩具、食物和樂趣。

　　奧斯卡・海因里希已經準備好成為國際知名人士。過不了多久，奧古斯特・瓦爾默就會為他冠上「美國首席科學調查員」的頭銜[32]。這對一個一生充滿焦慮、缺乏自信的人來說，無疑也是一種沉重的壓力。但是奧斯卡把恐懼擱到一旁，朝著他的第一個重大調查邁進，這樁案件將讓他首度躍上頭版新聞——當然，這不會是最後一次。

註釋

1 This and other details about the Heinrich family background from http://dahlheimer-bebeau.com/Heinrich/RM-HeinrichKlemm/b98.htm#P121.

2 This and more personal details and other quotes from Block, *The Wizard of Berkeley*, 29–34.

3 Letter from Kaiser to Jacqueline Noel, May 2, 1946, box 2, John Boynton Kaiser Papers, BANC MSS 75/48 c, Bancroft Library, University of California, Berkeley.

4 "Suicide at Glendale," *Tacoma Daily News*, October 7, 1897; "With the Aid of a Rope," *Seattle Post-Intelligencer*, October 8, 1897.

5 Letter from Heinrich to Kaiser, October 9, 1922, box 12, folder 27, Edward Oscar Heinrich Papers.

6 "Memoranda of Experience," carton 4, Edward Oscar Heinrich Papers.

7 Joseph Fink, "Pharmacy: A Brief History of the Profession," *The Student Doctor Network*, January 11, 2012.

8 Block, *The Wizard of Berkeley*, 29–34.

9 James Rorty, "Why the Criminal Can't Help Leaving His Card," *St. Louis Post-Dispatch*, November 9, 1924.

10 Block, *The Wizard of Berkeley*, 32.

11 Letter from Heinrich to Marion, May 12, 1932, 89–44, box 23, file 179, Theodore Heinrich Collection.

12 "College Romance Brings Wedding," *San Francisco Call*, August 27, 1908.

13 *The American City*, volume XX (New York: The Civic Press, January–June 1919); "There Is a Destiny," *Who's Who in America*, February 1926; various files contained in series 3, Edward Oscar Heinrich Papers.

14 Frances Dinkelspiel, "Remembering August Vollmer, the Berkeley Police Chief Who Created Modern Policing," *Berkeleyside*, January 27, 2010.

15 "Getting Confessions by New Truth Serum," *Baltimore Sun*, August 12, 1923.

16 Jeremy Kuzmarov, "What August Vollmer, the Father of American Law Enforcement, Has to Teach Us," *HuffPost*, October 4, 2016.

17 August Vollmer and Albert Schneider, "School for Police as Planned at Berkeley," *Journal of Criminal Law and Criminology* 7, no. 6 (1917): 877–98.

18 Harold G. Schutt, "Advanced Police Methods in Berkeley," *National Municipal Review*, volume XI (1922), 81.

19 Letter from Heinrich to Kaiser, June 30, 1920, box 1, John Boynton Kaiser Papers.

20 Letter from Heinrich to Kaiser, June 23, 1921, box 1, John Boynton Kaiser Papers.

21 Ibid.

22 "Boulder Appoints a City Manager," *Evening Star* (Independence, KS), February 19, 1918.

23 Donald G. Davis Jr. and John Mark Tucker, *American Library History* (Austin: University of Texas Press, 1978), 280.

24 Letter from Kaiser to Heinrich, April 22, 1931, box 1, John Boynton Kaiser Papers.

25 Letter from Heinrich to Kaiser, October 31, 1921, box 1, John Boynton Kaiser Papers.

26 Block, *The Wizard of Berkeley*, 49–52; Ramsland, "He Made Mute Evidence Speak."

27 Letter from Heinrich to Kaiser, July 9, 1921, box 1, John Boynton Kaiser Papers.

28 Letter from Heinrich to Kaiser, July 19, 1946, box 28, John Boynton Kaiser Papers.

29 Letter from Heinrich to Kaiser, May 10, 1921, box 1, John Boynton Kaiser Papers.

30 Letter from Heinrich to Kaiser, September 15, 1921, box 1, John Boynton Kaiser Papers.

31 Telegram from Kaiser to Heinrich, April 5, 1918, box 28, John Boynton Kaiser Papers.

32 Letter from August Vollmer to Alfred Adler, July 12, 1930, box 31, August Vollmer Papers, BANC MSS C-B 403, Bancroft Library, University of California, Berkeley.

CHAPTER
3

異教徒：蛋糕師傅的筆跡（上）
Heathen: The Case of the Baker's Handwriting, Part I

毫無疑問，這些信都是出自同一人之筆。您看這個希臘字母 e 多麼潦草，再看字末的彎法。

——亞瑟・柯南・道爾，

《四個簽名》（*The Sign of Four*），一八九〇年

一九二一年八月二日星期二，濃霧籠罩著加州小鎮科馬（Colma）[1]，夜裡的濕氣浸濕了老舊的連身工作褲，在聖十字架天主教墓園裡的大理石墓碑上留下小水珠。那是個讓人只想在爐邊烤火的夜晚。

科馬肯定是個鬧鬼的地方。幾十年來，這個小鎮以死者維生，藉著死亡茁壯。回到一八四九年，當時成千上萬的人來到舊金山淘金，但金礦沒淘成，反倒染了致死的疾病。確實有人發財了，但喪命的大有人在，大量屍體讓城市無法負荷。

接下來的五十年，舊金山禁止埋葬——土地非常寶貴，當墓地太浪費了。一九一四年，人們將幾千具屍體從墳墓挖掘出

來，搬上往南行駛的死亡街車。這條「墓園線」以米申街（Mission
Street）為起點、科馬為終點，長約十英里。死者的家人必須付十
塊美金的運送費用，否則親人的遺體就會淪落到亂葬崗。

接下來的幾年，電車每天從濃霧中出現，猶如驚悚小說裡
的畫面：黑色車廂和黑色窗簾象徵著靈車。棺木在車裡的地毯上
滑動，哀傷的家屬坐在鄰近的藤椅上休息。這趟旅程大約一個小
時，列車前面以金色字體寫著「儀車」，清楚告知大家它們的用途。

科馬的面積僅約兩平方英里，大部分的地方都成了墓地。
每天都有喪禮在這兒舉行，不少美國傳奇人物，像是著名的西
部警長懷特・厄普（Wyatt Earp）和牛仔大亨李維・史特勞斯（Levi
Strauss）等，都長眠於此。

科馬的大多數居民都從事與墓地相關的工作，二十年間，
他們承接了十五萬具屍體。一九二四年它成了大墓園，是一座被
美名為「靈魂城市」的巨大墳場。哀悼的家庭駱驛不絕，教會安
慰他人的工作沒停歇過。正因為這樣，這個小鎮的神父非常受敬
重，幾乎到了神聖不可侵犯的程度。

聖佩德羅路（San Pedro Road）上的聖天使天主教堂（Holy Angels
Catholic Church）裡，派崔克・赫斯林（Patrick Heslin）神父[2]靜靜
坐在書房裡，屋外濃霧瀰漫，能見度僅僅幾英尺。這間偌大的房
子和教堂相連，跟了他一年的管家瑪麗・溫德爾（Marie Wendel）
在廚房裡忙得不可開交。暮色中，濃霧遮去了車子的大燈，這種
天候下，沒幾個人敢開車上路。

五十八歲的赫斯林神父長得很英俊，身材高大結實，有一頭

稀疏的深褐色頭髮，說話帶著愛爾蘭口音。他是朗弗特郡（County Longford）本地人，站在禮拜講台上時，他是個仁慈又不失威嚴的領袖。這是他和管家來到科馬的第十天[3]，他先前服務的教堂在距離科馬約一百英里的特拉克（Turlock），他在那裡引導虔誠的信徒、為遇到問題的夫妻提供諮詢，並教育年輕一代的信徒。他期待在新教區進行同樣的工作。

在赫斯林神父住處的對街上，轟隆隆的汽車引擎停了下來，並傳來腳步聲。這時門鈴響了，緊接著是一陣狂亂的敲門聲。赫斯林神父聽見管家開了鎖，接著打開大門的聲音。

「外面有個人要您去幫一位即將死去的朋友行臨終儀式，」管家對神父說。

瑪麗・溫德爾明顯感到不安。這名訪客看起來很急躁，感覺下一秒就要失控了。他的打扮不太適合晚上出門。溫德爾一再請他進屋裡說話，但他就是不願意。

「我的時間緊迫，」他用濃重的口音慌亂的解釋。

溫德爾不知所措，赫斯林神父也一頭霧水。他往屋外走去，想聽聽這位冒著濃霧危險為朋友請命的陌生人怎麼說。當他來到門口，被眼前的人嚇呆了。

那人的頭被一頂寬邊帽整個蓋住，他穿了一件厚重的大外套，領子往上翻擋住了他的臉。他的膚色偏深，所以管家認為他應該不是美國人。他戴了一副深色護目鏡，那是一九二〇年代開敞蓬旅行車的人必備的配件，但當時是晚上，外面起著濃霧，戴這樣的眼鏡顯得有些荒謬。一名愛管閒事的鄰居發現家

門口停了一輛陌生的車子，特意出來看了一下，並豎起耳朵聽著他們的談話。

溫德爾換到另一個房間去工作，好留給他們一些隱私。這名訪客表示，他的朋友得了肺結核，就快不行了，他希望赫斯林神父能前去為他的朋友做臨終儀式，讓他的靈魂準備好接受死亡。赫斯林神父點了頭，答應去為他做最後的禱告以及臨終的告解[4]。

十九世紀和二十世紀早期，肺結核是美國的一大死因[5]。事實上，美國肺臟協會（American Lung Association）就是為這個致死疾病而於一九〇四年成立的。一九二〇年代，染上肺結核等同被判了死刑，它的症狀包括疲勞、夜汗和嚴重咳嗽，終至死亡；城裡的窮人是最容易感染肺結核的族群。

一九二一年，也是美國實施禁酒令滿一年的日子，這是另一個令眾多美國人感到絕望的原因。自從這項法令頒布以來，美國的犯罪率飆高了將近百分之二十五[6]；警察忙著追查非法飲酒，監獄被囚犯擠得水泄不通[7]。警察為了執行嚴格的禁止飲酒法令而忙得不可交開，「禁止局」（Bureau of Prohibition）於是「委託」同樣支持禁酒的三K黨協助執法，最後導致他們拿執行禁酒令當幌子，騷擾可憐的外來移民和非裔美國人[8]。

儘管禁酒了，民眾喝酒的風氣反而更為盛行，酒後開車被捕的人數增加了百分之八十[9]，其他形式的犯罪也層出不窮。一九二〇年代，原本鬆散的幫派成員逐漸形成有組織的犯罪集團，犯罪活動遽增。美國黑手黨領袖艾爾·卡彭（Al Capone）藉販賣私酒而橫行無阻，特別是在紐約和芝加哥等大城市。史上最成功

的火車和銀行搶劫犯牛頓男孩（Newton Boys）[10] 也在這段期間崛起，雖然面對的經常是有裝備的警衛，但他們還是在一九二〇年代幹下了六樁火車搶案。美國所有偵探都面臨愈來愈刁鑽難解的案件，而一九二一年八月這件神父離奇失蹤的案件，讓執法界最聰明的人也毫無頭緒。

回到那個霧茫茫的夜晚。赫斯林神父直到午夜依舊沒回家。瑪麗‧溫德爾因而感到非常不安，她在那棟陌生的兩層樓房到處晃，試著找些縫補工作來轉移注意力。她想了個理由解釋眼前的狀況：也許那個病人一直撐著沒死，這樣的話，臨終儀式確實得花比較長的時間。她終於睡著了，希望清晨起床能聽到教堂清脆的鐘聲──這是赫斯林神父的眾多職責之一。但是隔天一早，溫德爾期待的教堂鐘聲沒有敲響，神父的房間也還空著，於是她決定打電話到舊金山的大主教辦公室。

「他跟一名個兒矮小、皮膚黝黑，像是外國人的人離開了，」她告訴他的執事。

愛德華‧漢拿大主教（Archbishop Edward Hanna）對溫德爾的擔憂不以為意；神父沒有告訴管家他的行蹤並不是什麼嚴重的事。但是一會兒後，他的執事拿著一封貼了兩分錢郵票的信件來到辦公室[11]。漢拿迅速打開那封信仔細閱讀。現在，輪到大主教感到不安了。

奧斯卡‧海因里希來到位於美國郵政署的舊金山辦公室，手

裡輕輕拿著一封信。他扶了一下眼鏡，安靜的檢視那張紙上的字跡[12]。就在幾天前，赫斯林神父失蹤了，鑑識專家都感受得到調查工作在周圍如火如荼的展開了。有些警探是有價值的，像是柏克萊優秀的警長奧古斯特·瓦爾默。但是更多時候，警察只會為他的工作添亂。奧斯卡還沒時間評估這個團隊。

舊金山警方擔心民眾受驚嚇之餘可能會有強烈反應；相對於他們的情緒化反應，這個四十歲的男子只能愈顯冷酷。只有魔鬼才會傷害天主教神父，奧斯卡這麼想。

他懷疑雇用他並非檢調人員的意思。大主教之所以請他過來，是因為神父失蹤幾天後，教區辦公室收到了這封詭異且行文支離破碎的信件，而警探們不了解內容。

「必須打他四次，因為腦部壓力沒有意識。所以最好快一點，別亂來。今天晚上九點。」信上這麼寫。

這封勒索信有六百多個字，有些部分是手寫，有些是打印的，看起來就像兩個人在信裡吵架一樣。信中要求六千五百美元的贖金，奧斯卡對這個數字感到很好奇。大部分的綁架都是勒索整數贖金。打印的句子結構正確，但手寫的部分有許多錯字，而且不知所云。

> 謹慎行事，因為（科馬的）＿＿＿神父現在被我關在地窖，我在裡面點了一根蠟燭，蠟燭的底部有各種化學物品，足以製造殺死十多人的毒氣。

奧斯卡把那封信拿近看，並用手指頭搓搓它——沒什麼異樣。如果這封信的內容可信，那綁架者所說的確實可怕；如果是虛構的，那也非常有創意。奧斯卡看了神父前的空格，顯然綁架者並沒有鎖定赫斯林神父，但犯案確實是經過策劃的。歹徒要不是非常聰明，就是瘋了，或兩者都是。

信上說要是膽敢報警，他們就會燒死綁在私酒地窖的赫斯林神父。歹徒這封雜亂的信看來十分凶狠，他宣稱自己具備軍事背景，有本事當刺客。

「我在阿貢（Argonne）時擁有一把機關槍，曾經對不肯屈服的人開了數千發子彈，殺人對我來說不是陌生的事，」信中寫道。

其他內容像是來自廉價偵探小說裡的壞人之筆。綁架者要大主教盡快將錢準備好，放在封起來的袋子裡，他很快便會再指示會面地點。

「帶著錢下車，沿著貼在車道白線的繩子走，直到繩子的末端，」信上寫道，「然後放下袋子，立刻掉頭回鎮上。」

大主教表示，他一直在等歹徒指示碰面地點，但還沒有消息。這同時，舊金山的警察局長下令對濃霧中的海岸公路進行空中搜查[13]。數百名自願者也帶著獵犬，朝著陌生人驅車駛去的方向沿著薩拉達海灘（Salada Beach）和佩德洛山（Pedro Mountain）尋找。調查人員從懸崖眺望著大海，用不了多久，這樁發生在加州的懸案就會引起全國民眾關注。

各地報紙上毫無依據的陰謀論甚囂塵上，立刻引起軒然大波。「神父被綁去證婚了嗎？」《奧克蘭論壇報》（Oakland Tribune）

寫道[14]。舊金山偵查人員不願意透露案件細節，但是有一名警員提供媒體一個小線索：「有人需要神父，迫切需要。」

「這是很重要的聲明，」記者寫道，「唯一的理由就是幫人證婚，或許是受脅迫進行的。」

這些荒謬的猜測讓調查人員覺得好笑，但是要保護真正的線索著實不容易，這個原本在地圖上毫不起眼的小鎮科馬，現在到處可見記者，他們毫不客氣的騷擾神父的管家瑪麗·溫德爾，甚至質疑她是共犯。

「我沒什麼好說的[15]！」溫德爾對著記者大叫。「你們引用的那些話我從來沒說過！」

「你為什麼沒告訴警方赫斯林神父的車不見了呢？」一名記者不客氣的問。

「他的車沒有不見！」她回答。

赫斯林神父的車只是送修而已。儘管如此，關於這個案件的錯誤訊息和謠言還是層出不窮。有三個鄰居表示那天的駕駛「看起來不像美國人」，所以現在所有報紙都指出受人敬愛的神父是外國人綁走的。缺乏新訊息令記者們抓狂，也讓原本居民就以白人為主的科馬鎮排外情緒更加高升。

偵查人員的工作停滯不前，手上唯一的線索就是那封詭異的勒索信。他們雇用了三位著名的文件專家，請他們分析信上的筆跡和打印文字，看能不能發現新線索或排除某些可能。專家們全都宣稱能看出文字更改、刪減或添加的地方，還可以利用化學分析找出使用什麼墨水和筆。

奧斯卡・海因里希是三名專家中的一名，他的實驗室當時在文書鑑定分析上已經小有名氣。另一名專家將成為奧斯卡長久的死對頭，猶如他身上的一根刺。神父失蹤案引爆了一場可怕、有時甚至可恥的對立，一直要到十五年後他們當中的一位突然過世，才告一段落。

究竟他們在勒索信件中找什麼呢？有幾個東西。筆跡偵測領域有兩個重要類別[16]：筆跡分析（handwriting analysis）和筆跡學（graphology）。即使到了今天，兩者還是被混為一談，但它們其實非常不一樣。

筆跡分析的歷史較為悠久，也較廣為人知。它大約在西元三世紀問世，當時羅馬帝國的法官必須拿文件上的簽字和其他文字比對，來判斷是否造假。大部分的分析純粹是猜測，一直要到十九世紀末，才開始有正式教授筆跡分析的課程。不過，這些自稱筆跡分析「專家」的人多半是自學後自己封號的，因此分析品質也參差不齊。

到了二十世紀初期，鑑識筆跡的專家經常被請來為偽造文件作證。就在赫斯林神父失蹤的幾個月前，奧斯卡才剛和一位文書鑑識專家合作，調查了蒙大拿州（Montana）發生的一起遺書偽造案[17]，該糾紛涉及的金額超過一千萬美元。他們證明那份遺書上的簽字是假的，引起了小小的轟動。慢慢的，這些筆跡分析專家開始在法律界受到重視與認可。到後來，他們的工作不再局限於遺囑和財產，有愈來愈多專家開始進入刑事法庭。當時的律師和陪審團們開始傾心鞋印、指紋、子彈痕跡或咬痕等獨一無二的

證據，如果筆跡分析在民事調查中能被接受，為什麼不能把它用在更嚴重的刑事案件呢？

筆跡分析的依據是：只有特定的人能寫出特定的字，因此簽名或更長的文字可以用來辨識人，就像指紋一樣。現在我們不確定這個說法是不是還成立。因為字體會因一個人的環境、書寫工具、年紀，甚至情緒而改變。總之，我們的筆跡受太多不確定因素影響了，實在不是很可靠的鑑識工具。

二〇〇九年，美國國家科學院（National Academy of Sciences）做了一個具有里程碑意義的研究[18]。他們調查並評估了各種鑑識科學技術，結果指出筆跡不足以判定文件的真假。「有些文件只因為非常細小的簽名差異，就被認為是偽造的，這和每個人的筆跡本身就有差異的事實是相矛盾的[19]，」報告上寫道。也就是說，既然一個人的簽字可能因為各種原因，每次都不一樣，那麼我們就不能把文件的上簽字和蓋指印相提並論。

不過委員會也認同有時候筆跡分析還是具有科學價值，特別是在比較結構清楚、具有特定意義的文字時。我們可以在段落較長的手寫文字看出重複的特徵，因此在比較篇幅較長的文字時，通常能找到一些線索，但還是不能就此下定論。總歸一句話：筆跡分析只能用來支持調查，不能做為破案關鍵。但是回到一九二〇年代初期，當時刑事法庭開始接納筆跡分析專家的證詞了——奧斯卡的文書鑑定事業也跟著蓬勃發展。

除了筆跡分析，還有一個較鮮為人知的學科：筆跡學[20]。有人說筆跡學相較於筆跡分析，就像是占星術相較於天文學的關

係——筆跡學的藝術成分重於科學。筆跡分析是在比較兩份文字特徵的異同，而筆跡學則宣稱能根據一個人的字跡判斷他的個性，探討的是筆觸背後的心理學，屬於罪犯側寫的範疇。筆跡學家宣稱，可以從字跡推測當事人寫字時的心理狀態。例如：寫O時字母上端沒有閉合代表這個人沒有什麼隱瞞；寫小寫g時，上方的圓圈如果是閉合的，代表這個人在親密的性關係上缺乏自信。

筆跡學家不怎麼受敬重，一百多年來，鑑識筆跡學（現代用詞）一直被視為偽科學。奧斯卡絕不是筆跡學家，他甚至在寫給至交約翰·伯因頓·凱薩的信上嘲笑這種做法，以調侃的語氣分析了自己的筆觸。

「注意到我這邊凸出去了嗎？這代表我是極具野心的樂觀主義者[21]，」奧斯卡滔滔不絕的寫道。「現在又往下了，代表我變得有點消極。別緊張，我只是用了我太太的寫字墊而已。」

奧斯卡認為筆跡學是無稽之談，而且調查人員如果過於依賴不正確的嫌疑犯心理側寫，忽略了真正的相關線索，甚至會帶來危險。只不過現在社會大眾和警方都迫切想得到答案，況且在赫斯林神父這個案子上，筆跡學家的見解或許能帶來一點希望。警方請了兩名筆跡學家檢視勒索信，這兩個人奧斯卡都不欣賞。其中一位是個叫卡爾·艾森詩密爾（Carl Eisenschimmel）的德國人，奧斯卡認為他行事過於草率。另一位是當地的專家強西·麥克高文（Chauncey McGovern），奧斯卡認為他不只胡說八道，還有點危險。四十八歲的麥克高文目前只是不討喜的人，但日後將會重創奧斯卡的職業聲譽。

對於警方尋求其他人的看法，奧斯卡雖感到無奈，但跟以往一樣不得不與他們打交道。畢竟他的事業還在起步階段，客戶服務要好才行。奧斯卡跟他們握手後，便站到一旁去。

艾森詩密爾和麥克高文的結論指出，寫信的神祕人物先前很可能是軍人，並在軍中擔任打字員。這推測非常大膽，只不過……作者信上已經提過自己之前從軍的事了。奧斯卡認為這見解無異於馬後砲。

他們接著表示，根據字體的形狀，以及那封信展現出來的思覺失調特質，可以確認綁架犯的精神狀況異常。

「寫信的人精神錯亂[22]，」麥克高文很有把握的說。「精神錯亂的人『H』和『A』就是這樣寫的。」

另一名專家艾森詩密爾很快附和：「勒索信底下的塊狀印刷字體，也是精神錯亂的人經常使用的。」

奧斯卡嘆了口氣。這種結論不夠具體，根本幫不上忙。他們不過是在浪費時間，而且一直以來都是這樣。艾森詩密爾是個脾氣古怪的老頭，他的自我主義讓人不敢領教。他擔任文書鑑定專家證人已經數十年，雖然在職業生涯上有幾次眾所皆知的失誤（受自我引導而誤入歧途的結果，而且是發生在公開法庭上），這名七十五歲的德國人仍受到陪審員和調查人員敬重。他留著白鬍子，穿著無可挑剔的三件式西裝，散發出專業人士該有的莊嚴氣息，這一點讓奧斯卡非常羨慕。這一次調查工作，艾森詩密爾是首席專家，奧斯卡則是第二席、甚至第三席專家。他對於被迫尊重這位年長的專家深感無奈，心思敏感的他認為，這對腳踏實

地、藉由一件又一件成功案例逐步往上爬的他是一種侮辱。

「所有繁重的準備工作都是我做的[23]，」他憤憤不平的向約翰·伯因頓·凱薩抱怨，「我得騙那個老人一切都按他的指示做了，最後還得把所有功勞歸給他。」

他這麼嚴謹的人，竟然得服事一個在方法和科學上都令人質疑的「專家」，實在令他憤怒。不過無能也就算了，強西·麥克高文的自以為是和不負責任更為糟糕[24]。奧斯卡認為，麥克高文是個充內行的，他那毫無依據的方法簡直要把合格的筆跡分析師氣得窒息。麥克高文的履歷也有些汙點，奧斯卡擔心他的不良（甚至不道德）紀錄會讓整個筆跡鑑識界的威信全失。

將近二十年前，美國政府的律師代表曾經以做偽證為由，逮捕麥克高文[25]，指控他在某個案件擔任專家證人時有誇大之舉。美國最高法院最後撤除了那些指控，但已經損及他的名聲。然而，在鑑識時代的草創時期──任何人都可以在任何領域自稱專家的年代──麥克高文在證人席上鎮定的表現，被檢察官認為是比較有勝算的。根據奧斯卡的說法，他這兩個號稱「專家」的主要競爭對手，有一個是笨蛋，一個是騙子。

在奧斯卡漫長的職業生涯中，強西·麥克高文會堅定的扮演他的「頭號敵人」。但他不過是眾多試圖在公開場合抹黑奧斯卡的鑑識專家之一，而奧斯卡向來會毫不客氣的回嗆這些人。他們之間的惡鬥是該領域的恥辱，同時也讓陪審團搞不清楚狀況。但是現在，奧斯卡·海因里希和強西·麥克高文都是收了錢，受邀來根據筆跡辨識綁架犯身分的。美國郵政調查人員把那封勒索信

拿給奧斯卡。他最後一次看了那封信。

「至少有一件事我現在就能告訴你，」他對調查人員說道。「寫這封信的人已經透露了他的職業。」

「什麼意思？」一名調查人員問。

奧斯卡透過眼鏡看著他們。

「他是個蛋糕師傅，」奧斯卡回答。[26]

調查員不屑的笑了，「你怎麼知道的？」

「這是蛋糕師傅的字體，」奧斯卡解釋道，「所有蛋糕師傅都精通這種字體。」

郵政調查人員收回了笑臉。

「仔細看，字母A和H的右上角會向下凹，」他回答，「字母T的那一橫稍往下彎，字母U的底部是方的。蛋糕師傅在蛋糕上就是這麼寫字的。下次生日時，注意一下你蛋糕上的糖霜字體。」

調查人員不相信，但奧斯卡可不是被雇來安撫這些心存懷疑的警察的——他是奉命維持公正，依證據行事的。

「但是鎮上有那麼多蛋糕師傅，」偵查人員這麼回他。

奧斯卡假意一笑——正如他所料：警察就是礙事。在早期的犯罪調查中，大部分罪犯側寫都是在嫌疑犯被羈押後才建立的，主要是想先確認他們的精神狀況正常[27]。但是奧斯卡希望在嫌疑犯遭逮補前就確認他的身分，這是個新方法。他把重點放在可以顯出習慣的線索上，就像在做初期的罪犯側寫——而在美國，過去從來沒有人這麼做。

歷史上偶爾有使用罪犯側寫的例子。在中世紀初期，曾有

「專家」試圖藉此辨別異端。第一個使用罪犯側寫的著名刑事案件發生在一八八八年，當時倫敦警察廳希望從開膛手傑克寫的信件，以及受害者的屍體狀態，來尋找相關線索。到了一九五〇年代中期，美國調查人員才開始採用這種方法，聯邦調查局則是在一九七〇年代才成立行為科學部。奧斯卡起步得比大家都早；打從開始發展職業，他就相信自己可以根據罪犯的習慣和行為，重建犯罪現場。

「我根據的是罪犯留下來的證據，」他解釋道。

奧斯卡認為，麥克高文和艾森詩密爾對綁架者精神狀態的評論太荒謬了。他表示，所有罪犯都有無法避開的習慣，有時甚至連罪犯本人都不自覺。蛋糕師傅就算殺了人，還是蛋糕師傅，這從勒索信上的特殊字體就看得出來。這些變成了習慣、幾乎無法控制的行為，有助於建立側寫。奧斯卡堅信，調查人員應該研究證據來確認犯罪者的身分，並決定犯案動機，最後在結果中取得驗證。偵查人員持續在科馬附近的山丘搜索嫌犯的同時，奧斯卡言之鑿鑿的說：

「你們要找的是名蛋糕師傅。」

───────

這個案件對舊金山的大主教簡直是一場夢魘，他每個晚上都禱告祈求赫斯林神父平安無事。八月十日，赫斯林神父已經失蹤八天了，就在這時候，另一封勒索信在黑夜塞進了大主教家的門縫，告知他赫斯林還活著，但內容比起第一封更詭異——雜亂無

章的敘述中夾雜著神祕的線索，目的似乎是想誤導調查人員走向更多死胡同。

「是命運逼我這麼做的，」信中寫道[28]，「疾病和苦難讓我不得不這麼做。我需要錢。」

綁架犯開了新條件，他要一萬五千美元的贖金，是原先的兩倍多。

「赫斯林神父目前無恙，他需要你幫忙，你很快就會再收到我的消息。」

警長再次找來麥克高文和艾森詩密爾這兩位筆跡學專家，但這回沒有找奧斯卡，大概是因為他先前的分析不是調查人員想聽的。兩名專家將勒索信放大，在燈光下仔細研究，最後再次下結論表示作者肯定精神有問題，而且生性膽小。

「從筆跡看來寫信的是個優柔寡斷的人[29]，」這是麥克高文的正式報告。

這名專家的結論又是個沒有用的觀察——北加州顯然有許多精神異常的罪犯。毫無意義，奧斯卡嗤之以鼻。

接著，有未經證實的謠言指出還有第三封信[30]，探員私底下交給了警察總部。這件事引起了《舊金山觀察家報》（*San Francisco Examiner*）一名年輕記者喬治·林恩（George Lynn）的興趣。在沒有新線索，讀者又迫切期盼新進展的狀況下，林恩的編輯派他到大主教家去，希望能得到點新消息。很快的，林恩就要成為全加州記者最羨慕的人了。

那天下午稍晚，林恩叫了台廉價的無牌計程車來到阿拉莫廣

場公園（Alamo Square Park）西北側，大主教位於福爾頓街（Fulton Street）上的豪宅[31]。正要按門鈴時，他轉身發現有另一個人也走上了寬敞的石階。林恩往後退一步來觀察他的穿著，那是一種奇怪的熱帶服飾，跟舊金山這樣的大城市很不搭。整潔的米白色外衣是毛海和棉混合的材質，還戴了一頂草帽。這個打扮在酷熱的棕櫚灘上再適合不過[32]，但是在舊金山顯得格格不入。林恩好奇的看著他。

大主教開門時，這名瘦高的陌生人靜靜的站在林恩旁邊。大主教的助理以謹慎的眼神看了看那位穿白衣的陌生人，然後向記者點頭。林恩問助理大主教在不在，助理表示大主教正要結束用餐，歡迎他進屋裡等候。在他們倆走進門廳時，那名身穿熱帶服飾的男子也尾隨進來。

「我不認識這位先生[33]，」林恩很快說道，希望大主教的助理可以將他擋在門外。「他只是跟著我進來的，跟我毫無關係。」

「我也是來找大主教的，」那人急忙回答。「我知道失蹤神父的下落。」

———

這名陌生男子名叫威廉・海陶爾（William A. Hightower），在他說話時，林恩默默回想目擊者怎麼描述綁架赫斯林神父的犯人：個子矮小、皮膚黝黑，有可能是外國人。海陶爾的身高大概一米七八、體型偏瘦、膚色為中間色調，頭頂幾乎禿了。他來自德州，在棉花田長大，從小就在園裡工作。他有南方人的

口音，但沒有外國人的腔調。林恩聽著他的故事，心情放鬆點了。海陶爾確實很容易激動，但他不是綁架者。林恩再次盯著他的淺色西裝，這時海陶爾笑了，他解釋道：「我剛從鹽湖市（Salt Lake City）過來，那邊的天氣挺熱的。」

　　大主教終於來到客廳了，他告訴林恩既沒有第三封信，也沒有新的消息。林恩點點頭，然後跟他介紹了海陶爾，接著兩人便開始聽海陶爾講述他瘋狂的故事。故事從「夜生活女郎」多莉·梅森（Dolly Mason）和一名危險的陌生人說起。這個陌生人是釀私酒的，他宣稱自己在距離舊金山南邊大約二十英里的薩拉達海灘埋了神祕的東西。海陶爾還透露了一個令人不安的細節，多莉表示那個外國人似乎對天主教很反感。

　　大主教對這名奇裝異服的人心存懷疑，也對他的胡說八道不感興趣。調查人員已經追逐假線索一個多禮拜了，他認為這名歌舞女郎和釀私酒的人對於尋找赫斯林神父沒有任何幫助。大主教不願意相信赫斯林神父已經死了，他也懷疑站在他客廳的這個人是不是真的瘋了。然而，即使動員數百人擴大尋找，甚至提供八千美元的巨額獎賞，他們仍然沒有任何斬獲。

　　「可以的話，請你明天早上十點過來一趟，」大主教告訴他，「我會派幾個調查人員和你一起去。」

　　喬治·林恩瞪大了眼睛。海陶爾或許是個怪人，但是林恩知道這個故事能讓他寫一篇好報導。他們兩人離開大主教的住處後，林恩再次揮手叫了一部無牌計程車，他打開車門並邀請海陶爾一起上車。他要司機直接回《舊金山觀察家報》的辦公室。

「他說他或許可以告訴我們赫斯林神父的屍體在哪裡，」林恩向市政主編威廉‧海恩斯（William Hines）解釋。

編輯很快請他們到私人辦公室。海陶爾進辦公室後，再次轉述了他和多莉‧梅森幾天前那段詭異的交談。梅森認為那個陌生人藏的是一批私酒，這種手法在一九二〇年代很常見。

即便實行了禁酒令，大家還是有許多喝酒的機會，而且不光是在地下酒吧而已。有些人乾脆請醫生開處方，改喝藥房裡蒸餾過的藥用威士忌。事實上，奧斯卡當年在塔科瑪的藥房打工時，藥用威士忌就是歸他管的。正因為藥用酒精的利潤很高，著名的沃爾格林（Walgreens）連鎖藥房才能在一九二〇年代從原本的二十多間，到後來拓展為五百多間[34]。就算你的運氣沒這麼好，或是沒那多錢拿到處方，還是有很多商家願意提供酒精給你──非法酒精的確是很有價值的商品。所以說，海陶爾的朋友多莉‧梅森認識了一個不是很正派的人，而這個人極力想要保護他藏在薩拉達海灘的私酒。聽起來滿合理的，但是這跟赫斯林神父有什麼關係呢？

海陶爾對於成功引起注意感到相當滿意，於是故意放慢速度好營造戲劇效果。

「於是，我星期天去了那個海灘，」海陶爾緩緩說道。「我記得那裡有個廣告招牌──上面畫的是一個礦工在火堆上煎鬆餅[35]。」

椅子上的喬治‧林恩身體突然一震。鬆餅。他心跳加速。這讓他想起柏克萊的筆跡專家奧斯卡‧海因里希說過的某個細節。跟煮東西有關？……他想要試探海陶爾，但他知道手段要高明。

「對了，我忘了問你是從事哪一行的？」林恩突然插話問道。

海陶爾被這名記者的無禮嚇到了，瞪了他一眼。喬治·林恩已經知道這個人會怎麼回答，但是他想要聽他親口說出來。

「有什麼差別嗎？」海陶爾不客氣的問。「如果你非得知道，我是蛋糕師傅。」

在薩拉達海灘的海岸公路（Ocean Shore Highway）旁，警車的頭燈照在巨大的阿爾伯斯磨坊（Albers Mill）的鬆餅粉廣告招牌上。招牌上畫著一名歷盡風霜、留著八字鬍的礦工正在沙漠中的火堆上翻烤鬆餅，跟海陶爾描述的一樣。溫暖的太平洋霧氣陣陣襲來，瀰漫在招牌周圍。舊金山的警長丹尼爾·歐布萊恩（Daniel O'Brien）站在崖邊，鞋底因為霧氣而變得溼滑。十一點左右，霧氣從沙丘上升，海浪拍打著岸上的石頭，一個七人團隊出現了，這群盜屍者有個令人毛骨悚然的任務——在迷霧中尋找一具屍體。

幾個星期前，一家德國製片公司剛開始拍攝偉大的驚悚片《不死殭屍：恐慄交響曲》（Nosferatu: A Symphony of Horror）。影片中耳朵尖尖、身材瘦削的歐樂伯爵（Count Orlok）是大銀幕上的第一位吸血鬼，他在位於外西凡尼亞（Transylvania）的城堡內跟蹤受害者。擔心歐樂隨時會展開襲擊的恐怖氣氛，令觀眾們深陷其中。現在，站在太平洋海岸上的這群人也帶著同樣的緊張與擔憂，因為帶著他們走下懸崖的，正是這樁凶殺案的嫌疑犯——這真是完美的電影場景。

　　威廉・海陶爾、喬治・林恩和幾名警員踩著狹小的石子路走下崖邊。在颱風的濃霧中，他們點了火柴照亮前方的路。沿著崖壁來到了沙灘後，他們在震耳欲聾的海浪聲中拿起鏟子和鐵鍬開始工作。有個人還去跟鄰近的朝鮮薊農場借了燈。《舊金山觀察家報》的記者則保持距離在拍照。這個挖掘屍體的夜晚令人不寒而慄。

　　幾個小時前，海陶爾告訴喬治・林恩（後來也告訴警察），他發現了一個埋著東西的地方。

　　「也許是失蹤的神父，」他這麼告訴警察。「我覺得是。土還是鬆的，我認為值得一探究竟，你們說呢？」

　　調查人員們在黑暗中緩緩穿過石子路，心想著等一下不知道會看到什麼。殺害令人敬愛的宗教領袖是褻瀆上帝，除非喪心病狂，否則沒有人會做出這種事。找到赫斯林神父的屍體至少能給愛戴他的人一個交代，但是不管結果如何，都沒辦法安撫美國人的心。這個故事將持續出現在全國新聞。

　　突然間，海陶爾從崖壁較低的一處跳下，其他人也跟了上來。他跪在地上，徒手從沙裡拉出了一塊黑色的布，那是他前幾天留下的記號。

　　「這裡！」海陶爾大喊，「就是這個地方！」

　　喬治・林恩和一名警員拿起鏟子挖了起來，就像十九世紀的盜墓者那樣，期待著大豐收。海陶爾也拿起自己的鏟子使勁挖掘。這時，科馬的警官席爾維歐・朗迪尼（Silvio Landini）往後退了一步。

「如果底下埋的真是屍體，那挖的時候可得小心[36]，」他警告大家。「要是把臉挖破，可就不好了。」

海陶爾停下來並抬頭看著他說：「你放心，我現在挖的這邊是腳。」

所有人都停下來互看了一眼。蛋糕師傅繼續挖著，警長小心翼翼的走向他。記者喬治・林恩突然停下來──他挖到衣服了，埋得並不深。他慢慢把它拉上來。

「是手！」警長大喊。

不到幾分鐘，一具包裹著潮濕黑布的屍體被挖了出來。海陶爾累壞了，他得意的站在屍體的腳那一端。確實是赫斯林神父的屍體。八天前他披在身上的那件神聖的祭司袍還掛在脖子上。他的頭顱沾著血，有一處陷了進去，還有一部分不見了。大家在等候驗屍官的時候，海陶爾看著那具屍體，靜靜的沉思。

「人生真是可笑，」他輕聲對警長說，警長則怒目回看他。

「走吧！」歐布萊恩警長大聲喊道，然後把海陶爾拖上懸崖，押進警車。

喬治・林恩看著躺在絆根草上的神父遺體。手提燈籠黯淡的光恰好照在一個小小的耶穌像上。

註釋

1　John Branch, "The Town of Colma, Where San Francisco's Dead Live," *New York Times*, February 5, 2016; John Metcalfe, "Remembering San Francisco's Ornate 'Funeral Streetcars,'" *CityLab* (Ridge-Field, NS), January 24, 2017; Terry Hamburg, "All Aboard! Getting to Cypress Lawn in Style Back in the Good Old Days," Cypress Lawn Heritage Foundation.

2　Jean Bartlett, "Modern-day Polygraph Dates Back to 1921 Murder in Pacifica," *Mercury News* (San Jose, CA), March 12, 2013; Heslin's physical description comes from archival photos.

3　Norma Abrams, "Father Heslin's Housekeeper Accounts for Priest's Auto," *San Francisco Chronicle*, August 6, 1921.

4　People v. Hightower, Court of Appeal of California, First Appellate District, Division One, January 18, 1924, 65 Cal. App. 331 (Cal. Ct. App. 1924).

5　"Early Research and Treatment of Tuberculosis in the 19th Century," Historical Collections at the Claude Moore Health Sciences Library, http://exhibits.hsl.virginia. edu/alav/tuberculosis.

6　Thornton, "Alcohol Prohibition Was a Failure," specifically the section "Prohibition was criminal."

7　*Encyclopedia Britannica*, "Crime 1920–1940."

8　Kat Eschner, "Why the Ku Klux Klan Flourished Under Prohibition," *Smithsonian Magazine*, December 5, 2017.

9　Thornton, "Prohibition Was a Failure," specifically the section "Prohibition was criminal."

10　Patricia Holm, "Newton Boys," Texas State Historical Association, June 15, 2010.

11　John Bruce, "The Flapjack Murder," in *San Francisco Murders*, ed. Allan R. Bosworth and Joseph Henry Jackson (New York: Duell, Sloan and Pearce, 1947), 213–18.

12　Photos of ransom notes and Heinrich's analysis found in carton 70, folder 75–77, Edward Oscar Heinrich Papers.

13　"Airplane to Help Authorities in Efforts to Locate Father Heslin," *Santa Cruz Evening News* (CA), August 4, 1921.

14　"Was Priest Kidnaped to Wed Pair?," *Oakland Tribune*, August 4, 1921.

15　Abrams, "Father Heslin's Housekeeper Accounts for Priest's Auto."

16　Forensic Document Examination: A Brief History, National Institute of Standards and Technology.

17 "Murray Will Is Forgery Is Opinion of Handwriting Experts of California," *Great Falls Tribune* (MT), June 22, 1921.

18 Committee on Identifying the Needs of the Forensic Sciences Community, National Research Council, *Strengthening Forensic Science in the United States: A Path Forward* (Washington, D.C.: National Academies Press, 2009), 184.

19 Ibid., 166–67.

20 Russell W. Driver, M. Ronald Buckley, and Dwight D. Frink, "Should We Write Off Graphology?," *International Journal of Selection and Assessment* 4, no. 2 (April 1996): 78–86.

21 Letter from Heinrich to Kaiser, January 31, 1921, box 1, John Boynton Kaiser Papers.

22 "Experts Believe Writer of Ransom Letter Demented," *San Francisco Chronicle*, August 6, 1921.

23 Letter from Heinrich to Kaiser, September 6, 1921, box 1, John Boynton Kaiser Papers.

24 Various letters found in carton 70, folder 75–77, Edward Oscar Heinrich Papers.

25 United States v. Chauncey McGovern, G.R. No. 2731 (November 6, 1906).

26 Block, *The Wizard of Berkeley*, 81.

27 Katherine Ramsland, "Criminal Profiling: How It All Began," *Psychology Today*, March 23, 2014; "Offender Profiling," *World Heritage Encyclopedia*, 2015.

28 "$15,000 Ransom for Priest Is Asked in New Kidnap Note," *Santa Ana Register* (CA), August 10, 1921.

29 Bruce, "The Flapjack Murder," 222.

30 "An Old-Time Scoop in San Francisco," *Editor & Publisher*, September 10, 1921.

31 "1000 Fulton Street," *Dona Crowder*, http://www.donacrowder.com/1000-Fulton-Street.

32 "Art Collection" section of the Metropolitan Museum of Art website.

33 "An Old-Time Scoop in San Francisco.

34 Evan Andrews, "10 Things You Should Know about Prohibition," History.com, January 16, 2015.

35 Bruce, "The Flapjack Murder," 225, along with a photo of Albers Mill flapjack flour found online.

36 Ibid., 226.

CHAPTER
4

先驅：蛋糕師傅的筆跡（下）
Pioneer: The Case of the Baker's Handwriting, Part II

我常說，如果剔除掉所有不可能的狀況，剩下的不管概率多麼低，也都是事實了。

——亞瑟·柯南·道爾，

《四個簽名》（*The Sign of Four*），一八九○年

「做好準備。[1]」這是《舊金山觀察家報》的市政主編威廉·海恩斯給發行人的訊息。喬治·林恩從薩拉達海灘回來的當晚，這名經驗豐富的編輯便料到，這樁可怕的神父謀殺案將會是令人震驚的大新聞——而且是他們的獨家新聞。舊金山警長那天在報社總部過夜，大樓安排了警察鎮守，免得其他報社雇用的間諜混了進來。警方和《舊金山觀察家報》做了個約定：由於喬治·林恩協助警方逮捕海陶爾有功，所以這則新聞將由他們獨家報導。報社忙了一整個晚上，隔天的《舊金山觀察家報》賣了上萬份[2]。

經過三天的密集審訊後，警方以謀殺赫斯林神父的罪名正式逮捕威廉·海陶爾。很快的，刑法機制的法理學開始運作起來。

調查人員雖然不相信海陶爾胡謅的釀私酒的外國人和歌舞孃多莉・梅森的故事，仍決定展開搜查。海陶爾向他們保證一定會找到多莉・梅森，而自己也一定會被判無罪。

「我幫你們破了案，沒想到你們居然這樣對我[3]，」海陶爾向偵查人員抱怨。

驗屍官寫的死因報告令人為赫斯林神父感到不捨。他先遭人以鈍器毆打致死，接著再以點四五口徑的槍擊中後腦。

警方在沙灘上找到用過的彈殼、白色繩索和沾了血跡的木頭。它們就像一幅複雜拼圖中的一塊拼片，是舊金山警方無法解開的一個謎。偵查人員很快就明白，這件謀殺案不是那些沒有鑑識經驗的筆跡專家解決得了的，於是他們派警員將沾了血跡的木頭和繩索送到奧斯卡・海因里希位於柏克萊的實驗室。

在海陶爾位於舊金山使命區（Mission district）的廉價住所中，偵查人員找到了更多證據：沾了血跡的粗麻布、一把來福槍和提及懸賞的新聞剪報。還有一個讓警察很驚訝的東西——一個警方稱為「地獄機器」的自製武器，上頭有十個短管，全都插在一個木造框架上，每個短管都裝了散彈槍子彈。海陶爾只要拉一條繩索，這玩意就能同時發射十枚子彈，猶如一把老式機關槍。

第一封勒索信上曾提到「沿著繩子走」。探員懷疑這個機器和綁架犯當時的暗示有關。一名警員從海陶爾的床底下拉出一個厚重的帆布帳篷，上頭寫了大大的「肺結核」。裡頭有更多點四五口徑彈殼、一把機關槍、防毒面具，還有一些顯然是海陶爾寫的詩。

　　偵查人員希望找到更全面的計畫藍圖——更清楚的動機。但他們找到的卻像是一個脫離現實的人莫名其妙的收藏。另外，海陶爾也確實和目擊證人先前描述的「個子矮小、皮膚黝黑的外國人」不相符。關在舊金山監獄裡的海陶爾持續否認，並表示警方只要找到多莉，梅森就可以釐清這件事。

　　警方雖然有一些新發現，但是對威廉‧海陶爾的指控多屬推測，缺乏鑑識證據；檢察官也承認，在破房子裡找到的那些稀奇古怪的東西，不足以將海陶爾以謀殺定罪。

　　八月十三日，在赫斯林神父失蹤的十一天後，大主教愛德華‧漢拿在於舊金山聖瑪利教堂舉行的喪禮上，為赫斯林神父祝福並致悼詞。教堂鐘聲響起，教堂外有數千名群眾聚集，教堂內有四百多名神職人員觀禮。

　　「赫斯林神父做了最大的犧牲[4]，」漢拿大主教這麼告訴大家。「他展現了人類力所能及最大的愛。他的結局是任何神父對自己的期許。」

　　加州天主教徒向赫斯林致意的同時，奧斯卡‧海因里希正在查驗證據，誓言將這樁謀殺案查個水落石出。警方很快便將他召回舊金山報告進度，他再次被警方焦慮的目光包圍。但他有把握成為他們的救星。

　　「犯案的人肯定留下了線索，」奧斯卡告訴偵查人員。「你們逮捕海陶爾時，他身上帶了哪些東西？」

　　一名偵查人員打開一個牛皮紙文件夾，一把黑色握柄的小刀掉了出來。他向奧斯卡再三保證就只有這個，警方已經仔細檢視過了。但這位犯罪專家比他們有能耐多了。

　　奧斯卡回到柏克萊的實驗室，在一把木頭椅子上坐下來，然後將刀柄放在顯微鏡底下。他調整接目鏡，瞇著眼睛仔細觀察，果然有收穫了——幾粒沙子。奧斯卡提高放大倍率，把燈打亮，然後將相機放在接目鏡上拍了照。接著，他改用長木桌上的另一架顯微鏡。他比對了他對威廉·海陶爾房內帽子上黏的沙子做的紀錄，接著再次觀察刀片。

　　「刀片的末端有些沙子[5]，」他寫道，「外觀和大小都跟帽子上的沙粒相同。」

　　海陶爾帽子上的沙粒，很可能來自赫斯林神父遇害的地方——這是很有力的間接證據。

　　「我要再看看其他東西[6]，」奧斯卡告訴警方，「包括他房裡的帳篷、埋屍地點找到的木頭等等，所有東西。」

　　他解開帳篷，仔細端詳寫在側邊的「結核病」打印字體。調查人員懷疑海陶爾是想藉這種手段，讓大家不敢碰帳篷裡的東西。

　　「就形式上來看，這個字體和勒索信上的字體相符，」奧斯卡說道。「但是運筆卻非常不同，不過勒索信和帳篷的材質也很不一樣，在我看來，這部分沒必要進一步比較了。」

　　大概沒有幾個筆跡專家會認同奧斯卡這種「字體未必比較可靠」的論點。雖然他非常想將海陶爾定罪，但也不願意冤枉無辜的人。他又花了幾個星期，利用顯微鏡、相機和化學藥品檢視所

有證據，並進行一連串試驗。最後，他終於要求和警方與地方檢察官在舊金山舉行會議。奧斯卡拿出了幾張放大的照片攤在桌上。檢察官和警長互相看了看。

「這些是沙粒的照片，」奧斯卡解釋。「我把海陶爾的刀子放在顯微鏡下觀察時，發現有一處沾有沙子。雖然只有三、四粒，但已經足夠了。」

他也在海陶爾房裡的帳篷內發現了沙子，那有可能是被強烈的海風吹進去的。就算用顯微鏡觀察，這些沙粒看起來還是十分相像。為了提供警方確鑿的證據，奧斯卡做了一件了不起的事。他採用了一種在塔科瑪當化學和衛生工程師時學會的技術，發展出突破性的鑑識地質學，從此改變了警察調查犯罪的方式。

這門技術叫岩相分析[7]，是一種用來鑑定岩石成分與來源的顯微手法。岩相學家可以利用特殊設計的光學顯微鏡，以及偏光和特殊稜鏡設計，來辨識沙粒中的礦物質與岩石成分。隨著光照轉換，沙粒中的不同組成會呈現出不同顏色。奧斯卡將來自帳篷和來自刀子的沙子的所有成分都列了出來，發現兩邊的沙粒成分完全相符。現在這個間接證據更具價值了。

此前從來沒有人將岩相分析運用在刑事案件上[8]，奧斯卡是第一人。這是創新且高明的作法，直到今日在鑑識學領域仍受到重用。這是奧斯卡基於需求所做的第一個改良，之後還會有更多像這樣的例子，畢竟鑑識學領域的發展相當迅速。

撇除一八八七年出版的福爾摩斯小說《血字的研究》，首次提到鑑識地質學的，是德國鑑識科學家漢斯・格羅斯（Hans Gross）。

一八九三年，他在一本教科書中提到，研究嫌疑犯鞋子上的泥土，有助於判斷他是否和案發現場有關聯。

一九〇四年，另一名德國鑑識科學家喬治‧波普（Georg Popp）首度利用地質學，解開一名法蘭克福裁縫的勒索案。他將刑案現場找到的一條手帕上發現的物質放在顯微鏡下觀察，從上面的煤粒和礦物質得知，凶手是一名原本就有嫌疑的燃煤氣工廠工人。這件具有里程碑意義的案件，讓其他歐洲專家紛紛發展出自己的痕跡證據（trace evidence，簡稱「跡證」）理論。

一九一〇年，法國科學家艾德蒙‧洛羅卡（Edmond Locard）發展出的羅卡交換定律（Locard's Exchange Principle）[9]是鑑識科學的基礎理論之一。他指出「凡兩個物體接觸，必會產生轉移現象」。因此，殺手會在不知情的狀況下，帶有從案發現場來的跡證；同樣的，他也必定會在案發現場留下痕跡。鑑識科學家的任務就是找出這些線索。

一九二一年，奧斯卡決心利用地質學將威廉‧海陶爾定罪。他的岩相分析發現，海陶爾房裡帳篷內的沙子，以及他口袋裡折疊刀上的沙子，似乎都和死者遇害處的沙子吻合。現代鑑識科學的地質學專家事後對奧斯卡讚譽有加，稱他是第一個「將地質岩相學調查技術延伸到沙子、泥土、顏料和色素的人」。這個非凡的發現引導出的新技術，將在鑑識歷史上留名。此外奧斯卡也證實，海陶爾房裡發現的某條繩索，與神父遇害處找到的繩索材質相似。但是偵查人員不確定這些證據是否足以將凶手送上絞刑台。

九月初，檢察官便起訴了威廉‧海陶爾，但還有些麻煩的細

節需要先釐清，例如是否真有其他人涉案？會是那個個兒矮小、皮膚黝黑的外國人嗎？多莉·梅森是真有其人嗎？

———————

追蹤這件案子的記者大多關注威廉·海陶爾詭異的舉止，特別是他提到那個失蹤的女人和對天主教懷有強烈敵意的外國人。很快的，海陶爾的異常行為也成了審判時的焦點。他一再強調他不過是想要協助警方，引導他們找到神父的屍體；如果不是他幫忙，他們可能永遠不會發現赫斯林神父的遺體。海陶爾看來一點愧疚或懺悔之意都沒有，他急切想要說服偵查人員他絕對不會傷害一位神父。每個跟他面談過的人都認為，他真的覺得自己是無辜的。已經有這麼多不利於他的證據了，為什麼他還不肯認罪？回頭看他多災多難的過去，或許可以略知一二。

一年前，他曾經向貸款公司借錢，打算開一家蜜餞公司。他將近期的離婚、財務困難和精神問題都怪罪到生意失敗上。

「在瀕臨破產的五年內，我的婚姻觸礁，身體和心理都惹了一身病，極需要休息或翻身的機會[10]，」他寫道。

海陶爾顯然有些精神狀況應該接受治療，很可能是思覺失調，但他的律師從沒提出正式的精神障礙申訴。法官其實可以安排海陶爾住進精神療養院，這樣應該好過上絞架。但也可能不會。

一九二〇年代，大家對精神疾病的認識非常有限，也缺乏治療思覺失調的有效方法。療養院裡人滿為患，住院患者的死亡率是一般人的五倍[11]。病人究竟應該透過藥物、手術還是監禁來

治療？都由資格不符的醫生全權做主；大學裡也尚未有精神病學相關課程[12]。海陶爾顯然受精神疾病所苦，但他非但沒有接受治療，還要面對謀殺案的審理，甚至有可能被判死刑。

一九二一年秋天，儘管奧斯卡・海因里希的事業上了軌道，但他的心理健康也因為嚴重的焦慮而深受打擊。他對自己的知識和才智很有把握，但他的財務狀況始終處於困境。為了應付逐漸擴大的事業，他不得不在舊金山的加州街（California Street）二十五號租了間新的辦公室。同時忙於好幾個案件，使得他的身體飽受壓力，產生了精神性的消化不良。

「每次出庭我都得花三天做準備，然後花一整天待在法院裡[13]，」他這麼告訴凱薩，「我發現什麼都不吃反而比較好，因為工作壓力已經讓我的消化系統癱瘓了。」

奧斯卡的習慣性煩躁變成了狂躁——他經常在住家樓下的實驗室一連二十四個小時，馬不停蹄的工作。他以幾近瘋狂的速度評估證據並撰寫報告。孩子們經常在樓上大聲玩鬧，但是比起吵鬧的孩子，競爭對手更容易激怒他，例如年長的筆跡分析師卡爾・艾森詩密爾突然召開記者會，吹噓自己在海陶爾一案「領導有方」，但事實上他對整個案件毫無貢獻。

「他在報社間奔走，告訴他們這案件的筆跡分析是由他全權負責[14]，」奧斯卡向凱薩抱怨。「這位老人家這麼做是怕有人提到我，搶了他的風采。」

被當成下屬這件事讓奧斯卡非常不開心，尤其在對方是這些自稱專家的人時。「要不是覺得這件案子很有意思，我早就推掉

了[15]，」他在給凱薩的信上提及。「我盡可能跟他保持距離，希望這是我最後一次和他負責同一件案子了。」

———

威廉·海陶爾的胸前綁著橡膠管，他看起來很緊張，事實上，在場的每個人都有點擔心。他心跳加速，身體不停扭動。在開始審理海陶爾案件的兩個月前，聖馬刁（San Mateo）的地方檢察官做了個不尋常的決定，從此改變了美國審問嫌疑犯的方式。這是個前所未見的方法，使用的這部儀器從來沒被拿來這麼用過，但是調查人員需要一個清楚明白的答案。迫切需要。

事實上，被綁在這台折磨人的機器之前，海陶爾這一天就已經很不好過了。檢察官在整理他們的最後結論時，海陶爾虛構的人物之一突然現身，震驚了原本已經認定海陶爾是瘋子的警方與檢察官。十月初，一個漂亮的棕眼褐髮女士挽著新婚丈夫的手，走進了司法廳。

「多莉絲·謝利（Doris Shirley），」被問到名字時，她這麼回答。

她是真有其人，不是海陶爾幻想出來的，只不過對這名殺人嫌犯來說，這是最後一件好消息了。她否認跟神父謀殺案有任何瓜葛。神父被綁的那個晚上，她並沒有像海陶爾說的跟他一起長途開車。十一點左右，他終於回到家時，她正在他們共用的房間裡準備睡覺。她毀了他的不在場證明，這給了他的辯護一記重擊。到了這個時候，威廉·海陶爾竟依然沉迷於多莉絲·謝利的美色之中。

「她說了算[16]，」被告知對方不支持他的說詞時，他這麼回答。「就算她跟別人結婚了，我還是愛她。也許她只是記性不好。」

警方這時正在整理海陶爾的罪犯側寫，聽到他的回答後大吃一驚。他究竟是有罪但聰明、無罪但不幸，還是有罪但瘋了呢？奧斯卡認為，只有一個方法能得知海陶爾是不是說實話，那就是「這個儀器」。新聞媒體都願意花錢來獲取測試結果。奧斯卡打了電話給他的好朋友：柏克萊的警長奧古斯特·瓦爾默。他需要一個新工具來辦這個案子，而瓦爾默正好能為他解決這個難題。

正當海陶爾以為殘酷的一天已經結束，一名警衛在半夜左右來到二樓的牢房叫醒了他，把他帶到樓下一間大房間。瓦爾默和地方檢察官靠牆站著，一位穿著有型的高俊男士伸出手來。他是柏克萊警局的警員約翰·拉森博士（John Larson）[17]，雖然資歷尚淺，聲譽卻極為卓著。他是第一位擁有博士學位的美國警員，專長是探討生物個體如何運作的生理學。他的碩士論文是談如何從指紋推測一個人的邪惡傾向。

二十八歲的他是個思慮縝密的調查人員、學識淵博的警員，同時受過醫學教育，又嚮往複雜的鑑識科學。接下來這一小時，約翰·拉森將獲得另一項重要殊榮，他將成為將自己發明的測謊儀（polygraph）[18]應用在刑事案件的第一人——精神急速崩潰的威廉·海陶爾則是第一位受測者。

拉森的測試分為三部分[19]：第一部分以控制組問題——姓名、年齡和家鄉——來取得受測者的正常血壓和呼吸速率。第二組是用來監視反應的常見問題，像是最喜歡的食物或寵物的名字

等。第三類問題則是直接對準神父謀殺案的問題。

做為拉森在柏克萊警局的上司，奧古斯特・瓦爾默很可能藉此在歷史留名。而測試的結果肯定可以支持奧斯卡對海陶爾的控訴。奧斯卡也對瓦爾默能藉由這項新發明提升犯罪調查能力表示讚賞。許多人威脅到了奧斯卡脆弱的自我，但瓦爾默從不是其中一員。奧斯卡認為這個儀器將改變司法系統，對於能參與第一起案子他深感榮幸。

一九一五年，哈佛大學心理學教授、同時也是律師的威廉・馬斯頓（William Marston）發明了收縮壓測量儀，是同類儀器中的第一個。儀器能間歇的量測受測者的血壓，但是這項測試對警察審訊的助益不大。

馬斯頓雖然對科學感興趣，但好萊塢更教他著迷；他後來創造了神力女超人（Wonder Woman）這個角色[20]，這位女英雄只要一使出她的黃金真理套索，便能讓犯人說實話。馬斯頓夢想著他的儀器也能成為這樣的祕密武器。一九二一年，拉森博士改良了馬斯頓的血壓測試儀。

拉森請柏克萊大學生理系製造一部能持續（而不是間歇的）測量血壓同時監控心跳與呼吸的新儀器[21]。拉森等人的理論是：這些數據可以用來判斷一個人是否在說謊。他將這部機器命名為「心肺心理儀」（cardio-pneumo-psychograph），但奧古斯特・瓦爾默後來把它改名為報上看到的「測謊機」。

一九二一年夏末，拉森研發出以切麵包板為底座的攜帶式測謊機[22]；八月，他和瓦爾默帶著它來到柏克萊南邊四十英里處

的紅木市（Redwood City），準備展開第一次的嫌疑犯測試。

拉森花了半個小時才架好設備，接著讓海陶爾坐在木椅上，並將手臂放在桌上。這名嫌犯的身體很虛弱，他已經好幾天沒吃東西了，在監獄裡也沒睡好，而且幾乎每天都要面對審訊。

審判都還沒結束，就有媒體報導海陶爾有罪，用了像是「海陶爾的說詞已經被警方逐一推翻」這樣的標題。紅木市有暴民揚言要殺害海陶爾，為遇害的赫斯林神父報仇，而警方必須確保他能活到下一次審判。

「一旦我們認為安全了，就會帶他出城〔23〕，」地方檢察官說道，「絕不容許有動用私刑的機會。」

辯護方的辯護基礎來自兩名目擊證人的記憶。赫斯林神父的鄰居和管家都說過，他們看到的綁架犯是個子矮小、皮膚黝黑的外國人，而不是瘦高的德州人。只不過現在他倆都推翻原本的說法了。赫斯林神父的管家瑪麗·溫德爾到監獄裡去見海陶爾時，甚至反應激烈。

「天哪！就是他！〔24〕」溫德爾大喊。「就是他帶走赫斯林神父的！就是這張臉孔和特徵，噢，我──！」

她癱倒在地，海陶爾有點不解的盯著她看。溫德爾顯然不是可以信賴的目擊證人，這對現代辯護律師而言可說屢見不鮮了。

以爭取開釋遭誤判的人為宗旨的現代非營利組織「清白專案」（Innocence Project）指出，目擊者錯誤指認是導致誤判的主要原因〔25〕。證人可能故意指控無辜的人，也可能是因為受到創傷而誤認（例如遭嚴重槍傷的倖存者），最後會導致調查往錯誤方

向發展。儘管傳統的列隊指認可能出錯，但證人指認仍是刑事案件中極常採用的證據。在威廉・海陶爾一案中，不可靠證人的種族偏見浪費了大家許多寶貴的時間。

面容憔悴而情緒激動的海陶爾繼續向警方和媒體叨念。他為小時候受過鞭打而感嘆，為寫不出音樂詩歌而發怒。媒體猜想他應該會提出精神異常抗辯，但始終沒有發生。

「我在想事情的時候，會脹頭脹腦[26]，」他這麼告訴一名警衛。「感覺就像要爆炸了一樣，我想我是不是要瘋了。」

隔天，他對地方檢察官發表了大膽的聲明。

「我受夠了[27]，」他難過的說。「我不在乎這是怎麼回事了。我這輩子就是這麼不幸。」

那天晚上，在忙了一整天後，海陶爾被綁在一張很不舒服的木頭椅子上。他盯著那台古怪的機器，以及站在旁邊的兩名年輕人。機器上有些電線、一個玻璃燈泡，還有一張燻煙紀錄紙和兩根探針。海陶爾的胸部被纏上橡膠管，左上臂綁了袖套。拉森的助理菲利浦・艾德森（Philips Edson）在一旁打開幾個開關，兩手都被燻煙紙染黑了。拉森跪在海陶爾旁邊，並將手上的聽診器放在他的右臂。

木捲筒帶動了紀錄紙，探針在上頭留下有趣的痕跡，記錄著一個小時答問的結果。海陶爾平靜的回答每一個問題，接著，約翰・拉森問了最重要的問題[28]：

「你殺了赫斯林神父嗎？」

「沒有，」海陶爾很肯定的回答，但拉森可不這麼認為，因

為探針畫出來的線條非常不穩定。

「嫌疑犯在回答關鍵問題時，有意隱瞞重要訊息[29]，」拉森博士後來在記者會上這樣說。「被問到關鍵問題時，他的血壓明顯上升，心跳加速，呼吸也開始變得不規律。」

奧古斯特・瓦爾默表示測試的結果「絕對可信」。

「單純的困窘或恐懼表現不是這樣，」一份新聞報導解釋。「柏克萊警方認為錯誤的機率非常小。」

但事實並非如此。即使在一九二〇年代，精明的法官也認為拉森的發明很可能是垃圾一件。兩年後的一九二三年，在美國最高法院的弗萊訴美國政府案（Frye v. United States）審判上，嫌疑犯希望在法庭使用測謊機來提供對自己有利的辯護，但是遭法庭拒絕，理由是測謊機還沒有在科學上得到「普遍認可」[30]。它還沒有受到研究人員的同儕評議，在法庭的使用也還沒有經過適當測試，沒有人知道它的失誤率有多高。

最高法院的裁決直到一九九三年才更改，大法官裁定包括測謊儀在內的所有鑑識科學證據，只要通過「道伯特準則」（Daubert standard）所立的新標準[31][32]，都可以出現在聯邦法院。有爭議的鑑識技術必須證明「所使用的原理或方法合乎科學，可應用在該事件的事實上」。分析證據的專家也必須有使用該技術的合格證書。

現代科學家認為，影響心跳和呼吸的因素太多了。精神疾病或特定用藥都會影響結果，而窘迫、恐懼或焦慮的表現差異並不大[33]。所以說，奧古斯特・瓦爾默其實錯了，但是自從他在一

九二一年引入這項發明，爾後有無數犯罪調查使用了測謊儀，當中還包括聯邦案件。有些人現在還待在監牢裡，就是因為這名優秀的警察推出的科學垃圾。

「有罪，」控制這台機器的人下了結論。海陶爾回到牢房後，已經歇斯底里的崩潰了。奧斯卡一點也不驚訝，他早就預料到奧古斯特・瓦爾默（和科學）會幫助他將殺死神父的殺手定罪。

「我最近太愛胡思亂想了[34]，」海陶爾很難過的告訴他的律師。「我有一種非常奇怪的感覺，覺得自己好孤單。」

十月的開庭審理前，海陶爾在牢房裡回顧自己的一生——他失去的愛、生意上的挫敗，還有殺人的指控。唯一的好消息大概是來了一位新律師E・J・埃蒙斯（E. J. Emmons），他自願擔任海陶爾的代表，而且不收費用。埃蒙斯說，海陶爾過去在貝克斯菲德（Bakersfield）開了一家烘焙坊，他在那裡見過海陶爾發餅乾給小孩，對他的印象很好。

「我不想失去最重要的東西——我的自由，」海陶爾哀嘆。「但他們找到了一連串的間接證據，像鏈條一樣把我捆綁住，我怎麼樣都掙脫不了。」

他說的沒錯，十月五日審判一開始，地方檢察官就拿出一堆線索，將所有矛頭指向海陶爾，認定他就是凶手。聽證會以午夜搜尋神父遺體的故事為開場，由報社記者喬治・林恩在證人席上娓娓道來[35]。審查維持不到一個星期，檢察官請了十多位證人

作證〔36〕，每個人都為案子提出了間接證據。神父被綁當晚的兩名目擊證人都被安排正面指認，但那名鄰居已經搬走，只留下溫德爾這唯一證人。

「當時光線很好〔37〕，」管家瑪麗・溫德爾說道，「那個人戴了墨鏡。他不願意進到屋裡，但是我可以看得很清楚。」

沒有人再提及那位個兒矮小、皮膚黝黑的外國人。檢察官表示當初錯誤指認是壓力造成的，與種族歧視無關。

有個人說，神父被綁架的那個晚上，海陶爾租了一部一九二〇型號的福特敞篷旅行車，然後消失了幾個小時。有證人表示案發不到一個月前，海陶爾就曾出現在薩拉達海灘，一個星期後，還見到他在鬆餅廣告招牌附近閒晃。一個來自內華達州的人證實，自己曾經賣給海陶爾一把點四五口徑的左輪手槍。這一連串作證下來，海陶爾已經招架不住，而接下來發生的事才真的教人難過。

「現在請下一名證人李・普特南（Lee Putnam）太太上台，」地方律師法蘭克林・史都華（Franklin Swart）宣布。

法庭上一片騷動。上台的是海陶爾的前女友多莉絲・謝利（剛結婚的她已經從夫姓，改叫多莉絲・普特南）。二十四歲的她端正的坐在證人席上，頭戴著帽子，穿著棕色連衣裙、深色褲襪，還有一件黑色大衣，手裡抓著一個小錢包，彷彿好萊塢女星。她看著陪審團，手上的金色婚戒閃爍著。海陶爾看著美麗動人的她，竟顯得有點害羞。他不停將紙張撕成小碎片，或在紙上亂畫，接著他問律師可不可以問他的前女友一個問題。

「不行，」埃蒙斯很堅定的回答，「那樣做不聰明。[38]」

謝利提到赫斯林神父遭殺害的兩個月前，她和海陶爾在猶他州認識，接著兩人來到舊金山同居了一個月。神父遇害的前一天，謝利和她一個月後結婚的對象李・普特南會面了。八月二日，神父被綁架的那天，謝利應該要和海陶爾見面的，但是她卻和普特南去了戲院。海陶爾對她的愛全付諸流水——她所愛的另有其人。

謝利很快和她的前男友撇清關係，否認他說的他們在案發當晚曾開車往返聖荷西。記者注意到他皺起眉頭，對著她猛搖頭。

「我和普特南一起離開了舊金山，因為我想要離開海陶爾，」她說。

辯護律師進行詰問時，海陶爾還拉拉他的手臂，要他客氣點。謝利從他旁邊經過，走向她的新婚丈夫時，海陶爾輕聲說：「女孩，你的記憶力差得離譜[39]。」

十月十一日，海陶爾自己站上了辯護台。如大家預期的，他是個糟糕的證人。他說話含糊，而且不斷重複，一直到被打斷為止。這個案子看來回天乏力了，他的證詞嚴重破壞了他的辯護。鑑識證據也被呈上了，左輪手槍固然是重要證據，那把刀子才是關鍵。

「海陶爾悲慘的一天，」地方新聞標題這麼寫道。「細沙成為將紅木市嫌疑犯定罪的主要因素。」

審查來到第三天，輪到奧斯卡上台陳述海陶爾一案。他自信滿滿的引導陪審團了解科學推理過程中的每一步。他給他們看放大的沙子照片，解釋當中的差異：顏色、質地、大小和顆

粒狀態。他向大家解釋，岩相測試可以顯示沙子的礦石組成、有機物質和光澤上的差異。奧斯卡表示，那些細小的差異敘述了威廉·海陶爾的故事。海陶爾房裡找到的沙子和赫斯林神父被埋葬的薩拉達海灘上的沙子，極可能是相同的來源，這是一項非常重要的間接證據。

交叉詰問時，海陶爾的律師對當中的科學提出質疑，他特別問到太平洋所有海岸的沙子是不是都很相像。奧斯卡表示他不清楚，但他知道確實有各式各樣的沙子，而這兩邊的沙子樣本顯示它們來自相同的地方——這個細節對海陶爾非常不利。

「這被認為是海陶爾謀殺赫斯林神父最強而有力的證據[40]，」一名記者寫道。

檢察官走到奧斯卡身旁，向他詢問筆跡分析的事，也就是他從勒索信上的特殊筆跡判斷海陶爾是蛋糕師傅的事。奧斯卡拿出兩大張照片，上面各有一個字母D。一個來自勒索信，另一個則是海陶爾寫的。

「看這個字母D[41]，」他告訴陪審團。「兩者之間有個很特別的共同特徵，乍看之下可能不會發現，那就是寫的人沒辦法向下畫很直的線條。」

陪審員一邊記下重點，一邊看著奧斯卡指的另一組照片。

「這個字母S有三個特殊的地方，」他說道。「勒索信中的大寫字母S起筆和收尾很特別，是一個從右往左畫的水平圈，筆觸非常有個人風格。」

陪審團盯著奧斯卡所說的圈，仔細聆聽著。奧斯卡一一看著

每位陪審員的眼睛，他知道自己的鑑識工作將決定威廉・海陶爾的命運。

———

在證人台上待了兩天後，奧斯卡不用再出庭了。這對他來說是好消息，因為他已經筋疲力盡。他有好幾個星期沒寫信給約翰・伯因頓・凱薩，這和他們平常互動的頻率差太多了。他們是非常忠實的筆友，也是填補彼此空缺、相互依存的知己，這樣的關係連他們自己都不是很明白。他們各自的婚姻看來都很幸福、很穩定，但有時似乎太過平淡了。而這兩個一板一眼的老學究不管是面對面或書信往來，似乎總能從對方得到釋放。將近一個月沒收到奧斯卡機智橫溢的隻字片語，凱薩有些不放心。這名圖書管理員隨意寫了一封信，希望他這個調查犯罪的好朋友有點反應，或是稍微緊張一下。

「暫時告別罪犯和偵查了[42]，」凱薩開玩笑提到他在圖書館的新職務。「還好我已經寄給你足夠的參考資料，應該能讓你忙到賺大錢退休了！」

凱薩的話並不誇張。到一九二一年為止，奧斯卡已經從他那裡收到了數百本書，幾乎每一本都在他的犯罪調查中派上用場。多年來，凱薩一直親自為奧斯卡挑書——奧斯卡懷疑，凱薩其實有點嫉妒他看似光鮮亮麗的科學偵探身分。

「昨天圖書館來了一本阿弗列德・盧卡斯（Alfred Lucas）的《鑑識化學》（*Forensic Chemistry*）[43]，我昨晚花了幾個小時把它翻完，」

凱薩寫道。「根據我的科學判斷，我認為它在科學的完整性與準確性方面寫得相當突出。」

但奧斯卡還是沒有回信，他還在忙著處理海陶爾的審判。這讓凱薩非常不開心。他本來計劃和奧斯卡合作寫一系列關於科學實驗室如何協助辦案的文章，還提議了好幾個標題——只不過都不怎麼有趣。為文章取個獨具風格且吸引人的標題，可說是一門藝術，可惜凱薩沒有這方面的天分。

奧斯卡在實驗室裡讀了凱薩的信，然後停在一句話上，現在換他不高興了。這句話提到一個名字：強西‧麥克高文。凱薩犯了個無心之過，他竟要奧斯卡去讀《文學文摘》(*Literary Digest*) 上一篇由這名尖刻的勁敵所寫、標題為「誘騙者的新手法」的文章。

「或許你可以投稿到《文學文摘》，針對這個主題表達你的正反立場，並且評論強西‧麥克高文的看法[44]，」凱薩寫道。

凱薩大概忘了奧斯卡有多討厭麥克高文，他把那封信扔到一旁。凱薩等了一個多月還沒等到回音，感到十分沮喪，於是拍了電報。這次奧斯卡終於回應了，但不怎麼友善。

「你對那些文章內容的提議還不錯[45]，」奧斯卡寫道。「但標題爛透了，過於冗長而且詞不達意……不適合拿來當短篇故事的標題。還不如叫它『怎麼殺死老公而不被發現』之類的。」

難解的謀殺案件、財務問題，以及和麥克高文之間的競爭，都令他倆的關係變得緊張。奧斯卡似乎不欣賞他最好的朋友帶來的壓力，更不喜歡他誰不好提，偏要提麥克高文，還視他為合格的專家。凱薩也很受傷，但他的反應聰明些。

「你對我所下標題的評論令人不敢恭維，但我悉心接受[46]，」凱薩謹慎的回答。「但是你完全誤會了。我想要寫的是正經的文章，而不僅僅是短篇故事。」

凱薩的回應非常成熟，一直到信的結尾才破功——他不能讓奧斯卡在他倆較勁時每次都佔了上風。幾個星期前，凱薩說服奧斯卡買了一部錄音機來做錄音聽寫，因為他經常抱怨祕書的打字技術不好。凱薩在信件末尾虧了他一句，雖然是用半開玩笑的口吻，但肯定傷了奧斯卡。

「對了，你的錄音機沒問題吧？」凱薩提到，「你信中的錯誤太多了。」

爭吵對於他倆是家常便飯，但很少像這樣互相侮辱。然而，修復兩人友誼的事恐怕還得等一等，因為海陶爾的辯護團隊就要提他們的結辯了。

海陶爾的律師一開始就碰壁了。法官拒絕了他們的大部分要求，還經常在雙方有異議時站在檢察官這一邊。

陪審團在十月十三日下午兩點左右退去。海陶爾邊看著他們離席，邊嚼著口香糖。記者從最初的開庭審理就注意到他這個習慣。這麼做似乎能讓他平靜下來，但是發出的聲音讓人聽了不舒服。他的律師希望如果海陶爾真的被判有罪，至少不要是死刑。但這還得賭上一把，大部分美國人可不會同情殺死神父的人，但海陶爾真的很奇特，遠遠不是異於常人而已。

　　陪審團關上門討論了大約一個小時後，要求要看勒索信[47]。大約十五分鐘後，他們又要求看海陶爾的筆跡照片。他們將這些東西攤在桌上邊做比較邊討論。接著，他們討論奧斯卡針對沙子、帳篷、纖維和勒索信給的證詞。這些線索不論是單獨看，還是結合起來看，都指向海陶爾當時在案發現場。不到兩個小時，陪審團帶著他們的裁決回來了。海陶爾面對陪審團站立，嘴裡依舊嚼著口香糖。

　　「我們判定被告犯了一級謀殺罪[48]，」首席陪審員說道。

　　在場的人先是低語，後來聲音愈來愈大，法庭執行官請大家安靜。海陶爾面無表情，繼續嚼著口香糖。他聽完宣判後，轉頭看著他的律師和身旁的幾名記者。

　　「好吧，我猜你們會有一陣子見不到我了[49]，」他沮喪的說。

　　陪審團還做了個令人驚訝的重大決定。他們提議判海陶爾無期徒刑而不是死刑，即便他謀殺的是神父。他將在聖昆汀（San Quentin）州立監獄度過餘生。對於令人髮指的案件，奧斯卡是死刑的擁護者，但他也同意在本次案件施以憐憫。

　　「我認為，事態發展出乎海陶爾的意料[50]，」奧斯卡和凱薩和好後，他在給凱薩的信中這樣寫道。「當神父把頭探進帳棚，卻發現裡頭什麼都沒有時，便開始抵抗。」

　　奧斯卡提醒凱薩，赫斯林神父高大魁梧，絕對打得過海陶爾這個瘦弱的綁架犯。

　　「神父力氣很大，雖然最後他在這場衝突裡被殺了，但我相信海陶爾原本並沒有打算重傷神父。」奧斯卡結論道。

他為自己能夠協助破案感到得意。

「那把刀子將帳篷和埋葬神父的地方兜在一起，是這個案子的關鍵[51]，」他解釋道。「陪審團表示，這是他們將他定罪的主要依據。」

但是這個案子還有其他問題——即使有各種證據，但威廉‧海陶爾從頭到尾都表示自己是清白的。這一點，他從未動搖。

「不管陪審團還是社會大眾怎麼想，我都是清白的[52]，」海陶爾說道，「但我也知道我一定會被定罪。」

其中最令人困惑的是動機——如果海陶爾綁架神父是為了錢，為什麼都還沒開始協商就把他給殺了？如果是出於仇恨天主教神職人員，為什麼要寄勒索信，事後還直接引導警方到埋屍地點？在他到大主教家以前，沒有人知道他跟這間案子的關聯。奧斯卡猜想，他這麼做或許是為了贖罪——海陶爾原本就希望被捕。也或許根本沒有真正的答案，只有悲劇性的分析。

海陶爾本人對於回答這些問題幾乎沒有幫助。他隱居在聖昆汀，在監獄裡的家具工廠工作、寫詩長達四十四年——這期間沒有接受過任何精神疾病的治療。他每次上訴都失敗。最後，他在一九六五年獲釋，當時已經八十六歲，是加州監獄系統中年紀最大的囚犯。

「我沒有任何感覺，也沒有懷恨誰[53]，」他堅稱，「我要出去了。」

幾個月後，海陶爾死於中途之家，沒有人陪伴，沒有任何悔意。他從來沒有承認殺害赫斯林神父。

奧斯卡的胃再次翻騰，像是在提醒他身體承受極大壓力。現在，美國人都認識了威廉·海陶爾案中這位明星證人了。這位讀者所稱的「E. O. 海因里希」打敗了謀害神父的怪物。他翻閱了數十篇報導，每一篇都提到他的名字。他扶了一下眼鏡。沒睡午覺偶爾會讓他頭痛，但是今天還有另一個原因。

奧斯卡沒跟多少人提這件事，搞不好只跟凱薩說過而已。上個月，除了威廉·海陶爾的案子，他還同時處理另一樁案子，壓力龐大到幾乎要將他壓垮。現在海陶爾終於被定罪，奧斯卡也可以專心處理他職業生涯中最著名的案子了。這件案子開始於一個月前，當時海陶爾還在等待受審。奧斯卡看著一個厚厚的牛皮紙文件夾和上頭的手寫標籤：「肥仔阿爾巴克」（Fatty Arbuckle）。

註釋

1 "An Old-Time Scoop in San Francisco."

2 "Missing Priest Was Murdered," *Chanute Daily Tribune* (KS), August 11, 1921.

3 Block, *The Wizard of Berkeley*, 86.

4 "Father Heslin Poured Forth Own Blood in Adoration of God, Says Archbishop in Tribute," *San Francisco Chronicle*, August 14, 1921.

5 This and reports from Heinrich's tests come from carton 70, folder 75–77, Edward Oscar Heinrich Papers.

6 Block, *The Wizard of Berkeley*, 86–93; and carton 70, folder 75–77, Edward Oscar Heinrich Papers.

7 James Gregory McHone, "Polarizing, Petrographic, Geological Microscopes," May 11, 2013, http://earth2geologists.net/Microscopes/.

8 Alastair Ruffell and Jennifer McKinley, "Forensic Geoscience: Applications of Geology, Geomorphology and Geophysics to Criminal Investigations," *Earth-Science Reviews* 69, no. 3–4 (March 2005): 235–47.

9 Claude Roux et al., "The End of the (Forensic Science) World as We Know It?: The Example of Trace Evidence," *Philosophical Transactions of the Royal Society* B 370, no. 1674 (August 2015).

10 Carton 70, folder 75–77, Edward Oscar Heinrich Papers.

11 Phil Hickey, "Legacy of Abuse," *Behaviorism and Mental Health*, October 2, 2011; Zeb Larson, "America's Long-Suffering Mental Health System," *Origins: Current Events in Historical Perspective* 11, no. 7 (April 2018).

12 Jess P. Shatkin, "The History of Mental Health Treatment," New York University School of Medicine, 21, 24, 30, 33.

13 Letter from Heinrich to Kaiser, September 15, 1921, box 1, John Boynton Kaiser Papers.

14 Letter from Heinrich to Kaiser, September 6, 1921, box 1, John Boynton Kaiser Papers.

15 Ibid.

16 Bruce, "The Flapjack Murder," 233–34.

17 Ezra Carlsen, "Truth in the Machine: Three Berkeley Men Converged to Create the Lie Detector," *California Magazine*, Spring 2010.

18 "John Larson's Breadboard Polygraph," The Polygraph Museum, http://www.lie2me.

net/thepolygraphmuseum/id16.html.

19 "Psychologists Called Upon to Solve Murder," *San Francisco Chronicle*, August 18, 1921.

20 Sarah Sloat, "The Bunk Science that Inspired 'Wonder Woman,'" *Inverse*, June 6, 2017.

21 Carlsen, "Truth in the Machine."

22 Kerry Segrave, *Lie Detectors: A Social History* (Jefferson, NC: McFarland & Company, 2003), 17–18.

23 "Story of Hightower Is Gradually Being Broken by Police," *Madera Mercury* (CA), August 14, 1921.

24 "Housekeeper for Heslin Positive in Her Identification," *San Francisco Chronicle*, August 17, 1921.

25 "In Focus: Eyewitness Misidentification," The Innocence Project, October 21, 2008, https://www.innocenceproject.org/in-focus-eyewitness-misidentification.

26 "Hightower Preparing for Plea of Insanity," *Freeport Journal-Standard* (IL), August 16, 1921.

27 "'I Never Saw Her Before,' Hightower Declares When Faced by 'Dolly Mason,'" *Oakland Tribune*, August 16, 1921.

28 "Prisoner's Nerves Shattered by Evidence Connecting Him with Priest's Murder," *Oakland Tribune*, August 17, 1921.

29 "Psychologists Called Upon to Solve Murder," *San Francisco Chronicle*, August 18, 1921.

30 National Research Council, *Strengthening Forensic Science*, 88.

31 D. Daubert, et al. v. Merrell Dow Pharmaceuticals, Inc., United States Court of Appeals, 9th Circuit (June 28, 1993), 593.

32 譯註：過濾專家證詞的主要審查標準，由法官把關，排除不可靠的科學證據與專家證人證詞，避免這樣的證據誤導陪審團。

33 "Detect Falsehoods by Blood Pressure," *Bend Bulletin* (OR), March 10, 1922.

34 Bruce, "The Flapjack Murder," 237–38.

35 "Priest's Grave Sought at Eerie Midnight Hour," *Morning Register* (Eugene, OR), October 6, 1921.

36 "Evidence Web Tightens," *Los Angeles Times*, October 7, 1921.

37 "Hightower Abductor Is Word," *Santa Ana Register* (CA), October 10, 1921.

38 "Doris Shirley Putnam Shatters Alibi Story of Wm. Hightower; New Testimony Is

Produced," *San Francisco Chronicle*, October 7, 1921.

39 Bruce, "The Flapjack Murder," 237.

40 Bad Day for Hightower," *Riverside Daily Press* (CA), October 8, 1921.

41 Block, *The Wizard of Berkeley*, 92–93.

42 Letter from Kaiser to Heinrich, October 22, 1921, box 1, John Boynton Kaiser Papers.

43 Letter from Kaiser to Heinrich, October 25, 1921, box 1, John Boynton Kaiser Papers.

44 Letter from Kaiser to Heinrich, September 30, 1921, box 1, John Boynton Kaiser Papers.

45 Letter from Heinrich to Kaiser, October 31, 1921, box 1, John Boynton Kaiser Papers.

46 Letter from Kaiser to Heinrich, November 10, 1921, box 1, John Boynton Kaiser Papers.

47 "Jury Finds Hightower Guilty of Killing Priest," *Des Moines Register*, October 14, 1921.

48 "Hightower Gets Life Tomorrow," *Santa Cruz Evening News* (CA), October 14, 1921.

49 Ibid.

50 Letter from Heinrich to Kaiser, December 3, 1921, box 1, John Boynton Kaiser Papers.

51 Letter from Heinrich to Kaiser, October 31, 1921, box 1, John Boynton Kaiser Papers.

52 "Pastor Convicted of Murder, Says Innocent," *Lansing State Journal*, October 14, 1921.

53 "Half His Life Left in Prison, 86-Year-Old Man Goes Free," *Amarillo Globe-Times* (TX), May 24, 1965; "Priest Slayer Receives Parole After 43 Years," *Fresno Bee* (CA), March 30, 1965.

5

非難：大明星的指紋（上）

Damnation: The Case of the Star's Fingerprints, Part I

他把蠟指紋放在血跡旁，用不著放大鏡就能看出這兩個指紋是同一個大拇指印出來的。我們這位不幸的委託人顯然是沒希望了……「結束了，」福爾摩斯說道。

——亞瑟・柯南・道爾，《諾伍德的建築師》

（*The Adventure of the Norwood Builder*），一九〇三年

維吉妮亞・拉佩（Virginia Rappe）就要死了[1]。一九二一年九月八日星期四，她的肚子痛得不得了。二十六歲的她[2]躺在一間豪華的飯店臥房，這環境讓她感到備受寵愛，但同時也痛苦不堪。歌舞女郎茉德・德爾蒙特（Maude Delmont）[3]在她身邊晃來晃去。她早已經聞不到酒精的惡臭，但威士忌的味道還是經過了一天才散去。

三天前，拉佩在舊金山的一場派對上倒下了。德爾蒙特現在還在照顧她。她倆是熟人，但稱不上好朋友，只不過德爾蒙特是唯一願意留下來的。拉佩抱著肚子不斷呻吟著，並且低聲對德爾

蒙特說了她的祕密。

　　至少三名醫生來看過拉佩了，他們按了按拉佩的肚子，戳了戳她的身體，並問了許多問題。拉佩只能克服嗎啡的影響，盡可能的回答。醫生們仔細檢查過後，發現她身上除了一些輕微的瘀血，沒有任何外傷，也沒有被性侵或施暴的跡象[4]。他們詢問了派對上的事，拉佩承認她喝了橙花，那是將琴酒和柳橙汁以一比一的量調製而成的雞尾酒，有時會加點甜苦艾酒和紅石榴汁。他們在相鄰的客房裡找到了蘇格蘭威士忌、琴酒、葡萄酒和波本威士忌[5]，它們通通是非法的。

　　醫生沒提供什麼治療，只讓她熱敷，然後開了些止痛的鴉片。他們告訴茉德‧德爾蒙特不需要送醫院，因為酒精中毒能做的處理不多。打扮時髦的拉佩蜷曲著身體聽著茉德轉述。

　　拉佩原本在隔壁客廳舉辦的狂歡派對上擔任表演主角，那一場戲由五個好萊塢男星和四名濃妝艷抹的歌舞女郎共同演出。大家為了幫一九二〇年代早期好萊塢最富有、最具影響力的男演員羅斯科‧「肥仔」‧阿爾巴克（Roscoe "Fatty" Arbuckle）[6]開慶功宴而齊聚一堂。

　　肥仔（他恨透了這個綽號）比想像中來得胖。事實上，他的體重超過兩百五十磅（約一一三公斤），比大部分演員都要胖。每當他笑的時候，就會出現雙下巴，讓原本就紅通通、胖嘟嘟的臉頰更顯圓潤。

　　一八八七年出生於堪薩斯州史密斯中心（Smith Center）的羅斯科‧阿爾巴克，打從一出生就不是很順遂。他是個巨嬰，由於

家人都長得纖瘦，父親一度懷疑他不是自己的孩子。他的父親最後釋懷了，但阿爾巴克從沒忘記自己被懷疑不是親生的事。幾年後，全家搬到加州的聖塔安娜（Santa Ana），在那裡，羅斯科發掘了自己的歌喉。十二歲，母親過世時，他已經在舞台上和電影裡幫自己找到了立足之地。他非常搞笑，是傑出的喜劇演員，每次表演都讓他的知名度更上一層樓。

儘管在銀幕上總是扮演丑角，但身為一九二一年最受歡迎的默劇演員，肥仔阿爾巴克還是很受大家尊敬與愛戴。有鑒於他受歡迎的程度，派拉蒙影業（Paramount Pictures）簽下了三十四歲的他，提供他有史以來最高的片酬三百萬美元，要他在三年內拍十八部默劇。對一名長年扮演甘草人物的喜劇演員來說，作夢也沒想到能拿到這麼優渥的酬勞。

阿爾巴克也是個伯樂，他不僅發掘了巴斯特·基頓（Buster Keaton）和鮑伯·賀波（Bob Hope），還指導過卓別林。他曾經有段維繫了十三年的婚姻，最近才和同是演員的妻子明塔·德菲（Minta Durfee）分居。阿爾巴克喜愛忙碌的拍攝工作，這樣的個性對好萊塢的重量級人物再適合不過。

他最新的電影《瘋狂嫁娶》（Crazy to Marry）一個星期前剛在全國上映，所以他的朋友們堅持要在舊金山幫他開派對慶祝，而且必須在聯合廣場的高級酒店裡舉行，場面得像是從電影場景中搬來的一樣盛大。

聖法蘭西斯（St. Francis）飯店建於一九〇四年[7]，是爵士年代文人雅士熱門的社交場所，更是卓別林、辛克萊·路易斯

（Sinclair Lewis）這種大佬級人物舉辦名流盛宴的第一選擇。聖法蘭西斯仿造歐洲最華麗的旅館建造，有繁複的鑲條壁板和細緻的裝飾，原是安靜過一晚的最佳選擇，現在卻成了可怕的葬身之地。

維吉妮亞・拉佩之前擔任過模特兒、小演員，還曾是服裝設計師[8]。她是個派對女孩，經常穿梭於好萊塢的花花世界，不管是調情手段或豔麗的外表，都是她的賣點。拉佩樂於和明星們飲酒作樂，這當中包含了阿爾巴克。派對留下的煙味已經逐漸散去，留下拉佩在幽暗的房間裡苦不堪言，身旁照顧她的三名護士都認為是酒精作祟。

那天下午，拉佩被送到附近的一家醫療院所接受其他醫生檢查[9]，最後得到了新的診斷[10]：腹膜炎。她的腹壁和腹腔都因感染而嚴重發炎。接著醫生發現她有慢性膀胱炎[11]，這是一種會反覆發作的膀胱感染，大量飲酒會讓情況惡化，但那不是她的死因。他們最後判定她的膀胱因為「某種外力」破裂，才導致腹腔發炎。維吉妮亞・拉佩臨終之際留下了兩句話。

「我不過想平靜過生活[12]，」她說道，「沒想到會捲入這樣一場派對。」

一九二一年九月九日下午，這名充滿潛力的小明星去世了。不過很快的，她就會因為一個極為可怕的原因，佔據報紙版面。在她死後，有人報了警。偵查人員開始與證人面談，想知道在聖法蘭西斯飯店十二樓究竟發生了什麼事。除了茉德・德爾蒙特，當天還有其他歌舞女郎在場，她們都只是擔任小角色的女星，不太習慣面對鎂光燈。愛麗絲・布雷克（Alice Blake）跟偵查人員和

地方檢察官描述了派對的狀況，簡單的說，就是一名默劇明星喝醉後無法克制慾望的故事。記者立即嗅到了明星醜聞的氣味，甚至比偵查人員早一步來到肥仔阿爾巴克位於洛杉磯的豪宅〔13〕。按他的說法，事情很簡單，就一個女人突然瘋了。

「拉佩小姐喝了一、兩杯酒〔14〕，」阿爾巴克解釋道，「接著她進入隔壁的臥房，一邊大叫，一邊扯開她的衣服。」

她抱怨呼吸困難，所以有兩個女人趕緊帶她到浴缸去泡冷水，阿爾巴克則留在套房的客廳。等她冷靜下來後，阿爾巴克和來參加派對的演員、同時也擔任導演的羅威爾·謝爾曼（Lowell Sherman）把她抬到床上，並打電話給旅館的醫生。

「醫生說她已經平靜下來後，我和謝爾曼就到樓下的餐廳去，然後跳舞跳了一整晚，」阿爾巴克說道。

阿爾巴克告訴偵查人員，他不知道她病得那麼重，否則他一定會留下來。偵查人員互看了一眼後，便開始問起一些尖銳的問題，像是他們之間是什麼關係、以及他們單獨在房間待了多久。

阿爾巴克突然沉默了，看似若有所思。根據一九二一年某些美國人的說法，好萊塢的製片業是魔鬼的作為。電影場景愈來愈讓人感到不舒服，女性們的衣服愈穿愈少，男士們說髒話和語帶性暗示的情形則愈來愈多。一九一九年，導演西席·地密爾（Cecil B. DeMille）發表了作品《男人和女人》（*Male and Female*），這部電影探討了兩性關係和社會階級，不只引發爭議，也惹惱了保守人士。國家道德無可避免的受好萊塢挾持，許多人都認為這是個可怕的消息。

　　肥仔阿爾巴克這一場據說充斥性愛與酒精的派對，相關細節吸引了美國媒體的目光，宗教界領袖則等著看好戲。報業大亨威廉‧赫茲（William Hearst）[15]的報紙指出，好萊塢是現代蛾摩拉[16]，在那個晚上短暫化身成舊金山了。記者們將焦點放在維吉妮亞‧拉佩的人格，緊抓著她幾段失敗的婚約不放。他們分析了她那天晚上的穿著、髮型，甚至聲音，也詳加敘述肥仔阿爾巴克貪婪的性慾。很快的，看電影的人開始不信任這名原本廣受歡迎、頗具票房的喜劇演員。這位年僅三十四歲的傳奇人物在短短幾天內，便從廣受歡迎的媒體寵兒，變成了殺人的性侵者。一直以來強烈抨擊好萊塢惡習的道德領袖們，在讀了派對上的女性的說法後，都要求判他絞刑。

　　「我要死了！我要死了！[17]」當晚在場的證人聽到拉佩這麼呼叫。

　　「我們聽見拉佩小姐的呻吟[18]，」歌舞女郎愛麗絲‧布雷克說道，「然後就見到阿爾巴克從臥房走出來。」

　　那天晚上，肥仔阿爾巴克被請到舊金山和警方談談。

———————————

　　歌舞女郎澤伊‧普雷凡（Zey Prevon）仔細看了眼在場的男士們[19]，警察總是令她心生畏懼。她正等候接受那場現在惡名昭彰的派對的偵詢，這令她感到身心疲憊。

　　普雷凡的本名是莎蒂‧里茲（Sadie Reiss），她有好幾個用來吸引製片人注意的藝名，但是現在吸引來的這群觀眾和她當初

期待的完全不同。場面一團混亂，這讓喜愛表演、渴望鎂光燈的她憂心忡忡。很快的，她將獲得更多人的關注，只不過都是負面消息。

普雷凡表示，在九月五日星期一下午一點半左右，她在大廳和室友道別後，來到肥仔阿爾巴克開派對的套房。阿爾巴克和導演羅威爾・謝爾曼當時都穿著睡衣、睡袍。沒多久，阿爾巴克和維吉妮亞・拉佩就單獨進入一二一九號的私人臥房了。

「他們在裡面待了多久？[20]」助理地方檢察官米爾頓・尤列恩（Milton U'Ren）問道。

「有好一段時間，」普雷凡回答，「我過去敲了三次、還是四次門。」

普雷凡和茉德・德爾蒙特把耳朵貼在厚厚的木門上，死命想聽聽看有沒有什麼聲響，但不只沒有聽到尖叫，連提高音量的說話聲也沒有。她們倆拚命敲門，要阿爾巴克讓她們進去看看拉佩。普雷凡認為大概過了一個小時，阿爾巴克才一邊整理他的浴袍、一邊緩緩把門打開，不太情願的讓外面這兩個女人進入房裡。她們見到拉佩抱著肚子。

「她躺在床上，頭髮全放了下來，不斷呻吟著『我要死了』，」普雷凡說道。

普雷凡表示，當時拉佩衣衫完整。肥仔阿爾巴克看著在床上掙扎的拉佩，眼神充滿怒氣，並開始發脾氣。

茉德說阿爾巴克大吼：「把她帶出去！吵死人了！」

普雷凡先是嚇了一跳，後來有點擔心。她告訴警察拉佩開始

尖叫、扯下衣服，阿爾巴克則試著幫她把衣服脫掉。

「我說『羅斯科，別這樣，她生病了，』」普雷凡說道，「他說『噢，她只是在穿上衣服。』」

普雷凡說，當時愛麗絲・布雷克和茉德・德爾蒙特都站在床邊。她們遞了溫水和蘇打水給拉佩，試著讓她的胃舒服點；接著，就如阿爾巴克所說的，她們還讓她泡冷水澡。普雷凡想要打電話給旅館的醫生，但是有人搶走了電話。

「他們怕有損自己的名聲，」她解釋道。

隨著拉佩叫得愈來愈大聲，阿爾巴克也益發激動起來；他的態度令普雷凡不解，於是她決定勇敢面對他。

「如果她再這樣大叫，我就把她從窗戶扔出去！」阿爾巴克大吼。

「她有指控他任何事嗎？」米爾頓・尤列恩問道。

「她只是不停喊著『我要死了，我要死了，你弄傷我了，』」普雷凡回憶道。

警局裡參與偵訊的男士們沉默了下來，那是個嚴重的指控，它的後果可以是謀殺罪。普雷凡把身體向桌子傾，在打好字的文件上簽了名。偵查人員警告她別跟任何人談論這件事，之後會傳她回來當阿爾巴克的反方證人。

「我們不想要有人跑去找你，試著讓你改變說法，」警察局長鄧肯・馬松森（Duncan Matheson）說道，「一定會有的。」

「好的，我知道，」她回答。

　　九月十日星期六晚上，那幾位女士離開警察局後，肥仔阿爾巴克來到了舊金山的司法大廳。他坐在一張木頭椅子上，仔細聆聽助理地方檢察官問他的問題，但是他遵照他的律師指示，一概拒絕回答。他的沉默激怒了偵查隊隊長，讓他發誓非要查出一二一九號房究竟發生了什麼事。

　　「不管是肥仔阿爾巴克還是天皇老子，我和尤列恩先生、警察局長歐布萊恩都認為，誰都不該進這城裡犯下那樣的罪行[21]，」鄧肯‧馬松森說道。「證據顯示那個女孩確實遭受了攻擊。」

　　地方檢察官指控阿爾巴克性侵維吉妮亞‧拉佩，接著以他兩百六十六磅的身軀，不小心把她壓傷了。警方將他逮捕，並指控他殺人[22]。

　　可怕的命案加上高知名度藝人，記者們為了新的八卦新聞雀躍不已。阿爾巴克被捕可說是好萊塢這場前所未見的媒體鬧劇的開場。很快的，奧斯卡‧海因里希就會成為這件電影工業界首樁重大醜聞的核心人物。這件案子從此改變了他的聲望——只不過是名聲變臭。

　　在舊金山市立監獄裡，大衛‧「小子」‧班德（David "Kid" Bender）[23]看著十二號牢房的新鄰居在六平方英尺的空間裡來回踱步。這名新來的囚犯住進來不過幾個小時，但是班德看得出來他已經快受不了了。七點鐘，鋼造大門打開，因為殺害警察入獄的班德向兩排鋼牆牢房中間的走道走去。這裡還有八個囚犯，大

135

家都竊竊私語討論著班德隔壁這名新來的房客。班德經過阿爾巴克的牢房時，他正好走出來。

「有人有肥皂嗎？」阿爾巴克大喊。「毛巾跟梳子呢？我什麼都沒有。什麼都沒有。都沒有。」

班德看著這名演員拿著的水桶裡頭空無一物，於是把東西借給阿爾巴克，兩個人微笑握手。事情就是這麼諷刺。一個星期前，這個演員還在跟有錢有勢的電影界高層聚在一塊兒，討論他的職業規畫，今天早上就淪落到這兒，與這幫殘暴的重罪犯為伍，還跟一名從馬里蘭州逃出來的殺人犯聊天，而且這個人恐怕看都沒看過他的電影。

「我關在這兒的六年，他們沒播過幾次電影，」二十三歲的班德開玩笑的告訴阿爾巴克。

不過班德和阿爾巴克還是找到了彼此的共通點：他們兩人都很有魅力、很聰明，而且都被誤解了（他們是這麼認為的）。此外，還有另一件事。

「我們應該交個朋友[24]，」班德笑著說。「你派對上的一個女孩曾經跟我住在同一間公寓。」

阿爾巴克沉下臉來，心裡不住咒罵。很不幸的，他的確認識大衛‧班德的室友──澤伊‧普雷凡，也就是維吉妮亞‧拉佩死去的那個晚上來敲他房門的那個女孩。阿爾巴克深感無奈。那三個歌舞女郎輪番上陣指證他，成功說服檢察官將他以殺人起訴。一九二〇年代的舊金山那個罪犯與明星雜處的世界真令人稱奇。

「我已經不再夜夜笙歌、飲酒作樂了，」阿爾巴克大聲說道。

九月十六日，奧斯卡・海因里希聽見他的助理在招呼一名訪客，對方是舊金山的助理地方檢察官米爾頓・尤列恩。儘管還在為赫斯林神父案的證據忙得焦頭爛額，奧斯卡對這件新案子非常感興趣。他成了這件案子的首席調查官，不再需要聽命於傲慢的筆跡專家。隔天早上，他便前去舊金山的司法大廳，與地方檢察官馬修・布雷迪（Matthew Brady）會面；他很快就發現這個案子很棘手，布雷迪建議他保持低調。

「我今天早上去工作了——不能透露身分——是阿爾巴克的案子[25]，」奧斯卡偷偷告訴約翰・伯因頓・凱薩。「我會在聖法蘭西斯待幾天，如果我膽子夠大，就透露你一些細節。」

九月十六日星期五下午一點鐘左右，奧斯卡和他的助理莎洛米・波以爾（Salome Boyle）跟駐守聖法蘭西斯飯店的警察碰面[26]。他們帶了大量器材：裝證物的袋子、鑷子、顯微鏡、放大鏡，還有拆門用的螺絲起子。波以爾還拉著一個高功率的探照燈。距離檢察官將肥仔阿爾巴克以殺人罪逮捕已經五天了，這是奧斯卡第一次進到惡名昭彰的一二一九號臥房，以及相通的一二二〇號房的客廳。他事後又回來了三次，才宣告證據收集完成。就在幾個小時前，尤列恩給了他特殊的指示。

「對一二一九號和一二二〇號房中間那扇門上的痕跡做科學和顯微檢視[27]，」他在工作日誌上寫道，「特別是一二二〇號房的內側。」

　　奧斯卡每天忠實且一絲不苟的填寫好幾頁工作日誌，有時連週末或假期也沒休息。他記錄了每一次會面、電話對談和所有科學測試，以及任何沾得上邊的事。奧斯卡要求祕書和助理也必須這麼做，如果他們做不到，他就會開除他們。奧斯卡還將他起床的時間、睡覺的時間，甚至必須睡個午覺的時間（幾乎每天都睡午覺）都記了下來。他甚至記錄了他做紀錄的時間，吹毛求疵、一板一眼到極點，他在日誌上這麼寫：「晚上八點到十點：寫日誌。」

　　到了旅館，奧斯卡鎖上所有的門，然後要祕書把帶來的燈打開。他先檢視門板，對每一個痕跡和印記都再三琢磨。

　　「在一二一九號和一二二〇號房之間的門，靠一二二〇號房那側發現最近有被女性的腳踢過的痕跡，」他寫道。「理由——門上有新鮮的油漆磨損粉塵；門被踢過後還沒有擦拭。」

　　他喜歡探索「活動現場」（他這麼稱它）。他蹲在地上，開始在房裡尋找線索。奧斯卡用細小的鑷子小心翼翼的撿起兩支髮夾。要在圖樣複雜的深色長毛地毯上找到它們可不容易。在燈光的照射下，他花了數個小時找到幾十根細細的毛髮，有些是頭髮，有些是陰毛。他將這些毛髮輕輕黏貼在一張紙上，然後拿尺測量並記錄。此外他還記錄了房間的大小、家具的尺寸，甚至寫下了證物與房間門的相對位置座標：「1. 縱座標41英吋，橫座標56.5英吋，偏紅色或金色的女性長髮[28]。」

　　房間裡到處是灰塵，像好幾個星期沒有人來過一樣。奧斯卡下令將房間封起來，以防止犯罪現場遭破壞，但這措施為時已

晚。他慢條斯理的在兩個房間進行網格狀搜尋，並在每個找到證據的地方做了記號。將這些線索串連起來，便可以說明維吉妮亞‧拉佩和肥仔阿爾巴克當晚發生了什麼事。

「發現男女雙方發生衝突的證據，」他在工作日誌上寫道。

他盯著最有力的證據，就在一二二〇號房的門把上方幾英尺處，有兩個潛藏手印。其中一個是男人的，另一個是女人的。男人的手印蓋在女人手印的上面。他撒了些細粉在深色的門上。門上的隙縫立刻被白色粉末填滿，原本隱藏的線索馬上顯現出來。奧斯卡迅速寫了複雜的數學式，計算這個旅館開業以來有多少人來過這個房間：「每年七百二十人，十二年就是八千六百四十人。」

他推了一個金屬架過來，用上面的大相機開始拍照。門上有兩個明顯的手印，但指尖似乎長了點；指紋的漩渦都在，但是被拉長了。它們不是單純印上去的，而是被拖拉了一下，現在已經模糊了。他寫下「找出潛藏指紋」。他還記下要請好友奧古斯特‧瓦爾默協助。這個案子過於艱鉅，他一個人恐怕應付不來。

奧斯卡迫切想見到維吉妮亞‧拉佩的手，所以不到兩個小時，他和助理就來到停放維吉妮亞‧拉佩棺木的葬儀社，著手一項令人毛骨悚然的任務。奧斯卡拿出幾張紙、一個小金屬滾筒和黑色墨水。他輕輕舉起拉佩的手，一次一邊，然後將她的手掌印在舊金山警局的官方指紋表格上，記錄下每根手指的指紋。現在，他有樣本可以拿去跟門上那些模糊的指紋比對了。

奧斯卡拿起一個行李箱，裡頭全是維吉妮亞‧拉佩在派對

當晚穿的衣服[29]：一件翡翠綠的裙子、一件翡翠綠的無袖上衣搭配白色絲質襯衫，加上一頂白色巴拿馬草帽。此外奧斯卡還找到一雙褲襪和兩個吊襪帶。

回到柏克萊的實驗室後，他用鑷子小心翼翼的將每個線索封在消毒過的容器裡。他謹慎的態度跟當時偵查人員粗糙的手法天差地別──他們不使用標籤，而且通常把所有證據全裝在一起，毫無秩序和方法可言。

反觀奧斯卡，他的生活最不可或缺的就是秩序和方法。

奧斯卡和助理回柏克萊過夜，隔天早上再次前去旅館，想要收集更多指紋。但是他和波以爾在星期天來到聖法蘭西斯飯店時，已經有人進去過了。

「早上回到旅館房間，發現在我檢查完指紋離開一二一九號房後，有人進去過了，」他寫道，「地上的記號遭到破壞，但沒有其他損失。」

有人在盯著奧斯卡・海因里希。

───────

地方檢察官也知道他指控肥仔阿爾巴克的立場有點薄弱，因為提供證詞的愛麗絲・布雷克、茉德・德爾蒙特和澤伊・普雷凡等目擊證人本身都有些狀況。

「大家知道的，我那天的確喝了不少酒[30]，」普雷凡在記者會上說。「但這不代表我沒有見到當晚發生的事。維吉妮亞・拉佩的狀況讓我清醒了。跟『肥仔』一樣，我再也不喝酒了。」

　　奧斯卡和他的鑑識調查結果將成為布雷迪辦理這件案子的關鍵。這名地方檢察官的運氣不錯，當時奧斯卡在報紙上的名聲因著赫斯林神父案而節節高升。

　　舊金山警察局長將拉佩的一大綹頭髮，送交奧斯卡在柏克萊的實驗室進行分析。現在有更多的發現了。聯邦探員宣稱發現了一條運送「私酒」的管道[31]——路線以好萊塢為起點，終點則是幾間位於舊金山的高級飯店。這些管道能確保那些瘋狂派對有源源不絕的酒精供應，就像案發當晚一樣。當時國家總檢察長哈利・多爾蒂（Harry Daugherty）和他的團隊正在調查違反禁酒令的行為，他們已經接獲情報，得知阿爾巴克的派對上有飲用私酒的情形，於是聯邦政府威脅要以重罪逮捕派對上的賓客。

　　「有個日常操作的管道，能讓來自洛杉磯的那些有錢有勢的明星們酒精供應無虞[32]，」多爾蒂的助理表示。

　　一九二〇年代，好萊塢大概不會被視為文明的地方。當記者問奧斯卡，他是否找到能將肥仔定罪的證據，他回答「是的」。

　　「他謹守布雷迪的指示，沒有透露他發現了什麼，」某個報導寫道，「但提到他確實在房間裡找到有價值的證據了[33]。」

　　奧斯卡認為將阿爾巴克定罪的證據確鑿，在這件事情上，瓦爾默功不可沒。這名警察局長站在他身旁，盯著房門看。他指著其中一個手印，拿拉佩的手的照片進行比對，他認為那個手印是她的，奧斯卡也同意他的看法。

　　在向約翰・伯因頓・凱薩報告近況的信上，奧斯卡就更直白了。當時美國正面臨一波犯罪浪潮，其中性侵案數量更是節節高

昇，令人憂心。奧斯卡聲稱他知道背後的原因——並不是有組織的犯罪，也不是妓院或禁酒令。

「我認為好萊塢電影和這些犯罪有直接關係[34]，」奧斯卡對凱薩抱怨。「電影裡充斥著各種不當行為。」

他加入了譴責好萊塢的基本教義派行列，為年輕人的低俗行為和道德淪喪感到可悲，特別是女性的部分。

電影工業令奧斯卡覺得噁心，年輕人模仿在電影院看到的粗鄙行為更讓他感到沮喪。他向奧古斯特·瓦爾默抱怨這一點。凱薩之外，他是奧斯卡傾訴的第一人選。瓦爾默同意他的看法，他還對好萊塢電影老是喜歡讓警察擔任小丑角色很不滿。

奧斯卡不信任肥仔阿爾巴克的為人——這對於承諾要在刑事調查中保持中立的科學家是件危險的事。

奧斯卡迅速回頭看了一下。九月二十日，正當他在舊金山四處奔波，他發現有人在跟蹤他。他剛和地方檢察官在司法大廳見過面，討論肥仔阿爾巴克案件的開庭策略，而現在有個人一直保持著幾條街的距離跟在他後面。

「我大概在兩點鐘左右擺脫了他[35]，」奧斯卡在給凱薩的信上寫道。「他是從司法大廳開始跟蹤的，知道被我發現後便放棄了。」

奧斯卡被認為是最重要的證人，他將為肥仔阿爾巴克的人生帶來令人驚訝的改變。很快的，奧斯卡的調查便會成為頭條新聞。

「我發現那些大老粗們忽略的幾個線索[36]，」他向凱薩保證。

　　奧斯卡的來信經常讓這名圖書管理員覺得有趣，特別是提到與案情相關的八卦，或是批評昏庸的警察時。

　　「我覺得你發現自己被跟蹤還挺開心的[37]，」凱薩開玩笑的說。

　　這名鑑識科學家很喜歡跟這名摯友聊這些精彩案例——除了詳述實情，還經常評論得非常直接。他向凱薩透露他這邊雖然有進展，但阿爾巴克的團隊也百般阻撓他。凱薩建議他去跟聖法蘭西斯飯店幕後的人——比如清潔人員——聊一聊。凱薩向他保證，那些默默工作的人通常有最好的消息。

　　「你認為我應該和這邊的女傭聊聊？她們懂什麼？[38]」奧斯卡回道。「到處都有阿爾巴克的資金在運作，我覺得她們不會願意多透露什麼消息。」

　　日後他會後悔沒有聽從凱薩的建議。

　　奧斯卡覺得自己幾乎要被這兩樁重要案件壓垮了。他一邊評估肥仔阿爾巴克這邊的證據，除了收集指紋，也在顯微鏡下觀察毛髮的毛囊；另一邊要為幾個星期後就要開庭的威廉·海陶爾案做預備。兩起案子的新聞標題每天都會提到他。

　　「阿爾巴克一案，海因里希在顯微鏡底下的發現！真人版福爾摩斯。」其中一個標題這麼寫道。

　　最後，奧斯卡檢視完所有證據並做出結論——阿爾巴克應該被判入獄。奧斯卡看不起這個演員和他身後代表的好萊塢。媒體大幅報導他被指控的罪行，詳細描述了維吉妮亞·拉佩很可能是被他龐大的身軀壓死的。奧斯卡等不及要上法庭，用鑑識科學將肥仔阿爾巴克繩之以法。

「對了，這邊的私酒圈喝的是『阿爾巴克酒』[39]，」奧斯卡語帶嘲謔的告訴凱薩。「肥仔現在是罪加一等了。」

到了九月中，舊金山的地方檢察官馬修·布雷迪已經花了數個星期，不辭辛勞的整理阿爾巴克的案件，包括從三個參加派對的歌舞女郎搜集證詞，並訪談了一名在維吉妮亞·拉佩死去前治療過她的護理師。一直守在拉佩身旁的茉德·德爾蒙特將是他的主要證人。但這件事有點棘手，因為她的證詞反反覆覆。事實上，這幾個證人的證詞一直無法完全彼此印證，然而她們對那晚的悲劇所做的結論是相似的──肥仔阿爾巴克跟著拉佩進了私人臥房，性侵她，然後在她臨死前還在開玩笑。

「阿爾巴克握著她的手，對她說：『我想要你想了整整五年了。』[40]」茉德·德爾蒙特的證詞這麼說。

那些話刊載在報紙上，傳遍了全國各地，而且效果顯著──陪審團都還沒產生，這名曾是美國最受歡迎的明星就被好萊塢列入黑名單了。電影院紛紛抵制他的電影，其中包括他最大的客戶，在美國東岸擁有十八間高級電影院的劇院大亨哈里·克蘭道爾（Harry Crandall）。克蘭道爾一度十分欣賞這名喜劇演員，但他得知那些惡劣的細節後便打了退堂鼓。

「那名年輕女演員死後發現的證據，足以寫成史上最令人反感的犯罪故事[41]，」克蘭道爾表示。

維吉妮亞·拉佩死後不到幾週，阿爾巴克這個美國最受歡迎

的演員便從大銀幕上消失了。

地方檢察官布雷迪滿心期待開始這場審判，這件奇案肯定會對他的公共形象大有幫助。四十五歲的他除了是檢察官，還是政治人物[42]——一名既聰明又富野心的律師。在這場臭名昭彰的派對結束一個星期後，布雷迪很快策劃了兩場同一天進行的法律訴訟程序，一場是與驗屍官的審訊，另一場是陪審團的聽證會。九月十二日，驗屍官的陪審員聚集在司法大廳的一間辦公室內，準備聽聽醫學證據如何解釋維吉妮亞‧拉佩的死亡，以及肥仔阿爾巴克是否真是凶手。

一名在醫療院所治療過拉佩的醫生，以及兩名檢驗過屍體的法醫都提供了證詞[43]。他們都同意她的死因是膀胱破裂。但她是否遭到施暴則沒有明確證據。兩名在場的護士表示，拉佩提到她有長期腹痛的問題，還說拉佩對那個晚上的事差不多都忘了，記憶非常模糊。

「她提到阿爾巴克撲到她身上[44]，」真‧詹姆森（Jean Jameson）說道。「但有時又說不記得進那個房間後發生什麼事了。」

詹姆森說拉佩記得她只喝了三杯酒。護士們說拉佩並沒有提到阿爾巴克傷害她，至少沒在她們面前提過。一名護士說拉佩確實稍稍做了個私密告白。

「她承認她和阿爾巴克在房裡的關係並不適當[45]，」薇拉‧坎伯蘭（Vera Cumberland）說道。「不過她沒提到她是自願的還是被逼的。」

驗屍官的審訊通常是由穿著白袍的醫療專業人士進行的，內

容充滿醫學術語，頗為枯燥，所以當茉德・德爾蒙特這名最引人注目的證人神情緊張的走向證人席，大家的精神突然來了。三十八歲的她一身黑衣，低著頭，不安的坐在椅子上。她回答得很小聲、游移不定，但有時又很生氣，像是被問到在派對上對阿爾巴克的印象時。

「我不喜歡胖的人[46]，」德爾蒙特回答。

她表示那晚大家都喝得醉醺醺的，大夥兒喝酒、跳舞、跟著電唱機播放的音樂唱歌，接著她重述了告訴過警方的細節。

「我快死了，我快死了，是他害的，」德爾蒙特表示拉佩是這麼說的。

主理審訊的驗屍官湯瑪斯・里蘭（Thomas Leland）不太相信。

「你喝了那麼多威士忌，還能記得發生了什麼事？[47]」里蘭問道。

「我的記憶力向來很好，」德爾蒙特回答。

地方檢察官馬修・布雷迪對於德爾蒙特是否具備擔任證人的資格有所保留，他也不認為她的記憶是清楚的。他雖堅信拉佩是遭人殺害，但由於擔心德爾蒙特無法說服陪審團，他決定不讓她擔任當天稍晚將舉行的陪審團聽證的證人。

陪審員聚集在舊金山司法大廳，討論他們有沒有足夠證據將阿爾巴克以謀殺定罪。他們被要求要考慮所有證據，不要只看醫學觀點。陪審員在大廳坐了幾個小時，聽取醫生、好萊塢演員和歌舞女郎們的證詞。正如預期，阿爾巴克拒絕回答任何問題。但檢察官這邊還出現了一個障礙，陪審團也看出來了。馬修・布雷

迪最大的阻礙不是肥仔阿爾巴克的律師團，而是一名歌舞女郎，但不是茉德‧德爾蒙特。

澤伊‧普雷凡在陪審團旁的證人席上坐下，發誓她說的都是事實[48]。她首先被問到向警方做的宣誓口供，那份文件上她同意德爾蒙特的說法，進而讓地方檢察官決定將阿爾巴克以殺人罪起訴。普雷凡當時告訴警方，拉佩曾大喊著「是他害的」，但現在坐在大陪審團旁的她竟然否認這件事。她還拒絕簽署另一份正式的警方文件。這讓檢察官氣急敗壞，這案子原本就不是證據確鑿，現在證據突然變得更薄弱了。

「我們在監視下送澤伊‧普雷凡小姐回家了[49]，」布雷迪告訴媒體。「她在大陪審團面前完全推翻了她先前的證詞。」

布雷迪指控肥仔阿爾巴克的團隊干擾證人。

「我相信她和其他證人都受到了某邪惡勢力影響，承受著壓力[50]，」他這麼告訴媒體。

檢察官對澤伊‧普雷凡和愛麗絲‧布雷克進行保護性拘留，以維護她們的證詞。普雷凡表示自己像是被關在陌生的屋子裡，還有警察監視著。這同時，阿爾巴克的辯護律師也控告布雷迪恐嚇兩名證人，威脅要將她們關進監牢。熱衷炒作、喜歡煽動的媒體把焦點放到了澤伊‧普雷凡身上。

新聞記者跟蹤她，在法庭上對著她拍照，想盡辦法挖掘她的個人生活。有報導挪揄她的娛樂事業，嘲笑說報紙廣告上的泳裝照是她唯一的資歷。她擔心辯方會看輕她，但另一邊的地方檢察官也不信任她。

馬修‧布雷迪在緊急搜查更多證據的同時，把普雷凡和布雷克請到了他的辦公室臭罵一頓。他要她們簽署新的聲明，並且必須配合茉德‧德爾蒙特的指控。布雷迪不容許他的案子毀在三個歌舞女郎手上。

普雷凡屈服了。她回到陪審團的房裡，再次證實茉德‧德爾蒙特所說的是對的，拉佩確實直接指控阿爾巴克傷害她。陪審團聽完後進行商議，最後給了馬修‧布雷迪部分勝利，將阿爾巴克判了比謀殺罪要輕的過失殺人。陪審員的結論認為，阿爾巴克並沒有預謀要殺死拉佩，但他確實有責任——是澤伊‧普雷凡讓他們這麼認為的。

隔天，布雷迪再次回到驗屍官審訊[51]，拿下另一個勝利。為拉佩驗屍的兩位醫生認為她死於腹膜炎，而造成腹膜發炎的原因是膀胱破裂。他們也認為造成她膀胱破裂致死的是「某種壓力」，像是「手指的壓力」，但無法求證。驗屍官的陪審團也進行了協商，最後他們判了阿爾巴克過失殺人。

陪審員還加了一條審判註記——譴責所有與犯罪相關的人；小組擔心舊金山會成為「酒色之徒與幫派分子聚集的地方」。現在兩個陪審團分別提議讓肥仔阿爾巴克以過失殺人的罪名受審。他將面臨長達十年的監禁。

在獄中，阿爾巴克一方面得擔心聲譽不保，另一方面還因為收到死亡威脅，而擔憂著自身安危。他的電影生涯看來結束了。「肥仔阿爾巴克玩完了」，《聖塔安娜紀事報》（*Santa Ana Register*）報導。老朋友也背他而去，在十一月的公開審訊開始之前，他還必

須忍受更多聽證會。

九月二十四日，阿爾巴克來到一場預審，這場聽證將決定這個案子是否有足夠證據可以進入審判。澤伊·普雷凡再次來到陪審團面前，她的神情看起來很慌張，但她確認了修改過的說詞，還添加了更多細節，像是阿爾巴克從房間走出來時的模樣。

「他正在整理他的睡袍，像在把它繫好[52]，」普雷凡說道。

普雷凡看著他在房裡踱步，發現他背上的睡衣看起來是濕的。她走到床邊去看呻吟中的拉佩時，發現床單已經濕透。陪審員聽她描述她如何解開拉佩的衣服，讓她舒服點，阿爾巴克離開房間時，愛麗絲·布雷克和茉德·德爾蒙特也過來幫她了。

「她說，『我要死了，我要死了，』[53]」普雷凡說道，「『他弄傷我了。』」

「接著，喝醉的阿爾巴克氣沖沖的大步走回房間。他走過來，說『如果她再不閉嘴，我就把她丟出窗外，』」普雷凡說道，「於是她就停了。」

接著，她描述了最惡劣、最令人髮指的場景，這一幕將成為大家對肥仔阿爾巴克揮之不去的印象，拉佩的經紀人艾爾·森姆奈克（Al Semnacker）稍早也提到這件事。兩人都表示，阿爾巴克把一個冰塊塞進了拉佩的陰道。

「『這能讓她舒服一點，』[54]」普雷凡表示阿爾巴克這麼說。「德爾蒙特太太推開他的手，要他別這麼做。」

這是新的指控，而且數十年後這個故事會被造謠成更惡毒、更可怕的性侵，牽扯到的是可口可樂瓶[55]、香檳酒瓶，甚至掃

帚柄。檢察官拒絕在法庭上重述關於冰塊的指控，因為那根本不是事實。阿爾巴克死後多年所傳出的這些栩栩如生的描述，讓這位傳奇人物名譽掃地。經過不斷的盤問，拉佩的經紀人終於承認，冰塊的事或許是他搞錯了。

「你知道你說的話沒有醫學證據支持嗎？[56]」阿爾巴克的律師法蘭克・多明格茲（Frank Dominguez）問道。

「我確實看到那邊有冰塊，」森姆奈克回答，身體不安的扭動。

「但是你沒有見到阿爾巴克先生把冰塊塞進去吧，」多明格茲反擊。

「沒有，或許沒有。」

現在，阿爾巴克的辯護律師走向全加州最不可靠的證人澤伊・普雷凡，精通盤問的他提出一連串指控。他要她承認她和其他證人，包括愛麗絲・布雷克等人違反了法庭的規定，事先討論過證詞。普雷凡堅決否認，還說馬修・布雷迪也沒有拿偽證罪威脅她。

多明格茲向普雷凡詢問了茉德・德爾蒙特的事，這個女人備受爭議的說詞，已經為阿爾巴克的辯護造成極大傷害。由於她說詞扭曲又不得體，連布雷迪都不願意讓她出席作證。阿爾巴克的辯護律師稱德爾蒙特是可悲的證人，指責她是個投機取巧的交際花，那天晚上早已喝得不醒人事。普雷凡告訴警方，德爾蒙特在派對上喝了十多杯威士忌。

「我不知道她還喝了什麼[57]，」普雷凡從她的座位上告訴多明格茲。「她什麼都喝。」

阿爾巴克的律師將焦點轉回維吉妮亞・拉佩，這名喝醉後試圖扯下自己衣服的派對女郎。

「她那時候已經醉了，是不是？[58]」多明格茲大聲問道。「像個歇斯底里的女人，是不是？」

「不是的，」普雷瓦堅稱，「她是病了。」

阿爾巴克的律師把錯推到受害者身上，同時羞辱了做為目擊證人的那些歌舞女郎。下一個證人是愛麗絲・布雷克[59]。她表示當拉佩喊著「我要死了，我要死了，他弄傷我了」[60]，阿爾巴克有可能在房裡。

「你瘋了，閉嘴，不然我就把你從窗戶扔出去，」布雷克表示阿爾巴克這麼大吼著。

普雷凡和布雷克的說法似乎是吻合的，這對馬修・布雷迪來說是好消息。最後，地方檢察官請一名打掃房間的女傭上台，她曾在那晚聽見女人的尖叫聲。奧斯卡曾拒絕找她問話，因為她有點瘋瘋癲癲的。

「我聽見一個男人的聲音說『閉嘴』[61]，」約瑟芬・克札（Josephine Keza）說道。

阿爾巴克的律師多明格茲為了力保客戶的性命，指控茉德・德爾蒙特和拉佩的經紀人艾爾・森姆奈克密謀，打算拿拉佩扯破的衣服跟阿爾巴克勒索。他發現德爾蒙特有不少詐欺前科[62]，警方曾指控她以懷孕為由勒索另一名男星。有謠傳說她是妓院的老鴇。但不知道基於什麼原因，多明格茲既拒絕讓德爾蒙特上台作證，也決定不讓阿爾巴克提出證詞——這是兩個潛在錯誤。

　　預審結束後，法官判定沒有足夠證據將阿爾巴克以殺人罪進行審判；不只這樣，法官還很不滿沒有傳喚馬修・布雷迪的頭號證人茉德・德爾蒙特。

　　「地方檢察官，我要跟你說件事[63]，」希爾文・拉札魯斯（Sylvain Lazarus）法官說道，「你這麼嚴格控管證詞，只安排對你有利的證詞，其實是在冒被駁回起訴的危險。」

　　雖然少了一名關鍵證人，拉札魯斯法官還是決定阿爾巴克應該以過失殺人接受審判。阿爾巴克以五千元的保證金獲釋，他將立刻回到洛杉磯的住家，為十一月的審判做準備。但就在阿爾巴克要離開辯護席時，法官給了個分手禮物。

　　「我們要審判的不單單是羅斯科・阿爾巴克[64]，」拉札魯斯法官說道。「我們要審判的是當代的道德、現今的社會狀況，現今社會思想鬆散且缺乏平衡的狀態。」

註釋

1　Greg Merritt, *Room 1219: The Life of Fatty Arbuckle, the Mysterious Death of Virginia Rappe, and the Scandal That Changed Hollywood* (Chicago: Chicago Review Press, 2013), 42.

2　Reports of Rappe's age varied, but *Find a Grave* reports she was born in 1895, while Room 1219 says she was born in 1891.

3　"Film Tragedy Uncovers Rum 'Road' on Coast," *Washington Times*, September 19, 1921.

4　Merritt, *Room 1219*, 42.

5　Andy Edmonds, *Frame-Up!: The Untold Story of Roscoe "Fatty" Arbuckle* (New York: William Morrow & Co., 1991), 154; Merritt, Room 1219, 8.

6　Gilbert King, "The Skinny on the Fatty Arbuckle Trial," *Smithsonian Magazine*, November 8, 2011; Sheerin, "'Fatty' Arbuckle and Hollywood's First Scandal."

7　"History," Westin St. Francis, https://www.westinstfrancis.com/hotel-features/history; "St. Francis Hotel," Clio.com, https://www.theclio.com /web/entry?id=37932.

8　Jude Sheerin, "'Fatty' Arbuckle and Hollywood's First Scandal," *BBC News*, September 4, 2011; Merritt, *Room 1219*, 42.

9　Merritt, *Room 1219*, 43.

10　Ibid., 45, 63.

11　Sheerin, "'Fatty' Arbuckle and Hollywood's First Scandal."

12　"To Think I Led Such a Quiet Life!," *Cincinnati Enquirer*, September 13, 1921.

13　Charles F. Adams, *Murder by the Bay: Historic Homicide in and about the City of San Francisco* (Sanger, CA: Quill Driver Books/Word Dancer Press, 2005), 144.

14　"Probe of Death Party in S.F. Hotel Started," *Oakland Tribune*, September 10, 1921.

15　譯註：威廉·赫茲是美國報業大亨，其報導以聳人聽聞的煽情作風著稱。

16　譯註：蛾摩拉是《聖經》中的罪惡之城，最後被上帝以天火摧毀。

17　"Arbuckle to Be Held for Death Probe," *Oakland Tribune*, September 10, 1921.

18　Ibid.; "Probe of Death Party in S.F. Hotel Started."

19　"Arbuckle Witnesses in Hightower Case," *Santa Ana Register* (CA), September 30, 1921.

20　This quote and the remainder of Prevon's statement comes from "Arbuckle Guest Gives Version of Frisco Orgy," *Arizona Republic*, September 28, 1921.

21　"Arbuckle Jailed for Murder; Bail Is Denied," *Los Angeles Times*, September 11, 1921.

22 "Brady to Ask Indictment of Film Comedian," September 12, 1921.

23 "Prison Mates Eager to Talk with Arbuckle," *San Francisco Chronicle*, September 12, 1921; "Arbuckle Held Without Bail," *Ogden Standard-Examiner* (UT), September 12, 1921; "Jail Doors Are Closed on Roscoe Arbuckle; Charge of Murder Follows Death of Actress; 'Now I've Got You!' Cry Ascribed to Star," *Cincinnati Enquirer*, September 12, 1921.

24 "'Fatty' Arbuckle Plays Grim Real Life Role Behind Bars," *Minneapolis Star Tribune*, September 12, 1921.

25 Letter from Heinrich to Kaiser, September 16, 1921, box 1, John Boynton Kaiser Papers.

26 "Microscope May Be Fateful to Fatty Arbuckle," *Salisbury Evening Post* (NC), November 14, 1921.

27 Carton 69, folder 9–11, Edward Oscar Heinrich Papers.

28 "Witnesses in Star's Murder Case Watched," *Los Angeles Evening Herald*, September 19, 1921.

29 Merritt, *Room 1219*, 10.

30 "Film Tragedy Uncovers Rum 'Road' on Coast."

31 Ibid.

32 Ibid.

33 "Criminologist Has Evidence to Convict 'Fatty'?," *Sioux County Index* (IA), September 23, 1921.

34 Letter from Heinrich to Kaiser, February 14, 1921, box 1, John Boynton Kaiser Papers.

35 Letter from Heinrich to Kaiser, September 23, 1921, box 1, John Boynton Kaiser Papers.

36 Letter from Heinrich to Kaiser, September 16, 1921, box 1, John Boynton Kaiser Papers.

37 Letter from Heinrich to Kaiser, September 26, 1921, box 1, John Boynton Kaiser Papers.

38 Letter from Heinrich to Kaiser, September 23, 1921, box 1, John Boynton Kaiser Papers.

39 Letter from Heinrich to Kaiser, September 15, 1921, box 1, John Boynton Kaiser Papers.

40 "Witness Reveals Story of 'Party,'" *Tulsa Daily World*, September 13, 1921.

41 "Arbuckle Films to Be Barred," *Washington Times*, September 12, 1921.

42 Scott P. Johnson, *Trials of the Century* (Santa Barbara, CA: Greenwood Publishing Group, 2010), 243.

43 "Immediate Inquest Over Body of Young Actress Is Ordered by Coroner," *Oakland Tribune*, September 12, 1921.

44 "Nurse Relates to Police Story Told by Dying Actress," *Oregon Daily Journal*, September 11, 1921.

45 "Witnesses Upset Case Against Arbuckle," *Daily News* (NY), September 14, 1921.

46 "Immediate Inquest Over Body of Young Actress is Ordered By Coroner."

47 This quote and more of Delmont's testimony from "Manslaughter Is Voted; Girls Give Evidence," *Chicago Tribune*, September 14, 1921.

48 "One Witness Changes Story; Another Flees San Francisco," *Press and Sun-Bulletin* (Binghamton, NY), September 13, 1921.

49 "State Charges Tampering with Its Witnesses," *Dayton Herald*, September 13, 1921.

50 Ibid.

51 "Brady to Make Decision on Charges Against Arbuckle," *New Castle Herald* (PA), September 15, 1921.

52 San Francisco Police Court, *In the Police Court of the City and County of San Francisco, State of California, Department No. 2: Honorable Sylvain J. Lazarus; The People of the State of California vs. Roscoe Arbuckle* (San Francisco: The Court, 1921), 293.

53 *State of California vs. Roscoe Arbuckle*, 297.

54 Ibid., 300.

55 Merritt, *Room 1219*, 330.

56 Edmonds, *Frame-Up!*, 204.

57 *State of California vs. Roscoe Arbuckle*, 316.

58 Ibid., 321.

59 Ibid., 331–36.

60 Ibid. 336.

61 Ibid., 340.

62 Edmonds, *Frame-Up!*, 196.

63 *State of California vs. Roscoe Arbuckle*, 350.

64 David Yallop, *The Day the Laughter Stopped* (New York: St. Martin's Press, 1976).

6

義憤：大明星的指紋（下）
Indignation: The Case of the Star's Fingerprints, Part II

在沒有得到論據的事實之前就建立理論，是非常嚴重的錯誤。這會讓人不知不覺扭曲事實以迎合理論，而不是以理論順應事實。

——亞瑟・柯南・道爾，《福爾摩斯冒險史》
（*The Adventures of Sherlock Holmes*），一八九一年

這場世紀大審判在十一月十四日開始，距離維吉妮亞・拉佩死亡已經超過兩個月了。阿爾巴克的律師從法蘭克・多明格茲換成了蓋文・麥克納伯（Gavin McNab），他以在刑事審判上挑撥煽動著稱。麥克納伯雇用了一名調查人員，到維吉妮亞・拉佩在芝加哥的老家去調查她的過去。這對死去的受害者可說是不擇手段。他對於謠傳說拉佩墮胎過數次特別感興趣。

法庭上，雙方針對證人證詞的正確性和拉佩的死因爭吵不休。陪審團接收了大量訊息，但內容大多互相矛盾。幾個醫生指出，她的膀胱破裂可能是施暴的結果，也可能是自己破裂的。茉

德‧德爾蒙特仍然缺席。

愛麗絲‧布雷克的證詞對釐清雙方爭執幫助不大，澤伊‧普雷凡則又改變了說法，讓案情再次陷入膠著。她拒絕證實拉佩曾經指控肥仔阿爾巴克傷害她；只同意她說「我快死了」。根據她的新說法，阿爾巴克不是拿冰塊侵害拉佩，而是希望那麼做會讓她覺得好一點。

「他放了一塊冰塊在她身上，然後說：『這會讓她好一點』[1]，」普雷凡說道。

這些證詞對地方檢察官來說簡直是災難，他非常後悔選擇相信一個不成氣候的藝人。接下來，肥仔阿爾巴克一案裡的歌舞女郎們，將慢慢從報紙頭條消失。

「傳海因里希[2]，」檢察官馬修‧布雷迪在一九二一年十一月二十三日的庭上宣布。奧斯卡走向前，手臂夾著厚厚一疊文件。他把東西放在法官的桌子附近，然後坐上不太舒服的木頭椅子。

「海因里希一點幽默感都沒有，冷酷、安靜、重視數據、不苟言笑、極富耐心[3]，」某位記者說道，「很顯然除了維護他的理論之外，天底下沒有什麼事讓他覺得值得關心。」

辯方律師蓋文‧麥克納伯認為，奧斯卡很可能是全加州最優秀的鑑識專家，所以在法庭上給奧斯卡難堪是他的職責。奧斯卡已經看過辯方的證人名單，其中一個名字讓他很不屑：強西‧麥克高文，就是威廉‧海陶爾一案的那名筆跡專家。奧斯卡才剛再

次跟凱薩抱怨過麥克高文，指出他在某篇關於合成照片的雜誌文章中剽竊他人的發明。麥克高文的傲慢讓奧斯卡很受不了——恨不得找個公開場合挫挫他的銳氣。那天終究會來到，但是還要再等個幾年。至於現在，他只能忍受麥克高文在場邊對他冷笑[4]，因為他最後並沒有上場。

麥克納伯稍早傳喚過聖法蘭西斯飯店的清潔女工凱特·布里南（Kate Brennan）[5]，她表示在奧斯卡和他的祕書進到一二一九號房的十一天前，她曾徹底打掃過房間。她拿起抹布，表示可以示範給陪審團看她如何打掃房間，並開始擦拭起法庭裡的家具，這行為立刻引起一陣騷動。在激烈的盤問下，她表現得相當不錯。首先是來自辯方先發制人的攻擊，目的是詆毀一名自負的鑑識科學家，以及他令人存疑的指紋證據。

奧斯卡在座位上打開一卷紙[6]，上頭有十多幀大幅照片。陪審員一邊聽著、一邊瞇著眼仔細瞧照片上阿爾巴克指紋的螺紋與迴圈。奧斯卡解釋了他如何帶著他的大塊頭顯微鏡，花了三天在旅館房間收集指紋。接著他描述了他的重要發現，其中包括「大量灰塵[7]、女人的頭髮，一些留聲機的唱針，和一根白色羽毛」[8]。如果真如清潔女工所說，她已經打掃過房間，那麼她的工作實在做得不怎麼樣。

奧斯卡提到門上有抓痕，有可能是發生爭執造成的，並解釋如何利用高倍率顯微鏡，將他在房裡找到的頭髮和拉佩的頭髮進行比對。而當中最引人注目的，是一張阿爾巴克和拉佩手印交疊的照片，奧斯卡認為這代表阿爾巴克曾試圖阻止拉佩離開房間。

　　阿爾巴克的辯護律師蓋文・麥克納伯仔細聽了奧斯卡的證詞，現在輪到他詰問了。

　　「世上有上億的人，你怎麼知道不會有人的指紋看起來跟維吉妮亞・拉佩和羅斯科・阿爾巴克的指紋一樣呢？[9]」麥克納伯問道。

　　「這我不知道，」奧斯卡回答。「或許有些人的指紋看起來很相像。」

　　「所以這都只是你的揣測？」麥克納伯反問。

　　「不是揣測，」奧斯卡回答。「是透過取平均值、科學實驗和心理學知識演繹後的結果。」

　　奧斯卡解釋，尋找間接證據就像在製作一幅拼貼畫，目的在還原犯罪現場發生的事。如果那些手印跟拉佩和阿爾巴克的相符，那麼我們可以超越合理懷疑，認為它們極有可能是他們的手印，而不是別人的。在DNA鑑定問世之前，分析指紋樣式被認為是犯罪調查的黃金標準，而在這個案子，指紋扮演著關鍵角色。

　　指紋樣式最早在一六〇〇年代的醫學領域被注意到[10]，發現它們的是解剖學的教授們。一八五八年，駐印的英國公務人員威廉・詹姆斯・赫爾歇爵士（Sir William James Hersche）讓孟加拉原住民在合約上以手印代替簽名來辨別身分。在美國，第一個以指紋辨別身分的例子出現在一八八二年，當時新墨西哥州的美國地質學家吉爾伯特・湯姆森（Gilbert Thompson）在一份文件上蓋了大拇指印，以防止偽造。

　　一八九二年，英國人類學家法蘭西斯・高爾頓爵士（Sir Francis

Galton）在比較不同人的指紋樣本後指出，沒有任何人的指紋完全相同——紋路在結束點和分岔點等細節上都有差異[11]。很快的，指紋開始成為調查人員辦案時的有利工具，「高爾頓的點」（Galton's Points）也成了指紋科學的基礎。這些點後來被建成自動化的電腦程式，用以比對刑事案件中的指紋。

一九一八年，法國犯罪學者艾德蒙・洛卡德（Edmond Locard）率先建立了汗孔（poroscopy）科學，以分析指紋凹凸之處的毛細孔來識別涉入刑事案件的人。洛卡德認為，如果兩枚指紋上有十二個點完全相同，就可以說它們來自同一個人。

到了一九二一年，指紋分析的正確性已經很少受到質疑，但是此前的二〇〇九年，美國國家科學院的研究人員在一份報告上，質疑了指紋辨識在鑑識科學領域上的準確性。

「並非所有指紋證據都一樣好用，它真正的價值還是取決於潛藏指紋的品質[12]，」這份報告結論道。「遭嚴重破壞的潛藏指紋通常是沒辦法儲存、分析或解釋的。」

也就是說，潛藏在槍柄上或水杯上的指紋品質，沒辦法跟為了辨別身分或安全考量留的指紋紀錄相比。很多時候，即使是這樣的樣本都還要多次採集，才能確保它的準確度。我們無法掌控指紋證據的品質。

根據國家科學院的這份報告，指紋證據還嚴重缺乏科學依據。即使有複雜的電腦程式協助，指紋分析師還是很可能因為訓練不足或方法錯誤，影響他們解讀指紋證據時的正確程度。

但是一九二一年的奧斯卡非常有把握他的判斷是對的——當

161

天晚上，肥仔阿爾巴克曾經試圖阻止維吉妮亞・拉佩離開那個房間。但問題就在於：奧斯卡的自信根據的是有瑕疵的證據。

————————

　　一九二一年十一月二十八日，這件過失殺人審判最令人矚目的證人上台了──阿爾巴克終於為自己進行辯護。他解釋了那晚發生的事，簡單的一段話，就將他的公眾形象從罪人扭轉為救世主。他表示事發當晚他回到一二一九號房去換衣服，鎖上房門時，聽見浴室傳來奇怪的聲音。他把門打開時，門撞到了躺在地上的維吉妮亞・拉佩，她抱著肚子呻吟，身上還沾了嘔吐物。他聽從她的要求，將她抱到臥室，讓她在床上躺下；他還倒了兩杯水給她，但她激烈打滾，從床上摔了下來。

　　「她轉向她的左邊，開始痛苦呻吟[13]，」阿爾巴克說道，「我立刻衝出一二一九號房去找德爾蒙特太太。」茉德・德爾蒙特和澤伊・普雷凡都說過，阿爾巴克是在她們激烈的對著門又敲又踢後，好不容易才開門的。但阿爾巴克反駁了這個說法：「她在扯掉衣服的袖子，其中一邊袖子已經快掉了，所以我說，『好，如果你要把她扯掉，我可以幫你。』於是我就幫她扯掉，然後離開房間。」

　　阿爾巴克也對那個最淫穢、也最具爭議的指控──說他拿一塊冰塊性侵拉佩的事──提出了辯解。阿爾巴克說他確實看到她的腹部有一塊冰塊。他把它拿起來，詢問茉德・德爾蒙特那是做什麼用的，結果她很不高興。

「『不要動它，我知道怎麼照顧維吉妮亞』，」阿爾巴克轉述她的話。「德爾蒙特要我離開房間，不要打擾她，於是我要她閉嘴，否則就把她扔出窗外。」

他向大家解釋，他威脅要丟出窗外的是茉德·德爾蒙特，不是維吉妮亞·拉佩。他看起來很嚴肅鎮定，不過別忘了，他可是個演技精湛的演員。陪審團必須專注於他的說詞，而不是誠懇的態度——有鑒於阿爾巴克極富舞台魅力，這個要求有點嚴苛。他提供陪審團這個拉佩身體不適的版本還可以接受。接著，蓋文·麥克納伯必須推翻奧斯卡的科學證據，也就是以交疊的手印指出阿爾巴克是凶手的結論。

「那天，你的手和她的手有在門上接觸過嗎？」麥克納伯問道。

「沒有，」阿爾巴克回答。

阿爾巴克從證人席起身之際，已經成功扭轉了審判的方向——他是無辜的，但受到明星身分所牽累。經過三個星期的辯駁，雙方提出了他們的結辯，都急切要求正義與懲罰。辯方認為奧斯卡的科學證據是垃圾，不足探信，更無法將肥仔阿爾巴克定罪。十二月二日，這個案子被送交由七位男士和五位女士組成的陪審團，他們將決定阿爾巴克的命運。

陪審員關在房間裡，針對證人的證詞、科學證據，以及阿爾巴克本人的說詞進行討論。經過四十四個小時的爭辯後⋯⋯他們放棄了。票數一直僵在十比二——大多數成員都不相信檢察官，另外兩人當中的一位做了許多評議，另一位則堅定認為阿爾巴克有罪，她表示奧斯卡說服了她。

「影響我最終決定的是那些指紋[14]，」海倫・哈伯（Helen Hubbard）說道。「阿爾巴克的講法無法完全說服我，因此我選擇將他定罪，沒有什麼能改變我已經做好的決定。」

全國最著名的犯罪專家憑著自己的力量，成功促成一次無效審判，但最後的結果實在難以教人滿意。地方檢察官馬修，布雷迪尤其憤怒，而且堅決不服——肥仔阿爾巴克絕對有罪，應該被判入獄。阿爾巴克這邊也是垂頭喪氣，因為他非但未能脫罪，名聲也全毀了。控辯雙方都可以稍微喘口氣，聖誕節過後，肥仔阿爾巴克將面臨第二次審判。

奧斯卡忿忿的獨自離開了法庭。他覺得被陪審團誤解了，也表示審判無效的結果是個失敗，是對他調查技術的非難。

「辯方創造了一個矛盾的理論，然後以阿爾巴克個人的證詞支持它，再輔以他長年的表演訓練，讓他們現在有了站得住腳的根基[15]，」奧斯卡向凱薩抱怨。

奧斯卡曾經將美國犯罪率激增怪罪於現代婦女，她們對性的訴求與解放激起了年輕男性的暴力行為——這個看法和當時許多美國人一致。

「父母似乎都認為要看緊自己的兒子，保護他們，免得他們學壞[16]，」奧斯卡說道，「但是我想說，『也管管你們的女兒吧，試著教導她們，讓她們有犯罪率激增前的年輕女性該有的矜持。』」

現在奧斯卡想咒罵的，不只是性生活雜亂的女性，而是整個

娛樂工業，他責怪他們對毫無自制力的大明星言聽計從。

「阿爾巴克這案子與案情目前的狀態，反映出美國人雙重標準，女性總是為越軌行為付出更多代價[17]，」他在給凱薩的信上這麼寫，「男性就算不是每次都能脫身，機會也比女性好得多。」

就在前一年，美國女性贏得了完全投票權，但性侵害事件的嚴重情形仍遭低估；就算受害女性向警方報案，很多時候仍被認為是罪有應得。態度輕挑、打扮性感的女孩大行其道，讓男性害怕被錯誤指控，而女性們則持續被性化。

基督教改革者期待藉禁酒來平息家庭暴力。實行禁酒令的目的[18]之一是淨化國家，希望回到維多利亞時期的傳統性別模式。但是年輕女性在法庭上受到殘酷懲罰的例子時有所聞[19]，有法官在強暴案懲罰未成年女孩，還有些檢察官認為女孩涉入亂倫是出於自願，並在法庭上指責女孩的性格。雖然有愈來愈多女性上了大學或投入職場，她們還是經常在街上遭受調戲或吹口哨騷擾等。

「我們的國家需要讓社會各個層級的女性都有不可剝奪的自由，在任何與她們相關的事情上有選擇伴侶的權利[20]。」

奧斯卡埋怨，陪審團顯然受了阿爾巴克的明星勢力左右，他認為十二位陪審員中的十位根本沒把他的證詞當一回事。他拿阿爾巴克和巴比倫最後一位國王伯沙撒（Belshazzar）相比[21]，這個國王曾經在狂歡宴會上使用猶太聖殿掠奪來的器皿。奧斯卡認為，自己就像這個聖經故事中的但以理，那位能看懂上帝在牆上寫的字、進而揭露伯沙撒褻瀆上帝的智者[22]。

「我就好比巴比倫時期的但以理，跟他們解釋了牆壁上的文字[23]，」他向凱薩宣稱。

奧斯卡很有把握自己能為維吉妮亞・拉佩伸張正義。在第二次審判時他這麼起誓：「就像巴比倫王伯沙撒在宴會那晚死去一樣，今晚這事一過，羅斯科・阿爾巴克也會在他的職業和金錢上死去。」

一九二一年的聖誕節對許多美國人都是愉快的[24]，至少對那些富裕的人是如此。有馬車載著聖誕樹在城裡販賣，住在鄉下的人則直接帶著銳利的斧頭到樹園去砍樹。他們將樹拖回家，在聖誕夜用爆米花串、松果、紅色和綠色的緞帶，或是色紙環串成的鏈子裝飾，傳統一點（或是家中沒有電）的，則將蠟燭輕輕固定在樹枝上。

幸運一點的孩子可以拿十分錢買可樂或糖果。男孩會寫信跟聖誕老公公要玩具火車，或是可以上發條的小船；女孩則想要折價後只要2.98美元，會動會說話的娃娃。

聖誕節當天，環境好一點的家庭有牡蠣湯、烤乳豬和蕪菁切塊沾美乃滋可享用，最後再配上核果和小蛋糕。但是在美國還有另一種聖誕節：聖誕老公公會在救世軍的協助下，來到貧困孩子的家門口，由這些留著大鬍子的義工送給孩子手套和帽子之類的小禮物。這個一八六五年在倫敦成立的慈善組織還會給各地有需要的家庭送上免費的聖誕大餐，內容有火雞肉、進口的橘子等。

這些都讓奧斯卡回想起一八八〇年代，他童年時期的聖誕節景象。

「來我們家的聖誕老公公沒有白色大鬍子，也不穿紅衣服，他們留著黑色鬍子，帽子上有條紅帶子，上面以金色字體寫著『救世軍』，」這是他在一九二一年末過節時有感而發，略帶憂傷寫信給凱薩的內容。「我始終沒辦法讓這兩個聖誕老公公和解。」

父親財務上的失敗和棄家人於不顧的行為，一直讓他感到羞恥。由於父親的軟弱，他失去了許多機會。奧斯卡回想起八歲時的聖誕節，他在主日學得到了一個禮物。

「我這個窮光蛋木工師傅的兒子得到了一顆紅蘋果，」奧斯卡回憶道，「珠寶師傅家的兒子則拿到三個鉛筆盒、兩顆橘子，跟一袋爆米花。那是三十二年前的事了，但還是影響著我的社會觀。」

奧斯卡發誓，絕對不再讓救世軍的聖誕老公公踏進他家一步。假期一到，他對金錢又更敏感了。愈是焦慮，他就愈仔細記錄家中的各種開銷。一個星期的保險費、添購的家具、書籍花費、車錢和菸草總共花了他七十四‧三七美元。他每個星期記一次帳，有時每天都記。他也為自己在一九二二年能有多少收入感到憂心。

那年的聖誕節特別難受，因為他的證詞無法讓肥仔阿爾巴克過失殺人一案的陪審團達成決議，對他而言這結果很糟糕。現在，他還被迫和家人待在樓上，佯裝出過節的精神，而不是在樓下的實驗室檢視證據。

「我得在各個家人收到各種禮物時，竭盡所能的誇大讚嘆，」

他在給凱薩的信中寫道，「在我看來，這麼做不管對他們或對任何人都毫無益處。」

他可以聽見十一歲的西奧多和七歲的摩提莫在樓上玩的聲響。兩個男孩都活力十足，熱情洋溢，都有數不盡的問題要問爸爸。他們遺傳了許多來自媽媽的優良特質，像是深棕色的直髮、有著黑眼珠的迷人臉蛋，以及源源不絕的能量——儘管在瑪莉安的身上表現有所不同。奧斯卡深情的將他太太標示為「容易緊張的人」。

「如果我一直催她，她一定會吃不下飯，而且很容易便崩潰了，」他開玩笑的對凱薩說。「尤其在我們有趕火車之類的事時，更是如此。」

奧斯卡經常覺得，自己有責任保護妻子免受那些恐怖案件或財務所困擾——這在一九二〇年代並不少見，因為丈夫們多半認為，妻子無法對吃緊的財務狀況提出具建設性的意見。

「通常要到隔年九月，我們才會付清聖誕禮物的帳單，」他告訴凱薩。「對我來說，不要讓她煩惱生計是一種榮幸，也是一種特權。」

職業上的道德責任、來自社會大眾的壓力與監督，都令奧斯卡愈發鬱悶。他扛著龐大的重擔——過去這一年，他將八個人送上了聖昆汀的絞架。身為缺乏安全感的完美主義者，卻得不停和這些犯罪故事為伍，這已經很為難他了，另外他也受不了令人難堪的大眾評論，特別是報紙上那些。

「我受夠了送人入獄，很期待能做些不一樣的事，」他說道。

「過去幾個月，我成功協助幾個人洗清了罪名，但最大的問題仍來自生活壓力，以及持續嘗到失敗的痛苦。」

這聽起來有點不可思議，但儘管奧斯卡從事犯罪調查已經十年，他依舊沒有適應身上扛的重擔。有時憑著他的專業就能定一個人的生死，但有些時候他的證據就是無法滿足陪審團。

「我還是不確定我該不該走這一行，」奧斯卡沉重的說。「生命是一連串的挫折。」

他對一月的審判感到不安，他將面對傲慢的阿爾巴克，以及他以天價請來的律師，所以這個聖誕節實在令他高興不起來。只有一件事除外，算是向童年的遺憾致敬吧。把要送給瑪莉安家人的禮物都寄出去，孩子們的玩具也都包裝好後，奧斯卡會開車下山到柏克萊市中心的救世軍募款處，捐一筆錢給志工們。

關於一九二二年一月的重新審理，報紙上並沒有太多報導——畢竟沒有新的證人出現，也沒有人提出新證據。目擊者的說服力變低了，加上沒有新證據支持，導致布雷迪訴阿爾巴克一案無法有新進展。媒體預估，阿爾巴克很快便會無罪獲釋。在布雷迪重新評估策略時，阿爾巴克的辯護律師也計劃好要在一月二十七日的審判上讓奧斯卡難堪。

「這個男人的右手抓著女人的手，」奧斯卡指著放大的照片解釋。「女人的手顯然受到男人的手壓制，才會出現在門上的這個位置。」

　　庭上沒有任何人對這個指控感到意外——在第一次審判中，這就一直是檢察官採用的核心證據。但是阿爾巴克的辯護律師找到了一個高明的對策，他們找來一名負責看守那個房間的警察，這名警察表示，九月時奧斯卡和他的女助理莎洛米・波以爾大搖大擺的來到案發房間。

　　「你在跟飯店的助理經理自我介紹時，是否曾說自己是福爾摩斯，而你的祕書波以爾小姐是華生醫生？[25]」蓋文・麥克納伯大聲的說。在場的人竊竊發笑。

　　「我不記得我這麼說，」奧斯卡平靜的回答。

　　他覺得有點可笑，因為他提到福爾摩斯時一向帶有反諷意味。麥克納伯打定主意要羞辱他，但是這個辯護律師做得有點超過了。

　　麥克納伯暗示，奧斯卡和他的助理間有不正常的行為——這一點足以引起哄堂大笑。他認為奧斯卡鎖上房門，是為了確保他和年輕漂亮的祕書保有隱私。

　　「我鎖門是要避免被打擾，因為有人在跟蹤我[26]，」奧斯卡解釋。

　　他在椅子上挪動了一下身體。他是盡責的丈夫，敬畏神的人。他感到憤怒，因為他的職業和名聲不只取決於他的技能，還受大眾是否信任他的人格影響。麥克納伯想要做的，就是毀壞他的聲譽。

　　奧斯卡保持鎮定，安靜的等著下一個可笑的指控，而麥克納伯也馬上提出一個。這名辯護律師表示，那兩個手印不屬於拉佩

和阿爾巴克，而是奧斯卡和他的助理的。奧斯卡否認這些指控，並提供他的手印和助理的手印樣本為證據。麥克納伯給了個冷笑，他公開挫了奧斯卡的威風，陪審員們全盯著奧斯卡看。麥克納伯設下的圈套很可能讓肥仔阿爾巴克無罪獲釋。

奧斯卡的胃開始絞痛，但是他接著見到他最欣賞的警察奧古斯特‧瓦爾默從他身邊大步走過，坐上證人席。這位警察局長充滿自信而慎重的表示，奧斯卡提出的手印理論是正確的──它們確實是阿爾巴克和拉佩的手印。至少奧古斯特‧瓦爾默是值得信任的。

奧斯卡的太太瑪莉安一向不太過問審判的事，倒是他的老母親總很擔心他。一九二一年時，阿爾貝婷已經改嫁一位蘇格蘭人，現在搬到加州的尤里卡（Eureka），並且冠了夫姓洛克斯堡（Roxburgh）；多年來，她一直和奧斯卡保持通信，而且是用母語德語寫的。奧斯卡每個月至少會寄一次錢給她，數十年從沒間斷。這是他從十多歲起就擔起的責任，現在他四十歲了，已有自己的家庭，擔子也更重了。事實上，奧斯卡個人的財務狀況極為窘迫，經常有店家或貸方對他窮追不捨，並威脅他不還錢的後果。

「容我這麼說，我可不是受你野蠻的威脅才付這筆錢的[27]，」奧斯卡在給一位建築材料商的信中寫道，「你現在大概很清楚了，我不是容易受驚嚇的人，我建議你，為了自身利益著想，別再寄那些內容惡劣的信給我了。」

這些惡霸行為也沒有影響他援助生病的母親。

「對於木材、木炭或任何能讓你過得舒服點的東西，別太小

氣[28]，」奧斯卡向她保證，「我確實想存點錢，但我還養得起你。」

　　但錢其實是他母親最不擔心的事。阿爾巴克的兩次審理雖然讓奧斯卡聲名大噪，但內容很少是正面的。她曾寫信表示擔心他的安危——他則回應要她放心。

　　「別擔心我會到處樹敵[29]，」他說，「除了少數幾位債主，我根本沒有敵人。也別擔心關於我的討論，那些都只是宣傳手法而已。」

　　不管寫信給誰，奧斯卡都自信滿滿，惟有一個人例外，那就是在科學案件上智力與他旗鼓相當的約翰・伯因頓・凱薩。阿爾巴克的兩次審理讓奧斯卡有了警覺，也讓他對司法系統的信心開始動搖。凱薩很少批評他或是他做的決定，他只想給他堅定不移的支持和友誼，不想對他太嚴苛。只有面對凱薩時，奧斯卡願意屈服……即便只是片刻。

　　這位犯罪專家私底下向這位圖書管理員朋友吐露，他感覺挫敗，就像一匹老騾被粗暴的主人狂踢了幾個星期一樣。肥仔阿爾巴克的辯護團隊曾經暗示，奧斯卡雖然出身卑微，卻非常自大，明明是個毫無能力的科學家，卻執意要將無辜的人定罪，可說是道德敗壞到了極點。

　　「一個在逆境中飽受屈辱的靈魂會自大傲慢嗎？[30]」奧斯卡問凱薩。「一個挨鞭打的人有什麼好自誇的？沒有！」陪審團的反應、媒體的殘酷，以及其他鑑識專家的惡意，都令奧斯卡深受打擊。阿爾巴克辯護律師的尖刻批判讓他精神受創，就像年少時經常遇到的那些事一樣。

「我在孩童時期和青少年時期，經常遭受各種挑戰，遭人嘲弄、挨打、挨揍、衣服被扒，被我周圍的人霸凌。[31]」他告訴凱薩。一九二二年二月一日陪審團審判開始，奧斯卡便陷入焦慮的沉思。經過不到四十八個小時的辯論後，情況再度陷入僵局，就跟第一次的陪審團一樣。兩個月的準備工作沒有起任何作用，這讓奧斯卡大失所望。

陪審團裡有十個人贊成將阿爾巴克以過失殺人定罪，兩個人反對，這結果讓奧斯卡由失望轉為憤怒。只差兩票他便可以將阿爾巴克送入監牢了。陪審員給了非常清楚的理由。重新審理時，辯方決定不再讓阿爾巴克上台，這是明顯的失策。蓋文·麥克納伯太有把握阿爾巴克可以無罪獲釋，所以拒絕做辯論總結。他耀武揚威的態度讓陪審團有些反感，而阿爾巴克代替他遭受了懲罰。陪審團下結論表示，他們沒有足夠的訊息做出一致的決定。這讓奧斯卡非常不悅。

「阿爾巴克差那麼一點點就能定罪了[32]，」他向一位朋友抱怨。「就因為陪審團裡有他的朋友，他便逃過一劫。」

三月十三日，第三個陪審團看了基本上一模一樣的證據，聽了一樣的證詞和相同的論點。但這一次辯方改變了戰術，他們重新找來肥仔阿爾巴克，而且做了強而有力的總結。這個案子在四月十二日五點零八分送交陪審團，五分鐘後，他們做出了令人震驚的判決：無罪。

「只有投票，沒有討論[33]，」陪審員 W. S. 范卡特（W. S. Van Cott）說道。州政府無法說服陪審團阿爾巴克有罪。

阿爾巴克開心極了，痛苦的折磨終於結束了，他迫不及待要回到好萊塢。

「如果大眾不要我，我就認了[34]，」阿爾巴克表示。「但我相信美國人民是公平公義的，我認為是我捲土重來的時候了。」

不過他或許獲得了清白，但他的電影事業終究還是毀了。肥仔阿爾巴克的電影被抵制了好幾個月，電影業界的主事者擔心受阿爾巴克的醜聞影響，六月時紛紛發函給洛杉磯各個電影工作室，要求大家恢復電影道德——禁止不當的電影題材，由電影工作室來為好萊塢把關。

好萊塢審查委員會於是成立，而且很快就裁定阿爾巴克不應該再出現在娛樂工業。這個決定後來雖被翻盤，但阿爾巴克還是留在非官方的黑名單上。

第三次審判結束後的一個星期左右，奧斯卡過了四十一歲的生日。他二十二歲時曾經許願，要在每年生日時回顧自己的人生。很不幸的，大部分記憶都令他不開心。他從年少時期就背負著各種責任與重擔，鮮少有回報，即使過生日時也是如此。

「結婚前，我從來沒吃過生日蛋糕，也沒有人為我慶生[35]，」他告訴凱薩。「除了我自己，從來沒有人關心過我的生日。」

奧斯卡從他太太和兩個兒子的敬愛中得到許多安慰；事業和個人的成功也讓他頗為滿意，但是年紀增長卻令他不安。「我的動作愈來愈謹慎，需要的睡眠也愈來愈多[36]，」他告訴凱薩。「幾

天前，我那個令人稱道的老婆在我的左耳上方找到兩根白頭髮，開心得不得了。」

奧斯卡很疼惜兩個兒子，也很重視他們的教育。他誓言要保護他們的未來，同時也注意到他們正迅速發展出截然不同的個性。「我跟你說過西奧多會用拉丁文唱《老史瓦尼河》（*The Old Swanee River*）和幾首英文歌嗎？[37]」奧斯卡寫信給母親時提到。「摩提莫的成績沒那麼好，他老在學校惹麻煩，但課業上還過得去。」

阿爾巴克一案讓奧斯卡聲名大噪，但也損害了他做為專家證人的信譽。當時指紋識別在美國還處於起步階段，遭到頗多批評。陪審員不了解它是否是一種可靠的科學，因此就算媒體對阿爾巴克做了很多負面報導，但奧斯卡很肯定陪審員還是受了阿爾巴克的明星光環左右。

「如果說這整個事件能多少改善影視業的風氣[38]，那我對這次的調查結果也該滿意了。我相信會愈來愈好的。」他這樣告訴凱薩。

這個案子讓肥仔阿爾巴克從此一蹶不振，而這有一大部分是奧斯卡造成的，這名演員面臨了一波接著一波的失望和挫敗。和他結婚十七年的太太明塔‧德菲[39]因為他外遇女演員多莉絲‧迪恩（Doris Deane），在一九二五年初跟他離婚。四個月後，阿爾巴克和這名第三者結婚[40]，但是短短不到四年，多莉絲‧迪恩便指控他詐欺而跟他離婚了。

　　阿爾巴克有付不完的訴訟費用。他賣了他的名車，最後連位於洛杉磯、價值十萬美金的豪宅也出售了[41]。由於沒有業界高層想冒票房失利的險，因此電影工作室拒絕雇用他，他只好以酒精麻痺自己——即使獲得無罪釋放，他最終還是落得一無所有。

　　不過肥仔阿爾巴克顯然是個有韌性的人。他執意待在好萊塢，只不過謹慎起見，他為自己取了個別名叫威廉‧古德里奇（William B. Goodrich，衍生出的小名「我會乖」〔Will B. Good〕跟他走完了接下來的職業生涯。）他最好的朋友，同樣是演員的巴斯特‧基頓想拉他一把，但他已不是過去那個充滿歡樂和魅力的喜劇演員，而變成一個難以相處、討人厭的傢伙。

　　「他的遭遇讓人看了難過[42]，」基頓回憶道。「羅斯科不再有趣了，他就像知道自己已經沒戲唱的過氣老演員，但又沒有其他選擇，所以只好這麼苟且過活。」

　　一九二四年初，阿爾巴克從幕前轉戰幕後，導演了《福爾摩斯二世》（Sherlock Jr.）。這部電影被認為是默劇的經典之作，基頓在當中扮演一名害羞的電影院放映員暨看門員，卻一心想成為偵探。

　　電影一開始，基頓扮演的角色拿著放大鏡讀著一本書《如何當一名偵探》（How to be a Detective），他渴望成為一名能解開各種難題的職業偵探。

　　劇組的人表示，基頓這個角色是阿爾巴克向奧斯卡變相的致意。這名鑑識科學家雖然在摧毀阿爾巴克的職業上推了一把，卻同時激發了他的創造力[43]。他曾目睹奧斯卡如何解析那些照片上的指紋，見證過他的魅力如何讓陪審員們聽得入神。

註釋

1 "State Fires Big Gun in Hearing Yesterday Against Roscoe Arbuckle," *Morning News* (Coffeyville, KS), November 22, 1921.

2 Bart Haley, "Women Witnesses Aid Arbuckle Defense in Fatty's Darkest Hour," *Evening Public Ledger* (Philadelphia, PA), November 23, 1921.

3 Ibid.

4 Oscar H. Fernbach, "Dusted Door Opens Vistas to Arbuckle," *San Francisco Examiner*, November 23, 1921.

5 "Bar Miss Rappe's Words at Trial of Arbuckle," *Pittsburgh Post-Gazette*, November 23, 1921.

6 Carton 69, folder 9–11, Edward Oscar Heinrich Papers.

7 "The Arbuckle Trial, What Heinrich Saw Through His Microscope!," *Belfast News Letter* (Northern Ireland), November 30, 1921.

8 M. D. Tracy, "Arbuckle Ready to Go on Stand," *Daily Republican* (Rushville, IN), November 25, 1921.

9 Haley, "Women Witnesses Aid Arbuckle Defense in Fatty's Darkest Hour."

10 "History," ch. 1 in U.S. Department of Justice, *The Fingerprint Sourcebook* (Washington, D.C.: National Institute of Justice, 2013), 1–21; "Edmond Locard," The Forensics Library, http://aboutforensics.co.uk/edmond-locard.

11 "Fingerprint Recognition," Federal Bureau of Investigation document, https://fbi.gov/file-repository/about-us-cjis-fingerprints_biometrics-biometric-center-of-excellences-fingerprint-recognition.pdf/view.

12 National Research Council, *Strengthening Forensic Science in the United States*, 8–9, 86.

13 This and all other quotes from Arbuckle's testimony from Chandler Sprague, "Arbuckle Tells Jury of Finding Girl Writhing in Agony on Bathroom Floor," *El Paso Times* (TX), November 29, 1921.

14 "Arbuckle Woman Juror Charges Intimidations," *Oakland Tribune*, December 5, 1921.

15 Letter from Heinrich to Kaiser, December 3, 1921, box 1, John Boynton Kaiser Papers.

16 Ibid.

17 Ibid.

18 William E. Nelson, "Criminality and Sexual Morality in New York, 1920–1980," *Yale Journal of Law & the Humanities* 5, no. 2 (May 2013): 269.

19 Estelle B. Freedman, *Redefining Rape: Sexual Violence in the Era of Suffrage and*

Segregation (Cambridge, MA: Harvard University Press, 2013), 147–48, 160, 191.

20 Letter from Heinrich to Kaiser, December 3, 1921, box 1, John Boynton Kaiser Papers.

21 "Belshazzar's Party," Daniel 5:1–31 (Common English Bible).

22 譯註：伯沙撒王擺設筵席，以耶路撒冷聖殿的器皿飲酒時，突然有指頭出現在牆上寫了大家看不懂的文字，最後經由但以理解字，揭露伯沙撒褻瀆神的事實，伯沙撒王則在當晚死亡。

23 Letter from Heinrich to Kaiser, December 3, 1921, box 1, John Boynton Kaiser Papers.

24 Angela Meiquan Wang, "A Christmas Wish List in the 1920s," *BuzzFeed*, November 28, 2012.

25 "Former Suitor of Miss Rappe Aids Arbuckle," *Oakland Tribune*, November 26, 1921.

26 "Fingerprint Sharp in Arbuckle Case."

27 Letter from Heinrich to E. O. Tisch, April 21, 1921, box 30, folder 26, Edward Oscar Heinrich Papers.

28 Letter from Heinrich to his mother, October 22, 1921, box 29, folder 40–41, Edward Oscar Heinrich Papers.

29 Ibid.

30 Letter from Heinrich to Kaiser, October 9, 1922, box 1, John Boynton Kaiser Papers.

31 Ibid.

32 Letter from Heinrich to Charles Hardless Jr., Esq., July 6, 1922, box 27, folder 18, Edward Oscar Heinrich Papers.

33 "Arbuckle Hopes to Do a Comeback," Boston Globe, April 13, 1922.

34 Ibid.

35 Letter from Heinrich to Kaiser, April 21, 1921, box 1, Edward Oscar Heinrich Papers.

36 Ibid.

37 Letter from Heinrich to his mother, November 25, 1921, box 29, folder 40–41, Edward Oscar Heinrich Papers.

38 Letter from Heinrich to Kaiser, December 3, 1921, box 1, John Boynton Kaiser Papers.

39 "Wife of Fatty Arbuckle Gets Divorce in Paris," *Chicago Tribune*, January 27, 1925.

40 "Arbuckle Hit as Sheik of Beach Party," *Daily News* (NY), August 6, 1928.

41 "Arbuckle Has $100,00 Home," *San Francisco Chronicle*, September 12, 1921.

42 Buster Keaton, *My Wonderful World of Slapstick* (New South Wales, Australia: Allen & Unwin, June 1967).

43 Yallop, *The Day the Laughter Stopped*, 278.

CHAPTER

7

雙十三：火車大劫案
Double 13: The Case of the Great Train Heist

一個人的指甲、外套袖、靴子、褲子的膝蓋部分、大拇指與食指之間的繭、臉上的表情、襯衫的袖口等等，都明白透露著他的職業。

——亞瑟‧柯南‧道爾，《血字的研究》，一八八七年

「我們得用一局決勝負[1]，」三兄弟同意。「贏就贏了。輸了的話，我們就什麼都沒了[2]。」

拂過頸邊的微風帶著涼意。沒有哪個地方比秋天的南奧勒岡更教人心曠神怡了。蒼鬱的松樹林綴著金黃色山茱萸和火紅的楓樹，前來山裡露營的人彷彿進入仙境，進入一個不受人煙打擾的世外桃源[3]。

他用手指摸摸額頭，感覺到塗在上頭的油脂。這東西可以讓他的皮膚看起來黑一點。或許這樣人們就會誤以為他是墨西哥來的鐵路工人。他身上散發一種腐敗的煙燻味。鞋子包裹著用來裝糖和鹽的麻布袋，並用繩子纏好固定，然後浸泡在黑色易燃的化

學雜酚（creosote）裡，以掩蓋身上的味道。最後，他還灑了一大罐黑胡椒，希望刺激性的味道能驅走嗅覺靈敏的獵犬。

一九二三年十月十一日星期四，羅伊・迪奧崔蒙（Roy DeAutremont，或拼為 D'Autremont）和他的兩個兄弟來到加州和奧勒岡州邊界的西斯基尤山脈（Siskiyou Mountains），蹲在長滿刺的樹叢裡，凝視著全國最陡峭的鐵道上的隧道[4]。過了下一站的西斯基尤郡，再往南一英里，這條火車路線就會穿越這座山脈的頂峰。千奇之路（The Road of a Thousand Wonders）[5]載運了成千上萬名旅客經由舊金山往返於波特蘭和洛杉磯之間。一千三百英里的路程中，會經過喀斯喀特山脈（Cascades）和山頭仍覆蓋白雪的沙斯塔山（Mount Shasta），還會穿過大片的麥田、蘋果樹、核桃樹，以及哥倫比亞河（Columbia River）河岸旁的玫瑰園。

二十三歲、長相俊俏的羅伊調整了一下頭上的帽子，三兄弟注視著十三號隧道，等候第十三號南太平洋火車（Southern Pacific Railroad Train）到來——十三和十三。他們的不可靠消息來源指出，這列後來被媒體稱為「黃金特別號」（Gold Special）[6]的火車上，載運了價值五十萬美元的黃金，生活貧困的三人於是醞釀了一個翻身的計畫。

由於山勢陡峭，火車必須分成兩段上去，前半段由郵件快遞車當車頭，後頭跟著四節行李車廂和三節乘客車廂[7]。快到山頂時，駕駛員必須慢下速度測試煞車功能，所以來到山頂的關口時，火車幾乎是完全停住的。兄弟們計劃等前三個車廂通過隧道的南端後，便跳上車去，先制伏列車組員。

羅伊手持一把點四五口徑的柯爾特自動手槍[8]，低頭看了看腳上的麻布袋。他的弟弟休（Hugh）才十九歲，手裡拿了把削短型散彈槍，裡頭填充的是長射程用的鹿彈。被這把後座力強勁的重量級武器準確擊中的話，大概必死無疑。羅伊的雙胞胎哥哥雷（Ray）坐在他旁邊，眼睛盯著鐵軌，專注聆聽聲音愈來愈大的十三號引擎到來。

他們用一個紅色小木箱和一個活塞自製「爆破器」[9]，裡頭有一個杜邦製的齒輪馬達[10]，那是他們從奧勒岡市的一個工地偷來的。推動活塞會轉動磁電機上的小齒輪從而產生電流，電流會經由五十磅重的電線，傳到安置在附近一個麻布袋內裝的炸藥雷管。羅伊已經磨掉自動手槍上的追蹤序號。他們還帶了大批彈藥。

迪奧崔蒙兄弟在荒野長大，從小就懂得用槍[11]；在他們拿得動來福槍時，父親就讓他們自己裝子彈了。羅伊不到十歲時，就已射殺過無數隻兔子，不過截至目前為止，死在他槍下的也就只有小動物。兄弟們聽著遠處鳴起的火車汽笛聲，內心緊張不已。

「小鬼，你怎麼看？[12]」羅伊前一天這麼問他弟弟。

「情勢對我們不利，」休語氣沉重的說。「我們的機會不大，但不是沒有。」

他們深信火車上有價值五十萬美元的黃金和現金[13]，由美國郵政人員負責看守的成千上萬信件裡，還藏了支票和鈔票。對生活艱辛的三兄弟來說，那是一筆天文數字。這將是他們的第一次火車搶劫行動——也是最後一次。

　　兩個穿著黑衣、戴著牛仔帽、穿著馬刺靴的人拿槍指著駕駛員，逼他停下火車後下車。接著，他們把嚇壞的乘客從座位上拉起來，讓他們到車外排隊。有一名乘客企圖逃跑，但背後立刻挨了一槍倒下了。

　　在美國的西部電影編年史中[14]，《火車大劫案》（*The Great Train Robbery*）是頭一部西部電影，也是一九〇三年的好萊塢大片。短短十二分鐘的默劇講述一場重大火車劫案後，警長追捕嫌犯的故事。這幫搶匪都是充滿威脅的槍手，他們制伏了數十名乘客，但最後在林子裡的一場槍戰中喪生。電影以搶匪頭目對著觀眾開了一槍做為結束。在近六十年後，這個驚人的拍攝手法在第一部〇〇七電影的片頭重現，之後的每一部〇〇七電影也都製作了同樣的片頭。

　　一九二〇年代，通俗雜誌和廉價小說喜歡以舊西部時代的搶匪[15]為主角，像是西部大盜傑西・詹姆斯（Jesse James）和紳士強盜比爾・梅納（Bill Miner）等，把他們塑造成劫富濟貧的英雄。年輕一輩的人，包括迪奧崔蒙兄弟在內，都深受好萊塢西部片影響[16]，崇拜那些騎著馬跟在火車旁追逐的大膽狂徒，看他們朝敵人開槍。羅賓漢般的故事，令五年前剛從第一次世界大戰存活下來這幫生活艱辛的美國人心生嚮往。

　　一八〇〇年代的美國老西部，火車劫案很常見。隨著國家逐步拓展，搶匪鎖定行進緩慢、載運鈔票和貴重金屬前往大城市

的火車，但是很快的，鐵路公司開始增設配戴槍枝的警衛看守，大幅提升了安全性，另外還雇用了聲名遠播的平克頓偵探事務所（Pinkerton Detective Agency）來追捕搶匪。搶郵車特別有利亦可圖，因為銀行慣常用掛號信件寄送大量現金和值錢物品。

迪奧崔蒙兄弟聽說，在東部有人搶劫郵車拿到了幾百萬元。他們的消息沒錯，一九一九年到一九二一年間，郵件搶劫造成的損害確實超過六百萬美元，迫使聯邦政府不得不出手。一九二一年，郵政局長請求沃倫・哈定總統派遣海軍陸戰隊協助防衛[17]，很快的，兩千多名軍人開始在火車和包括郵局在內的政府機關巡邏。這些訓練有素的海軍陸戰隊成員絕對有能力制伏搶匪，理應能讓那些蠢蠢欲動的人打消念頭，但上百萬的黃金和現金實在太誘人了，於是迪奧崔蒙兄弟決定鋌而走險，既然在白宮的新領導人帶領下經濟已經開始復甦，他們也要分一杯羹。

一九二三年八月，哈定總統因心臟病突發意外死亡，由副總統卡爾文・柯立芝（Calvin Coolidge）遞補上任[18]。哈定過世後，他任內內閣的腐敗與多場婚外情醜聞終究讓他名聲掃地[19]。繼位的柯立芝有一種保守老父親的形象，這名共和黨領袖綽號叫「沉默的卡爾」，他的話雖不多，但是他幾個重大決定成功扭轉了經濟情勢。柯立芝採取減稅，同時限制政府開銷，很快的，一九二二年到一九二七年間經濟成長了百分之七[20]。經濟復甦後，大家找到了報酬比較高的工作，整體犯罪率也就稍稍降低了。

禁酒令依舊是個困擾，因為它促成了有組織的犯罪，也讓謀殺率攀登歷史新高。經濟雖然開始起飛，但仍有許多人失業，他

們需要快速高額的收入。

　　羅伊・迪奧崔蒙看著他十九歲的弟弟，瘦小的金髮男孩臉上還帶著稚氣。雙胞胎哥哥們不知道讓休捲入這件事是不是明智之舉──他們必須在這場冒險中對弟弟的安危負責。

　　「休，你知道我們接下來要做什麼[21]，」羅伊提醒他，「如果你決定掉頭離開，我們不會怪你的。」

　　「你們當我是什麼樣的人啊？」休大喊。「我才不會回頭呢。」

　　迪奧崔蒙家[22]很注重家庭價值，從某個角度來看，他們實在不應該淪為罪犯。羅伊和雷在一九〇〇年出生於俄亥俄州的威廉斯堡（Williamsburg），休比他們小四歲。他們還有兩名兄弟李（Lee）和凡爾納（Verne），加上他們的父親保羅（Paul）和母親貝拉（Bella），一家七口過著忙碌而喧鬧的生活。

　　他們的母親對聖靈的信仰堅定，所以五個男孩自從受洗成為天主教徒後，就很忠實的參加教會聚會。羅伊固定去彌撒和主日學，定期向神父告解，也樂於學習《聖經》上的道理。羅伊和雷都是中學中輟生，但能讀能寫，學習成績也不錯。兩個人對家庭、對彼此都非常忠心。雙胞胎兩人密不可分，休跟他們的感情也很好，但還是無法取代雙胞兄弟的地位。

　　童年時期，他們的父親保羅・迪奧崔蒙大部分的時間都在找工作，所以他們經常得搬家，在全國各地都落腳過，但從未在一個地方定居下來。生活不穩定破壞了家庭和諧，貝拉和保羅經常

吵架，導致這段婚姻最終還是走不下去。

「他們的婚姻狀況愈來愈糟，」羅伊說道。「兩個人根本無法相處。這讓我們很不舒服，所以我和雷決定搬出去。」

保羅後來撇下妻子跟孩子，獨自搬到奧勒岡，在那邊開了一家理髮店。沒多久，雙胞胎兄弟便搬過去跟父親同住。羅伊去上了理髮學校，原本打算追隨父親的腳步，但是後來卻去了沙連（Salem）的奧勒岡州立醫院工作——這是不幸的開始。雷則在六十英里外的一家船廠工作，不用工作時，他是個讀書狂。

三兄弟的背景，跟他們最愛的電影裡的亡命之徒完全不一樣，但他們有一個共同信念，那就是政府背叛了他們當中的一人。這個信念讓三個人內心充滿苦毒，最後成了暴戾而危險的罪犯。

雷在十八歲時加入了世界產業工人（Industrial Workers of the World，簡稱IWW）組織[23]，這是由一群貧窮、深信社會不公的工人所組成的工會。警察依犯罪工團主義（criminal syndicalism）法規[24]，逮捕了包括雷在內的數千名工會成員。這項新法規將犯罪、破壞活動，或是以暴力支持工業或政治改革都視為非法行為，包括言論自由都受到打壓。一九一七年到一九二○年的第一次世界大戰戰後期間，美國有二十二個州與地區頒布了這類反勞工法規，藉以懲罰左翼的理想主義人士與籌組工會的人。

雷在一九一九年被捕，接著在位於門羅（Monroe）的華盛頓州立監獄服刑一年。曾經充滿熱情、努力工作的他自此變得憤世疾俗，對任何權威都惡意相向。雷在一九二○年獲釋後，羅伊曾經試圖勸他回歸天主教信仰尋求安慰。

「我都不認識他了，他完全變了個人[25]，」羅伊說道，「我覺得他瘋了。他告訴我，我們從小接受的信仰都是胡說八道。但他是我兄弟，還是雙胞胎兄弟，所以我默默接受了他說的事情。」

雷待在監牢裡的十二個月，反覆思考著他動盪不安的生命，以及受有錢人掌控的不幸。出獄後不久，他便跟羅伊提了他的計畫：他們要發起一樁搶案，就幹這麼一場，便足以讓他們的後半輩子衣食無缺。後來，他們也找來了弟弟休，接著花了三年策劃這場天衣無縫的火車搶案。

但過程並沒有那麼順利──他們一直無法把計畫確定下來，也經常想要打消念頭。羅伊甚至提議大家靠著打零工賺錢，買間小房子，腳踏實地的生活就好。

「那代表我們就沒辦法幫爸媽和弟弟們了[26]，」羅伊說道。「我們厭倦了生活，受夠了這一切。我們什麼都不在乎了。」

雷和羅伊曾嘗試在伐木場工作；兄弟倆都長得很俊俏，穿著整齊，看起來乾乾淨淨的。但是他們比較瘦小[27]──身高不到一百七十公分，體重只有五十幾公斤，不是當伐木工人的料。

「有好幾次我差點兒在伐木場丟了性命，」羅伊說道，「那種工作對我來說太難了。」

他下定決心，絕對不再從事那麼危險的工作了。那麼，一個足智多謀的年輕人要如何在西北方的鄉下地區謀生呢？羅伊想到了好主意。

他們的營地距離隧道只有兩英里，地上有六十多發點四五口徑手槍的空彈殼[28]。羅伊正瞇著眼睛瞄準目標，練習使用他的柯爾特手槍[29]。他們練習扣板機的速度，也練習毋須瞄準、拔槍就射的能力。但是大部分的時間，他們都是在熟悉如何大致瞄準後射擊的能力，這是獵人在獵物距離近時用的方法。他們從不管槍上的瞄準器，那是為了準確射擊遠距離目標才用的。他們兄弟認為，這場火車搶劫比較像短兵相接。

他們在書局買了奧勒岡州的地圖，花了幾個星期遊走西斯基尤隧道附近的郊野。在指南針的引導下，他們前去幾個不同營地，並在克雷斯山（Mount Crest）西北郊區一處荒廢的小木屋裡藏了更多槍枝、衣服、彈藥和食物，也在另一個地方藏了不少物資，包括一個把子彈從肉裡挖出來的工具，以及止血藥粉。羅伊、雷和休把他們大部分的東西，包括槍管、牙刷、保險絲，甚至炊飯工具都燒了，以銷毀所有作案證據。

在一次探勘任務時，羅伊遇見隧道南邊有一群工人在修理鐵軌，他嚇壞了。但是他們已經下定決心不再回去危險的伐木場。羅伊在奧勒岡有個女朋友，他希望日後能與她結婚，如果他能活著回去的話。他甚至幫自己買了幾份雙重賠償的保險，要是他不幸喪生，她可以得到至少三萬美元的理賠。

迪奧崔蒙兄弟都是聰明人，但他們的計畫似乎一開始就受了詛咒。就在火車要通過十三號隧道的幾天前，休想開車到北邊兩百英里的尤金（Eugene）再去見父親一面。他打算告訴父親，他和雙胞胎哥哥要去趟露營探險，回來後，他們很快便會到一家伐

木公司報到上工。

　　但是出發還不到幾個小時，休就在西斯基尤山間撞上一頭牛，把車子毀了。他必須在亞希蘭（Ashland）待幾天，等車子修好。休決定把車子留在尤金給父親，回程時改搭火車。但是到了亞希蘭的火車站月台時，一名正在調查非法活動的特別專員將他攔下來盤問[30]。休避開了這名調查員帶來的麻煩，但也因為這樣，他得從亞希蘭走將近二十英里的路回去。這些不祥的預兆似乎都在告訴他們就此打住。但是他們並沒有因為這樣而停下計畫。

　　羅伊在山坡上坐下來，揉了揉膝蓋。休離開後，雙胞胎兄弟也遇到了麻煩。他們原本打算找一天晚上潛到隧道去看個仔細。天色很暗，在他們探勘結束時，剛好有一列運貨車朝隧道駛來。兄弟倆打算跳上去，搭便車回他們的木屋。在聽到火車輪聲愈來愈大時，羅伊爬上了月台。

　　「我的膝蓋撞到月台[31]，」羅伊說道，「差點沒法走路。」

　　他痛得大叫，然後跳回木板上，沒能趕上火車。雷回頭看到這一幕，立刻跳下車。兄弟倆只好跛著腳走回兩英里外的木屋，「我們既氣餒又沮喪，也做了最壞的打算。」

　　等休回來的這段時間，雷和羅伊再次檢討他們的計畫，再過兩天就要展開行動了。羅伊不知道他們這麼做是不是很蠢，或許他們真的應該就照他說的，買一塊地，簡簡單單過生活，但他又覺得這樣對不起他的女朋友，也真心希望幫父母和弟弟們過得好一點。最後他們決定，這個計畫勢在必行。

　　休終於從亞希蘭回來了，走了好幾個小時的路後，他幾乎整

個人累癱了。這趟不幸的旅程讓休筋疲力盡，羅伊的膝蓋也尚未復原。雙胞胎兄弟互看了一眼，再一次問休要不要重新考慮。

「休，你不懂接下來的事，」羅伊重申，「如果我們失敗，你這輩子就毀了。」

休堅定不移，「我才不怕。我願意冒這個險[32]。」

―――――――

他們打開身上的懷錶，時間是十月十一日中午十二點，十三號列車會在下午一點左右抵達。

「它幾乎沒有誤點過[33]，」羅伊說道。「我跟休繞到隧道的北側，雷則留在隧道南側。」

雷拿著裝了散彈的削短型散彈槍；靠著牆邊抽菸的他內心無法平靜。他們在隧道口藏了一袋炸藥和那個裝了杜邦引信的鮮紅色起爆器。羅伊和休看著南太平洋號從隧道北側進入，然後開始減速。火車駕駛員席德・貝茲（Sid Bates）緩緩踩了煞車。

「休！走！[34]」羅伊大喊。

兄弟倆開始跑，休跳上了行李車廂，這節車廂位在煤水車後，是不加蓋的。駕駛員發現了休，立刻將節氣閥全開，加速前進。羅伊還跟在火車旁邊跑，他的膝蓋還沒復原。當他的柯爾特手槍連同八個裝了彈藥的彈匣掉落時，他慌了。

「整個過程中，我最害怕的就是那一刻，我以為我上不了火車了[35]，」羅伊回憶道。「眼看就要被落下了，我只能拚命跑。」

休爬下車廂的台階，羅伊則賣力擺動手臂，希望能趕上逐

漸加速的火車。休轉過身去,將一隻腿往外伸,這時羅伊猛撲上去,抓住休的腳,沿著他的腿往上爬,終於上了階梯,他們進了車廂,接著前往前面的駕駛室。羅伊以為沒有人看到他們,他小聲的要休去給駕駛員下指令,他則負責應付火車上年紀最輕的列車組員:二十三歲的馬文‧森(Marvin Seng)。

「在駕駛室出了隧道後,停下火車,」雷對著正在調整節氣閥的駕駛員貝茲大喊。「你不這麼做的話,我就送你上西天,讓司爐工人來頂替你的位子。」

羅伊轉向司爐工人,他被這兩個臉部抹黑、拿著手槍的年輕人嚇到了。

「如果駕駛員在通過隧道後不停下火車,」羅伊大聲說,「他就死定了,換你來駕駛。」貝茲透過金屬圓框眼鏡看著他時,羅伊突然變得很激動。

「我說不要看我,但是駕駛員好像覺得我在開玩笑。他看得出我們很年輕。」他日後敘述道。

駕駛員很快的煞車,十三號列車緩緩停了下來。駕駛室出了南端的隧道口,其餘車廂(包括男孩們最想得到、最值錢的郵政車廂)和乘客都困在三千英尺長的隧道中。休用槍指著司爐工人和駕駛員,要他們下火車。

雷見到蒸氣布滿了隧道時,得知他們的計畫成功了,他們劫持了十三號列車。羅伊盯著他們最大的戰利品——郵政車廂時,發現有個人從它的側門探出頭來。那是美國郵政署的郵務員艾弗林‧多爾提(Elvyn Dougherty)[36],他一見到雷拿著散彈槍後,便

連忙退了回去。雷舉起槍迅速瞄準後開槍，但是沒擊中。多爾提再次探出頭來，這時雷拿著裝了炸藥的行李箱。那名郵務員立刻把門關上，將自己鎖在郵車裡。羅伊迅速來到雷的身邊，兩人一起站在郵車前。雷把行李箱交給羅伊，指示他把箱子擺在靠近車廂的隧道口，並添加更多炸藥。

雙胞胎原本說好讓雷跑向山頭，到他們藏爆破器的地方，但是慌亂之下，變成羅伊跑向了山頭，並且快速按下活塞，引起了巨大爆炸[37]。隧道劇烈震動，三節乘客車廂也跟著搖晃。羅伊低估炸藥的能耐了。

火車前端被炸壞了，車輪脫軌，他們原本是想要將郵車跟火車的其他部分分開的，這下計畫泡湯了。更糟的是，炸藥震翻了郵車裡正燒著煤炭的爐子，整節車廂都燒了起來[38]。三十五歲的郵務員艾弗林・多爾提當場喪命，留下他的妻子和一個年幼的男孩。幾個小時後，灰燼中露出了艾弗林燒焦的脊柱。

「我殺了郵務員[39]，」羅伊承認。

整列火車都在震動，碎玻璃落在乘客們身上。

吸菸車廂裡一名男乘客抱著流血的頭，還有乘客被玻璃碎片劃破了腿上的動脈[40]。大家以為是火車引擎爆炸，濃煙和臭味令他們驚恐萬分。

隧道裡布滿了黑煙、蒸氣和煙霧。手電筒完全起不了作用，兄弟三人什麼都看不到。羅伊在地上爬，急著要找雷和休。他聽到尖叫聲。他們想要拆開郵車，但是現在它還在悶燒，金屬部分炙熱無比。羅伊抓著兩支車廂勾，試著將它們分開來，卻被接

下來的事嚇壞了。身穿深色工作服的火車煞車員查爾斯・「柯以爾」・強森（Charles "Coyle" Johnson）朝著火車左側跑了過來，手上揮舞著一個散發紅光的燈籠。羅伊拔出槍，要他舉起雙手。

「我告訴他，他命在旦夕[41]，」羅伊說道。

三十六歲的強森發現這名搶犯情緒非常激動，便答應會配合他。他把蒸氣管拆下來，但是當他握住控制車廂鉤的操縱桿時，它動彈不得，完全起不了作用。

「他說，想要拆開車廂鉤，就得先把火車引擎往前開一點，同時把操縱桿向上扳，」羅伊說道。

羅伊雖然不信任強森，但還是決定讓他舉高雙手上車，去告訴他的兄弟們必須把火車引擎往前開一點。強森跳上了車，但羅伊沒注意到他是不是有舉高雙手。

羅伊聽到槍聲時身體縮了一下——一個是散彈槍的聲音、一個是手槍的聲音，他心想，那個煞車員肯定死了。他事後得知，肚子挨了一槍的強森躺在地上，臨死之前喃喃說道：「另一個人說把車頭往前開一點[42]。」

「我想他是忘了把手舉起來了，」羅伊說道。「然後他們以為我被他殺了。」

火車頭還是沒動，羅伊於是跑到郵車那邊去，結果他在車廂門口愣住了。情況太慘烈了，煙霧和蒸氣在裡頭亂竄，一些尖銳的金屬物現在已經看不出原形，完全看不出它們原本是什麼功能。難以想像的高溫讓車廂壁都變形了，外頭的漆也開始剝落，惡臭的硫磺味讓人無法消受。隧道也嚴重受損，燒壞的木椿裸露在外。

羅伊趴在地上拚命的找錢，金錢的回報能稍稍彌補悲慘的錯誤。雷、休和駕駛員試著推動節氣閥來讓火車移動，但徒勞無功，因為炸藥毀了車軌。迪奧崔蒙三兄弟怒視著搞不定節氣閥的席德‧貝茲。

「我們都覺得駕駛員不是真心想要拉動郵車，」羅伊說道。

三兄弟對著貝茲和司爐工人森大吼，要他們馬上把郵車拉出隧道。蒸氣愈來愈濃，黑煙燻痛他們的眼睛。火車引擎的聲音更是震耳欲聾。一團混亂的景象跟西斯基尤山脈的寧靜形成了強烈對比。羅伊對他們的霉運憤怒不已，三兄弟一邊看著站在火車頭旁的司爐工人，一邊低聲討論。羅伊點點頭，從雷手中拿過手槍，瞄準馬文‧森。

「他舉起雙手，但我還是殺了他[43]，」羅伊說道。

森挨了兩槍後臥倒在地，頭上的條紋帽還戴在頭上，眼睛也還睜著，血從鼻孔流出來。羅伊已經殺了兩個人：郵務員和司爐工人。他的弟弟們殺了煞車員。現在能指認他們的目擊證人只剩下駕駛員席德‧貝茲了[44]。五十歲的貝茲是乘務員中的資深員工，已經在南太平洋服務將近三十年，據說再過不久就要退休了。

羅伊面對郵車，準備進入那一團黑暗。這任務太艱鉅了，他不想獨自進行。

「看來我們是沒辦法把它弄出隧道了，我們得看看能不能就這樣從裡面拿出什麼，」他對雷大喊。

雙胞胎兩人進入車廂，裡面的濃煙嗆得他們難受。他們跌跌撞撞踩著包裹前進，並留意避開地板上的一個洞。見到郵務員艾

弗林·多爾提燒得焦黑的屍體時，羅伊嚇得說不出話。

「郵件都炸碎了，」他說，「而且全部著火了。」

他告訴雷至少還要再等一個小時濃煙才會散去。如果他們待在那裡等，從亞希蘭來的警察很快便會逮到他們，並將他們處以私刑。一旁的駕駛員正朝著駕駛室左邊的窗戶往外看。雷喊了站在駕駛室裡的休一聲。

「殺了他就走吧！」

短短幾秒鐘內，休便用手上的柯爾特手槍射擊席德的後腦。現在四個目擊證人全死了，沒有人可以指認他們，也沒有任何證據能證實他們涉案。

三兄弟不但錢沒到手，還成了殺人犯。就算郵車裡有任何戰利品，也都埋在濃煙和殘骸裡了。他們丟下麻布袋、皮手套、帽子跟一個小行李箱，也懶得去管藏在雜草堆中的紅色爆破器和沾了油漬的工作服了。

那把點四五口徑的柯爾特手槍留在隧道裡了，不過上面沒有序號，所以查不到它的來源。明白自己沒辦法從這場悲慘的火車劫案嘗到任何甜頭後，迪奧崔蒙兄弟們做了他們唯一能做的事——跑路。火車在轟鳴中嘎嘎作響之際，三名無助的搶匪在山中濃密的松樹林裡落荒而逃。那天下午稍晚，美國史上最大的搜捕行動展開了。這場引發恐慌的搜捕行動遍及整個太平洋西北部，有上萬名義工、警員、聯邦特務和獵犬參與。

奧斯卡反覆看著小心翼翼擺在大實驗桌上的證物[45]。他先粗略瀏覽了每一個線索，因為他知道，光憑一副簡單的眼鏡是找

不到失蹤的火車搶匪的。一九二三年十月十六日上午，兩名特務來到他位於柏克萊的實驗室，其中一名是聯邦探員。奧勒岡當地警長的裝備不足以處理案發現場，於是身為受害者雇主的南太平洋鐵路公司和美國郵政署，找來了他們自己的探員。

第五天，經驗豐富的探員也對這個缺乏線索的案子束手無策。乘客們搞不清楚狀況，甚至連有幾個嫌疑犯都各執一詞。一名行李員說，只見到兩個人跑到火車前面[46]。調查人員花了好幾天檢視歹徒留下的證據，最後一件都派不上用場。毫無蛛絲馬跡，幾乎沒有任何隱藏線索可以追蹤。

「除了幾條可能線索之外，什麼都沒發現[47]，」當地警長告訴記者。

儘管證據不足，警員還是很快在鄰近城鎮逮捕了一名可疑的人。他們認為這名嚇壞的嫌犯跟現場的幾樣間接證據有關聯。現在，他們來到奧斯卡的實驗室，要請這名鑑識科學家證明這個人有罪。

赫斯林神父與肥仔阿爾巴克的案子過後，奧斯卡的事業愈來愈穩定了，客戶人數來到歷史新高，他也持續受到國際關注。但他似乎還不滿意。肥仔阿爾巴克的多次審判給他留下了陰影，也因為大多數陪審團對他的科學證據仍感到困惑，讓他不得不在眾多案件中疲於奔命。

一九二二年和一九二三年初期，奧斯卡總共經手了一百多個案件，當中有涉及偽造、綁架、遺囑爭議的，當然，也少不了暴力犯罪。他負責調查了舊金山的安娜・威爾肯斯（Anna Wilkens）

謀殺案[48]，受害者的丈夫殺了她，然後嫁禍劫車者。好萊塢導演及演員威廉・德斯蒙德・泰勒（William Desmond Taylor）的謀殺事件[49]懸而未解，讓包括奧斯卡在內的全國頂尖偵探一籌莫展。

雖然奧斯卡在大部分審判都能獲得支持，但陪審團依舊不信任科學，也質疑那些擁護科學的專家，以致於奧斯卡認為，優秀的鑑識專家在美國法庭上卻英雄無用武之地。

「一個化學家要是懂得愈多，就愈無法用單詞和簡單的句子表達意思，讓大家明白他化學筆記上的苯核與側鍊結構是什麼意思、長什麼樣子[50]，」奧斯卡這麼跟凱薩抱怨。

科學家在證人席上為自己採用的方法發言時，大部分陪審員都只能投以迷茫的眼光。這樣的場景在奧斯卡出席法庭時一再出現，讓這位生性挑剔、心思細膩的鑑識科學家幾乎要抓狂。

———

調查人員們站在三名鐵路局員工的屍體旁。這三具屍體已經被移到隧道外，郵務員的屍體則還在郵車內繼續悶燒著。幾個小時過後，寧靜的北加州郊區和奧勒岡便會喧鬧起來，來自兩個州的警察四處尋找線索[51]。警員跟著獵犬進入崎嶇的岩石山路，但是風太大了，導致獵犬也無能為力。

「獵犬無法嗅到亡命之徒的味道[52]，」伍德蘭市（Woodland）的《民主日報》（Daily Democrat）這麼報導。「接下來，來自西雅圖、華盛頓、沙連、奧勒岡和懷里卡（Yreka）的獵犬也將陸續投入。」

數百名奧勒岡的國家國民衛隊、警員和義工在鄉間擴散開

來，大家手上拿著各種除草和開挖的工具。律師們向鎮上居民查詢他們的不在場證明，並要大家關好門窗。有謠傳說找到搶匪的人要對搶匪用私刑[53]，所以政府出動了一隊奧勒岡民兵來阻止暴民正義。有人說搶匪原本是鐵路工人，也有人說在案發後一個小時左右，見到一部車快速行駛過亞希蘭。南太平洋鐵路公司立刻提供了兩千五百美元的懸賞獎金。

「狂徒突襲炸毀郵車，」有斗大的頭條標題這樣寫道。「獵犬與警方出動搜尋掠奪火車及殺害乘務員的暴徒，」另一個這麼寫。「警方為了緝捕歹徒掃蕩山林」。

毫無線索的情形讓調查人員不知如何是好。他們甚至找來當地一位據說有透視能力的人進行分析，但依舊沒有幫助。

「這是西部拓荒時期以來最大膽的火車搶劫[54]，」俄亥俄州的一份報紙這麼寫。

只要有一丁點新消息，報社編輯就緊抓著不放。慘案化身為血腥夢魘，佔據了各大小報。標題上說的那些身分不明的「亡命殺手」搞得人心惶惶。「美國最慘烈的火車劫案」這個頭銜就這麼定下來了，雖說這列火車並沒有真的被劫。

在西斯基尤隧道附近，調查人員在鐵軌附近的草叢翻找，發現了一台裝有兩個電池的爆破機，以及一件沾了油漬的連身工作褲。附近還有一隻浸泡過雜酚的麻布鞋。一名警官在隧道裡找到了一把政府發證許可的點四五口徑柯爾特手槍。趴在地上的調查人員找到了三組腳印。這同時，警方也發布幾個出現在鐵路調車場附近的當地滋事份子。

　　警方盤查過幾個人，但同樣沒有任何幫助。他們一度逮捕了一名有前科的二十二歲年輕人[55]，但在他提供不在場證明後，很快就將他釋放了。他們還逮捕了兩名毒蟲[56]，但沒多久後也放了他們。有三名獵人[57]承認當時人在奧勒岡和加州邊界，但跟這件案子無關。最後，調查人員將名單縮減到只剩一個人——之後他因著骯髒的指甲縫，現在還待在牢裡。

　　在鐵軌附近的山丘上，一名當地警員蹲下來檢視那個起爆器和電池。或許是從修車廠拿來的？那件工作服上確實有好幾處沾了油漬。幾個警員立刻前去鄰近城鎮的一家修車店，希望在那裡逮到嫌疑犯；他們小心翼翼的靠近一名修車工人，他表示他是當天唯一值班的修車工。

　　他否認擁有那種電池，但警員注意到他的臉和指甲縫都沾了油漬。他擦了擦油垢，堅稱自己跟火車搶案沒有任何關係，卻又無法提供有效的不在場證明。調查人員愈是盯著他，他愈是大聲否認。他們需要更多證據才能逮捕他，於是一名警員拿出了他們最有力的證據——那件沾了油漬的工作服——逼那名修車技師穿上它。

　　眼見身旁都是配有槍枝的警員，修車技師只好配合，把兩隻褲管都套上了。不完全合身，但勉強可以。他抗議他們沒有真正的證據，但為時已晚，沒多久他便進了牢房，等著警方會不會對他嚴刑逼供。

　　調查人員堅稱修車技工說謊，說他是傑西・詹姆斯之徒，跟他那幫騎馬搶匪一樣。

　　特別探員在審訊室裡周旋了幾天都沒問出什麼[58]，現在他們把希望放在奧斯卡身上，希望他能從現有物品中找到蛛絲馬跡。奧斯卡先檢視了那把點四五口徑的手槍、棕色帆布背包、麻布鞋套，以及一件吊帶牛仔褲。特別探員解釋已經有二十名專家看過這些東西了[59]，除了技工的油漬，沒有任何重要發現。奧斯卡的助理送其他調查人員離開，他則回到自己的實驗桌前。

　　他用手摸了摸那件吊帶牛仔褲的質地，又聞了聞它的味道。接著，他把褲子攤在木門上，用六支別針固定住[60]。他讓門抵著書櫃，書櫃裡塞滿了凱薩寄給他的參考書，像是《有機化學中的催化作用》（Catalysis in Organic Chemistry）和《導電系統的特性》（The Properties of Electrical Conducting Systems）等。他從桌上拿來兩卷量尺，仔細做了垂直和水平測量，並記錄測量結果：五英呎乘二十英吋。他將每一個步驟都用相機記錄下來。

　　奧斯卡先是從衣標得知它是一家叫「美國聯合工人服」（United Garment Workers of America）的廠商製作的，接著注意到折起的褲腳底部。他要實驗室助理拿來一雙繫著粗鞋帶的舊皮靴[61]，那是一雙他保留多年的靴子。他將靴子放在收納盒上，然後把它們擺在吊帶褲下方，發現它們跟褲腳距離五英吋，他再次做了筆記。

　　「褲子很新，還沒洗過[62]，」他記下。

　　左邊口袋比較常使用，而且幾乎只會解開左邊的吊帶[63]。

　　「從上半身內緣左側及鈕扣上的油漬，以及吊帶末端和扣環的油漬及磨損情形來看，主人習慣只解開左邊的吊帶，」他在一小張棕色便箋上記下。

他常拿桌上或旅館裡不要的紙來做筆記，這是他多年來養成的節儉習慣。將這麼重要的線索記在不要的紙上似乎太隨便了，但是他妥善保存了每一張便箋，用它們來整合細節，為每個案子整理出詳盡的報告。他在放大鏡底下發現扣環上卡了幾根頭髮，用顯微鏡觀察後，確定它們介於棕黑色到淺棕色之間。

「每個人——特別是男人的衣服，都會因為他從事的工作而累積特有的塵土，特別是口袋的地方[64]，」他告訴另一名大學教授。「仔細檢查衣服，也幾乎鐵定會找到毛髮。」

奧斯卡上下打量那件褲子後，目光停在左邊口袋上的機油，就是這油漬讓聯邦特別探員認為修車技工是殺手。奧斯卡刮下一部分深色的黏性物質，將它塗抹在載玻片上，然後拿到顯微鏡下觀察。他調整了接目鏡，轉動放大倍率的輪盤，發現那不是油漬，因為它不含油漬的標準成分：礦物油、植物油、鹼或乳化肥皂[65]。他滴了一滴試劑在旁邊，看著兩者起化學作用，那個黏性物質是單純的有機物。

奧斯卡拿鉛筆在一只不要的信封上記下了這個案件最重要的訊息，這則訊息能夠拯救那名修車技工的性命：「左邊口袋上沾的是樹脂，不是油漬。」褲子上的油漬是從樹來的，不是車子。奧斯卡很快又確認了那是道格拉斯冷杉（Douglas fir）的樹脂，這種樹生長於奧勒岡州西部。過去數百年，我們用來修補木造帆船裂縫的，就是這種具有黏性的天然樹脂[66]。奧斯卡小心翼翼的將口袋翻過來，在小手電筒照射下，發現裡面卡了些小碎屑。

「半顆豆子的大小[67]，」他寫下。「口袋裡有小碎屑、泥土

屑和華盛頓西部與奧勒岡西部森林特有的植物殘骸。」

　　他下了這個結論：嫌疑犯住在奧勒岡州西部。奧斯卡利用一個像小型電動吸塵器的東西來收集細微的證據，然後將它們整理並分類。他還在口袋裡發現了一些質地較硬的白色碎屑——是剪下的指甲屑[68]。這個人修指甲，伐木工人通常少有這種習慣。

　　「會隨身帶指甲銼刀的人通常不只講究他的指甲，通常也很在意整體外表[69]，」奧斯卡這麼對助理說道。

　　奧斯卡很懂人性——一個人的習慣可以反映出他的性格。這名嫌疑犯很注重他的外表，奧斯卡對這點很有把握。連身工作褲胸前，通常有好幾個口袋可用來裝不同的工具，像是鉛筆。奧斯卡知道他得逐一檢查這些口袋。他扶了一下眼鏡。

　　「鉛筆口袋在錶袋左邊，位於胸前的左前側[70]，」他在速記本上寫下。

　　奧斯卡起身尋找一個在鑑識實驗室不太常見的工具：編織用的鉤針。他認為聯邦特別探員應該沒有仔細檢查過所有口袋，特別是這個非常小的鉛筆口袋。他小心的將鉤針伸進去，在裡頭掏了掏，偶爾拉出來看一下有沒有挖到什麼。

　　「我希望來到我的實驗室的證物都能盡量保持完整[71]，」他向調查人員解釋。

　　幾分鐘後，他發現縫合處有個東西。他小心的將它掏出來，那是一張「捲菸紙大小的紙揉成的紙團」[72]，他慢慢將它攤開，深怕破壞了它。他在上面塗了些化學物質，然後用水把那張紙打濕，接著用熨斗以低溫將它燙平。上頭的文字現在清晰可見：一

九二三年九月十四日，2361號。這是一張從奧勒岡尤金市寄出的掛號信收據，用來證明寄件人身分。奧斯卡接著檢視了那把點四五口徑的柯爾特手槍[73]，對真正內行的偵探，它可以提供許多訊息。

「握柄沾了粉紅色的東西，是牙膏。還有白色的東西，是刮鬍皂。」

序號的大部分數字都已經磨損，只剩下三個數字：C＿＿＿763。奧斯卡想起一件很少調查人員知道的事——幾年前開始，槍枝製造商就開始在槍的內部也刻上序號[74]，來協助確認擁有者。奧斯卡將它拆開，找到了它的序號：

這個神祕號碼是C130763，現在調查人員能找出買這把槍的人了。

奧斯卡花了九個小時檢視所有證據，隔天又在實驗室工作了九個小時。結束後，奧斯卡用口述的方式讓助理打了一封信，收信人是南太平洋鐵路公司的特別探員丹·歐康內爾（Dan O'Connell）。信中提到那張付給美國郵政署十分錢的收據，以及在那把點四五口徑的柯爾特手槍內部找到的序號，讓他們循線找到購買者。但歐康內爾希望奧斯卡能提供更多有關嫌疑犯特點的描述，讓他們可以刊登在報紙上昭告天下，好將他繩之以法。

「一名伐木工，」奧斯卡說道。「這件工作褲的主人是在冷杉林或雲杉林工作的伐木工人。白人，身高不超過一百七十五公分，有可能更矮，體重不超過七十五公斤，有可能更瘦[75]。

「慢點，教授[76]，」郵政署的探員說道，「你是說，光是從

那件吊帶牛仔褲你就找到這麼多訊息？」

奧斯卡解釋，伐木工人通常會買大一號的褲子，以免洗的時候縮水，而這件褲子還是新的。考慮了這些因素後，他推算出主人的體重。

「因此主人的體型比一般人要小一點[77]，」他下結論。

他稍早請助理拿來的那雙鞋是伐木鞋，他把鞋放在反折的褲腳下，伐木工人如果不想在爬樹時弄髒褲子，就會將褲腳折起來。

「伐木工人會把褲腳折起來，讓它的長度介在腳踝和小腿肚之間，」奧斯卡指出。

他根據褲腳到肩膀的長度來判斷主人的身高。他還從吊帶的長度推測主人的左肩比右肩高了約兩公分。另外，吊帶幾乎都是解開左邊那條，左邊口袋也較常使用，不過這不代表這個人一定是左撇子[78]。

根據奧斯卡比對頭髮的分類圖表[79]，判斷嫌疑犯應該是白人。雖然他沒辦法用頭髮確認嫌犯，但他用頭髮來判斷人種這方式是有科學根據的。於是，就憑一根頭髮和一件工作褲，奧斯卡畫了一張嫌犯的速寫，而且還非常精準。奧斯卡的描述和羅伊·迪奧崔蒙完全吻合——棕髮的伐木工人，在奧勒岡西部的冷杉和雲杉林工作，個性吹毛求疵。

「從這些東西便能理出頭緒，判斷主人從事什麼行業，不需要過多的想像力[80]，」他解釋道，語氣中帶著一絲驕傲。

警方釋放了那名修車技工，現在特別探員把焦點改放在來自奧勒岡的伐木工人。

在州議會大廈的最高法庭，查理・希克斯（Charlie Hicks）為一名寡婦奮戰了一整天。但這一天下來，案子的情勢發展對他實在不利。即使是州議會大廈招待所著名的美食，也無法讓他打起精神。

奧斯卡盯著他的打字機，思忖著要不要稍微縮小字的間距。查理・希克斯的角色不是那麼好定義。

他心不在焉的點了餐點，像在打仗一樣食不知味的咀嚼著食物。用過晚飯後，他步入飯店大廳，在壁爐前找位子坐了下來，不是很愉快的讀起報紙。

第一頁上整齊的打印著《黑色工具包》（ *The Black Kit Bag* ）[81]，作者E. O. 海因里希。這是奧斯卡閒暇之餘——通常是處理完實驗室工作後的深夜——寫的眾多偵探故事之一。

他專注的將報紙撕成小紙張，再把每一張都捲成緊密的紙捲，然後丟進火爐的熊熊烈火之中。

奧斯卡的寫作熱情從青少年時期便已萌芽；過去十三年，他收集了不少自己寫的小故事，以及一些針對有創意的雜誌或

書籍故事寫的長篇心得。他還藏了一個資料夾，裡面放了認識
瑪莉安前，寫給在塔科瑪的前女友的情詩，字裡行間滿是愛意
和浪漫情愫。

你的笑容是否依舊洋溢活力，
從太陽穴下的凸起
跳到你的眼睛，
不一會兒，又從臉頰潺潺而下
閃爍著愛的亮光。

這些詩句和他正經八百的公眾形象形成了極大的反差。寫
作是奧斯卡傾吐心中祕密的方式，或許將來年紀大時獨自回味，
或是在回憶起悲慘的年少時期時得到慰藉，想想當年發生的那些
事，也不全然是不好的。

另一個資料夾收了幾個他希望日後能搬上舞台的劇本。他
完成了一篇取名《為什麼我想要旅遊》（*Why I Want to Travel*）的手
稿，但從來沒有發表。不過最吸引人的是他寫的偵探小說，像是
《發光眼睛的詛咒》（*The Curse of the Gleaming Eye*）和《教堂裡》（*In the
Chapel*）。他很期待這些故事可以出版，這麼一來，他就有個比鑑
識科學家更優雅的「作家」身分了。

「我想要解決美國人生活中的缺陷，因為罪就是從這些缺陷
滋生的[82]，」他在給母親的信上寫道，「我想藉著小說讓未來的
父母明白這一點。」

他還有一些無關乎科學的興趣，像是在社交俱樂部的合唱團獨唱、柔道，還有在柏克萊山丘住處的大花園裡蒔花弄草。凱薩覺得很有趣，他開玩笑的說奧斯卡的熱情是個大雜燴。

「你對嬰孩、花草、法律援助社會和間諜文獻的興趣，顯示你是一位有普世精神的世界主義者[83]，」凱薩打趣的說。

每當寫了新故事，奧斯卡就會興奮不已。但是他很難跟其他人表達這樣的心情，即使是他的太太也沒辦法，唯一的例外就是好友凱薩，所以他會把草稿寄給凱薩，徵詢他的意見。

「我有兩、三篇小說正在快速醞釀[84]，」奧斯卡寫道。

他對故事的情節、組織和人物都很有把握，因為那些都是從他的工作經驗來的。「我從閱讀和親身的經歷培養了很好的表達技巧，」他告訴凱薩。「這件事很吸引我；它激起了我的欲望。」對他來說，那些放在印刷廠等待印刷的偵探小說，是一種宣洩途徑，也讓他能動動平常工作上不太會動用的大腦區塊。

「我寫作的目的不是要成名或賺錢，這些東西不過是確保我溫飽而已，而且我現在已經衣食無缺了[85]，」他在信上跟凱薩說道，「我想要保有幻想。我想要在幻想的世界中遊戲，在裡頭尋找歡樂的源頭。而且我想知道阻隔我的是護城河，還是海灣。」

寫作是一種樂趣，能出版則是一種榮譽，所以奧斯卡將《黑色工具包》投稿到紐約一家知名的出版社後，便開始期待能收到好消息。

　　星期四搭車花了他二十分錢[86]，買書花了他五分錢，星期五他花了十五分錢購買麵包和蛋糕。奧斯卡的家計簿年復一年的在他的實驗室堆積，一本又一本厚厚的日誌裡，以黑色墨水記了一條又一條花費：「肉——八分錢，星期六」。

　　打從一九一〇年在塔科瑪成立第一間實驗室以來，奧斯卡就開始記錄他每天的工作和家庭支出。這個習慣從大學畢業後的簡單記帳，演變為瘋狂的數據收集。雖然奧斯卡從不承認，但這一切都跟他父親的死有關。裝滿日誌的箱子佔據了他的辦公室，一直以來記載的也都是些多餘的事，但是到了一九二三年，他列的圖表詳細程度開始變本加厲，大量財務訊息愈來愈具體，也愈來愈嚴謹。他記下和客戶的每一筆交易，特別是那些拖欠費用的。他曾經有幾年每個月寫一封信給這麼一名客戶，語氣很客氣，但態度堅定。隨著事業擴大，他收集巨量且各式各樣數據的例行公事變成了一種強迫行為。

　　奧斯卡會為每個案件拍的照片記錄日期、時間和大小，並寫一段話來說明事實、描述線索，並提出自己的理論。他保留了許多調查證據，像是某個炸彈事件的銅線、某個殺人案的子彈頭，甚至像某個受害者心臟彈孔的蠟模等，都收在盒子裡[87]。

　　奧斯卡付費買了一個剪報服務，讓他們將任何提到他的報紙寄給他。他保留了上千份報紙，都還原封不動，沒有讀過。他也收集了每個與他競爭的專家的新聞報導，並按他們的名字歸類。其中和強西·麥克高文有關的文章尤其多，厚厚一疊全是他十五年來的事蹟。裡頭有數十篇報導甚至只提到了麥克高文的案子，

與奧斯卡毫無關係。或許這是奧斯卡用來關注主要競爭對手輸贏的方式。

奧斯卡要求每位實驗室助理記下他們每個小時的工作內容。他還仔細記錄了母親在華盛頓尤里卡的財務狀況長達近五年。他曾在信中婉轉的要求她寄銀行帳單和報稅資料給他。母親整修房子時，奧斯卡告訴她牆該怎麼漆，然後要求她把收據也寄給他。

「油漆可以刷在石灰牆上，」他寫道，「這樣你的花費不會超過一百美元[88]。」

這些財務數據對他來說非常重要，畢竟多年來，他每個月都寄三十五美元給母親。他囤積的資料不僅止於金錢和報紙，還仔細記錄了家族互通的聖誕卡片和禮物，甚至製作了太太的排卵週期表，並記下他們有性行為的日子。還有一年，他每天測量自己的排尿量兩次[89]。他希望有朝一日能開一間專門分析血液和尿液的臨床實驗室，有點類似他在塔科瑪的藥劑師工作。收集這些資料非常勞心費力，對於一個每個月要處理數十個案件的人來說，幾乎不可能做到。

奧斯卡出差的時間變多了，他經常埋怨錯過重要的家庭活動，像是有特殊意義的晚餐、暑期旅遊等——在奧勒岡時，他錯過了摩提莫的九歲生日。

「我們當然很高興你有忙不完的工作，但也很遺憾你接下來十天沒辦法和我們在一起[90]，」瑪莉安在一次全家出遊度假時寫信給奧斯卡，「摩提莫昨天哭得很傷心，他說你不來的話，他就要回家了。」

雖然調查西斯基尤火車劫案讓他每天多了五十元美元的收入，但家裡的支出也日益增加。「我希望情況能有改善，我也好多點休息的時間[91]，」他寫信給母親。「感覺好像沒那麼久，但事實上，我已經有超過四分之一世紀背負著沉重的壓力。」

家裡龐大的支出令他擔心，嚴重的債務問題也讓他不得不取消去年去華盛頓州探望老母親的行程。「我的工作不多，但家中開銷非常大[92]，」他寫信告訴母親，「看來今年聖誕節沒有多餘的錢可用了。」

就在西斯基尤火車劫案發生的幾個星期前，一個收款人來信告知他有一筆將近四百美元的債款，奧斯卡一開始還跟他爭辯欠款金額，但最後他退一步，只請求債主不要用複利計算。

「他堅持要的票面價值和應計的利息根本不合理，也沒有依據[93]，」奧斯卡辯稱。

奧斯卡承受的壓力不會在短時間內緩解，因為負責調查西斯基尤火車劫案的特別探員有幾個重大發現：殺手有兩個祕密基地，裡頭有更多線索。

奧斯卡站在林間一間勉強稱得上木屋的破棚裡[94]。這間木屋被暱稱為「克雷斯山小屋」（Mt. Crest Cabin），距離隧道大約四分之一英里，雖然已經遭遺棄多年，但還能遮風擋雨。一個水桶垂吊在木樑，還有些髒衣服掛在牆上。

鐵路公司的特別探員丹‧歐康內爾穿著有些突兀的三件式黑

色西裝在一個營地徘徊。他們稱這個營地為「二號營地」，距離隧道東南邊約一英里。奧斯卡拿著相機對燒焦的炊具、破損的木櫃和一個燒焦的啤酒罐拍照，並把所有東西都帶回了實驗室。

這位鑑識科學家共收集了一條毛巾、兩個有奧勒岡標籤，裡面裝滿衣服的行李箱、一件焦黑的外套、一個手提箱、十五個點四五口徑手槍的彈匣、一雙皮手套、一頂帽子（樣式跟在隧道裡發現的一樣），還有襪子。雖然沒有發現明顯透露主人身分的線索，但他們在奧斯卡的協助下總算有了突破，得知他們的名字了。

奧斯卡從工作褲筆袋撈出的那張紙，是美國郵政署的掛號信收據[95]，持有人一個月前從尤金寄出了五十美元。探員謹慎的拼出他複雜的姓氏：迪奧崔蒙。那是羅伊寄給他在新墨西哥州的弟弟凡爾納的信。探員很快掌握迪奧崔蒙家的三兄弟羅伊、雷和休在案發當時曾出現在附近。

奧斯卡用柯爾特手槍裡找到的序號，追溯到這把槍是由奧勒岡州阿爾巴尼市（Albany）一家叫「豪瑟兄弟」（Hauser Bros.）的槍械店出售的，購買人自稱威廉·艾略特（William Elliott）。奧勒岡州的商家對買家的記錄相當詳盡，他的職業、地址、身高、眼睛和髮色都在紀錄上。奧斯卡懷疑威廉·艾略特是假名，於是要求找來迪奧崔蒙所有成員的筆跡。他用放大鏡檢視後，判斷這名買家的簽名和雷·迪奧崔蒙的字跡相符。即使筆跡分析有它的不足，但奧斯卡的判斷是對的。

特別探員去探訪了住在尤金的保羅·迪奧崔蒙，他表示三兄弟去露營旅遊了。探員向他說到了奧斯卡根據那件工作褲所描述

的嫌疑犯外型。保羅・迪奧崔蒙最終承認那是羅伊，這對一位為孩子操碎心的父親真是情何以堪。他提供了幾項物品給探員，其中有一件是羅伊穿過的紅色毛衣。

奧斯卡拿木屋那條毛巾上的一根毛髮與工作褲上的毛髮，跟紅色毛衣上找到的毛髮進行比對[96]，發現它們幾乎一模一樣。他繼續比對毛髮、纖維和筆跡，來製作指控迪奧崔蒙兄弟的文件。現在懸賞獎金已經從兩千五百美元提高為一萬五千美元了。探員在懸賞海報補上了照片和姓名。

搜捕行動的陣仗驚人[97]，光是傳單就印了兩百萬份，有英文、西班牙文、法文、葡萄牙文、德文和荷蘭文版本，還發到了國外。美國境內所有郵局都張貼了海報，郊外地區還以飛機投送。牙醫們都收到了三兄弟牙齒修補狀況的描述，驗光師們也得到和他們的眼鏡相關的細節。新聞和收音機每天都有特別報導。奧斯卡被喻為「美國福爾摩斯」，他對這個稱號還挺滿意的。

搜捕行動持續了數個月。但沒多久，媒體熱度褪去，報章也漸漸不再報導四個人在西斯基尤十三號隧道遇害的故事。到了一九二三年十一月底，惡名昭彰的休、羅伊和雷三兄弟早已消聲匿跡，不知去向。儘管沒逮到他們，但是奧斯卡的推理能力給大家留下了印象的深刻，致意的信件從世界各地紛紛而來，許多教授都對他讚譽有加，也對他使用的方法深感興趣。

「從一小缽鹽來判斷一整車鹽不是難事，同樣的，從顯微鏡下的一顆鹽粒來推論一整車鹽也不是難事[98]，」他在寫給維吉尼亞州林區堡（Lynchburg）某個化學教授的信上這麼說。

　　他的生意愈來愈穩定，這對一個不時得花錢的家庭來說，著實是令人振奮的好消息。但他也因為西斯基尤火車劫案的事筋疲力竭，開始埋怨起自己年紀大了。媒體讚許他時，他雖能面露微笑，但公眾這麼關注他仍令他不知所措。肥仔阿爾巴克的案子之後他就不是很開心了，一九二四年夏天，他更開始怨嘆自己選了這個職業。

　　「我發現我只想坐在看台上看別人比賽，而不是這麼徹底投入其中[99]，」他很難過的向母親訴說。

　　他開始透露他想要退休，當時他才四十三歲，有這種念頭實在令人意外。他想去追求其他興趣，渴望擺脫那些駭人聽聞的罪行。在等待出版社回覆時，他想到了更多小說主題。一九二四年秋天，就在火車劫案發生一年後，他收到編輯對《黑色工具包》給的簡短回應：「這個故事的人物雖然是典型偵探故事的設定，但缺少偵探故事該有的複雜性和完整結局。寫一個好的偵探故事就像在安排一局棋，要有神祕之處、驚奇之處，還要有美女與勇士[100]。」

　　這回覆太可怕、也太諷刺了。他是一名優秀的探員，曾經解開全美最複雜的罪行，結果竟寫不出讓人信服的偵探故事！編輯建議他到大學去修短篇故事寫作課程，來磨練寫短文的能力，但是奧斯卡不感興趣。寫小說是他少數的野心之一，既然當不成小說家，就安分的繼續當鑑識科學家了。

「真正的福爾摩斯憑著四條微弱的線索，便揪出迪奧崔蒙兄弟」[101]，《新聞先驅報》（News-Herald）下了這麼個標題。這是篇向奧斯卡致意的文章，內容讚揚他對西斯基尤火車劫案果斷堅定的調查。經過了四年，奧斯卡終於獲得應有的認可。

「誰都沒料到，當初這名不屈不撓的緝凶者如今會以超級偵探之姿出現。多虧他的功勞，一九二三年秋天在奧勒岡山上炸毀郵車、奪走四條人命的迪奧崔蒙三兄弟才能落網，」文中寫道。

逃亡四年後，羅伊、雷和休・迪奧崔蒙終於在一九二七年被捕，整個調查工作花了美國人大約五十萬美元的納稅錢。兄弟當中年紀最小的休加入美軍，逃到了菲律賓。一名休假中的同僚在加州看到了緝捕海報，導致休在二月被捕。他對哥哥們非常忠誠，不肯透露他們的藏身之處。六月，休以一級謀殺罪接受審判，這同時，聯邦調查局也在俄亥俄州逮捕了羅伊和雷，他們化名為艾爾摩（Elmer）和克雷倫斯・古德文（Clarence Goodwin）在煤礦坑和磨坊工作，並靠打零工維生。雷娶了一個十六歲的女孩，生了個小男孩。

羅伊和雷一見到奧斯卡收集的證據，立刻就認罪了。三兄弟都被判了無期徒刑，經過數十年後才假釋出獄。雷在一九六一年獲釋，之後在奧勒岡的尤金市住了二十三年，最後以八四高齡過世。休在一九五八年獲釋，爾後擔任印刷工，但是不久就因胃癌病逝。

羅伊・迪奧崔蒙的命運最為悲慘。在囚禁二十多年後，獄中醫生診斷他有思覺失調的情形。他被轉送到奧勒岡州立醫院，也

就是他工作過的那家醫院。外科醫生建議採前額葉切除術進行治療，但這個高風險手術導致他日後無法自理，最後在八十三歲時死於沙連的養老院。

　　一九二三年這場搞砸的火車劫案，讓奧斯卡成為報紙和競爭激烈的鑑識科學領域傳奇。他現在是全國最搶手的犯罪專家了。但他還是不禁會想，除了下一件案子，他接下來還會有什麼際遇。

註釋

1 This quote and much of the recollection of Roy DeAutremont comes from *Trial Transcript of Roy DeAutremont on the Train Robbery in Siskiyou Tunnel*, Ashland Library, "Oregon Cabinet," Call # ORE CAB 364.1552 TRI, 18.

2 "Confession of Hugh DeAutremont," June 23, 1927, Oregon State Archives DeAutremont Collection, Eugene, OR; "Confession of Ray DeAutremont," June 23, 1927, Oregon State Archives DeAutremont Collection, Eugene, OR.

3 Pepper Trail and Edgard Espinoza, "Tunnel 13: How Forensic Science Helped Solve America's Last Great Train Robbery," Jefferson Public Radio, December 31, 2013.

4 *Murder on the Southern Pacific*, Oregon Historical Society, https://www.opb.org/artsandlife/series/historical-photo/oregon-historical-photo-chinese-rail-workers.

5 Southern Pacific Company, *The Road of a Thousand Wonders: The Coast Line–Shasta Route of the Southern Pacific Company from Los Angeles Through San Francisco, to Portland, a Journey of Over One Thousand Three Hundred Miles* (San Francisco: Southern Pacific Co., 1908).

6 D'Autremonts' 1923 Escapade Marks Its 75th Anniversary," *Santa Maria Times* (CA), October 12, 1998.

7 Scott Mangold, *Tragedy at Southern Oregon Tunnel 13: DeAutremonts Hold Up the Southern Pacific* (Charleston: The History Press, 2013), 25; Alan Hynd, "The Case of the Murders in Tunnel 13," *Time*, May 12, 1930.

8 The photo of the.45-caliber gun from Heinrich's file on train robbery, carton 70, folder 15, oversize box 1, folder 3–4, Edward Oscar Heinrich Papers.

9 Details about the DuPont detonator from Heinrich notes on a radio program, carton 28, folder 34, Edward Oscar Heinrich Papers.

10 Nancy Pope, "DeAutremont Brothers Train Robbery," *Pushing the Envelope*, October 11, 2012, http://postalmuseumblog.si.edu/2012/10/deau tremont-brothers-train-robbery.html.

11 *Trial Transcript of Roy DeAutremont*, 3.

12 Ibid., 19.

13 Pope, "DeAutremont Brothers Train Robbery."

14 Description of *Great Train Robbery* comes from the short film directed by Edwin S. Porter in 1903, along with its IMDb entry.

15 "Murder on the Southern Pacific," Oregon Experience, season 9, episode 904, Oregon

Public Broadcasting, May 3, 2015.

16 Audio interview with Ray DeAutremont by Gary Williams, tape FT-12658, 1973, Ed Kahn Collection, University of North Carolina, Chapel Hill.

17 George Corney, "Crime and Postal History: Bring in the Marines!," Marine Corps Association & Foundation, 1993, https://www.imdb.com/title/tt0000439/.

18 "Calvin Coolidge Biography," Biography.com, April 2, 2014, last updated April 17, 2019.

19 "Warren G. Harding," *Encyclopaedia Britannica*, July 3, 2019.

20 "The Business of America: The Economy in the 1920s," Roaring Twenties Reference Library, Encyclopedia.com, 2006.

21 *Trial Transcript of Roy DeAutremont*, 19.

22 Ibid., various pages.

23 "Murder on the Southern Pacific."

24 "Criminal Syndicalism Laws," *Encyclopaedia Britannica*, July 20, 1998.

25 *Trial Transcript of Roy DeAutremont*, 8.

26 *Trial Transcript of Roy DeAutremont*, 18.

27 Details about height and weights from the Oregon State Penitentiary, Salem, Oregon, June 24, 1927, carton 5, Southern Pacific Company Train Robbery Records, 1892–1940, BANC CA-372, Bancroft Library, University of California, Berkeley.

28 Letter from a special agent with Southern Pacific Company to C. E. Terrill, the sheriff of Jackson County, November 10, 1923, Southern Oregon Historical Society Collection.

29 Trial Transcript of Roy DeAutremont, 17.

30 Trial Transcript of Roy DeAutremont, 18.

31 Ibid.

32 Ibid., 19.

33 Ibid.

34 Ibid.

35 *Trial Transcript of Roy DeAutremont*, 19.

36 "D'Autremonts' 1923 Escapade Marks Its 75th Anniversary."

37 Details about the placement of the dynamite have varied in different secondary books about this case, but Heinrich confirmed that the TNT was laid at the mouth of the tunnel in his notes on a radio program, carton 28, folder 34, Edward Oscar

Heinrich Papers.

38 Notes on a radio program, carton 28, folder 34, Edward Oscar Heinrich Papers; and "Four Hold Up Men Blow Up Mail Car and Make Escape."

39 *Trial Transcript of Roy DeAutremont*, 20.

40 "Four Hold Up Men Blow up Mail Car and Make Escape."

41 *Trial Transcript of Roy DeAutremont*, 20.

42 "Confession of Ray DeAutremont," DeAutremont Collection, 2.

43 *Trial Transcript of Roy DeAutremont*, 20.

44 Mangold, *Tragedy at Southern Oregon Tunnel 13*, 13.

45 Work journal, October 16, 1923, folder labeled "Siskiyou train robbery," carton 70, folder 15, oversize box 1, folder 3–4, Edward Oscar Heinrich Papers, 1.

46 "Train Bandits Kill Four Men in California," *Baltimore Sun*, October 12, 1923.

47 "Bandit Suspect in California," *Medford Mail Tribune* (OR), October 16, 1923.

48 "Wilkens Is Arrested, Charged with Murder," Madera Mercury (CA), July 15, 1922.

49 Christopher Hudspeth, Ryan Bergara, and Shane Madej, "The Murder of William Desmond Taylor Is One of the Most Peculiar Unsolved Mysteries," *BuzzFeed*, March 2, 2018.

50 Letter from Heinrich to Kaiser, October 9, 1922, box 12, folder 27, Edward Oscar Heinrich Papers.

51 "4 Trainmen Slain in Holdup, Posses Search Moun- tains," *St. Louis Star and Times*, October 11, 1923; "Mail Bandit Gang Faces Lynching," *Santa Ana Register* (CA), October 12, 1923; "Mail Car Dynamited by Bandits in Daring Raid; Loot Unknown," *Indianapolis Star*, October 12, 1923; "Blood- hounds and Posses Trailing Bandits Who Robbed Train and Murdered Crew," *Roseburg News-Review*, (OR), October 12, 1923.

52 "S.P. Offers $2500 for Bandits," *Woodland Daily Democrat* (CA), October 13, 1923.

53 "Big Manhunt in Mountains of Western States," *Mansfield News* (OH), October 12, 1923.

54 Ibid.

55 "Man Arrested in Train Holdup," *Des Moines Register*, October 14, 1923.

56 "Bandit Suspect in California."

57 "Prisoners Questioned by Officers," *La Grande Observer* (OR), October 18, 1923.

58 Block, *The Wizard of Berkeley*, 14–15.

59 Notes on a radio program, carton 28, folder 34, "Siskiyou train robbery," Edward

Oscar Heinrich Papers, 1.

60 Details about the overalls tacked on a door from photographs found in carton 70, folder 15, oversize box 1, folder 3–4, Edward Oscar Heinrich Papers. Another discrepancy in secondary sources has been that the legs of the overalls had been tucked inside the boots, which Heinrich dispelled in his notes on a radio program, carton 28, folder 34, "Siskiyou train robbery," Edward Oscar Heinrich Papers, 9.

61 Ibid., 8–9.

62 Ibid., 9.

63 Note found in carton 70, folder 15, oversize box 1, folder 3–4, undated, Edward Oscar Heinrich Papers.

64 Letter from Heinrich to Professor F. W. Martin, March 15, 1924, carton 85, folder 189, Edward Oscar Heinrich Papers.

65 "Grease—Its Components and Characteristics," Exxon Mobil Corporation, 2009.

66 "Calking," Traditional Maritime Skills, Maritime Heritage Skills Cluster Project, http://www.boat-building.org/learn-skills/index.php/en/wood/caulking-calking.

67 Notes on a radio program, carton 28, folder 34, "Siskiyou train robbery," Edward Oscar Heinrich Papers, 10.

68 Letter from Heinrich to Professor F. W. Martin, March 15, 1924, carton 85, folder 189, Edward Oscar Heinrich Papers.

69 Ibid.

70 Heinrich's affidavit, carton 70, folder 15, oversize box 1, folder 3–4, "Siskiyou train robbery," Edward Oscar Heinrich Papers.

71 Block, The Wizard of Berkeley, 20.

72 Notes on a radio program, carton 28, folder 34, "Siskiyou train robbery," Edward Oscar Heinrich Papers, 11.

73 Details from the gun come from scraps of paper found in carton 70, folder 15, oversize box 1, folder 3–4, Edward Oscar Heinrich Papers.

74 Jay Robert Nash, Bloodletters and Badmen: A Narrative Encyclopedia of American Criminals from the Pilgrims to the Present (New York: M. Evans and Company, 1973), 151.

75 Part of a twenty-six-page sworn affidavit for Dan O'Connell, carton 70, folder 15, oversize box 1, folder 3–4, Edward Oscar Heinrich Papers.

76 Hynd, "The Case of the Murders in Tunnel 13."

77 Notes on a radio program, carton 28, folder 34, "Siskiyou train robbery," Edward Oscar Heinrich Papers, 8–9.

78 From the lore of this case comes a common belief that Heinrich stated that the owner of the overalls was left-handed, but I can find no proof in his own comprehensive files that he came to that conclusion.

79 National Research Council, *Strengthening Forensic Science in the United States*, 121.

80 Letter from Heinrich to Professor F. W. Martin, March 15, 1924, carton 85, folder 189, Edward Oscar Heinrich Papers.

81 *The Black Kit Bag* comes from a manuscript found in carton 70, folder 15, oversize box 1, folder 3–4, November 2, 1923, Edward Oscar Heinrich Papers.

82 Letter from Heinrich to his mother, May 8, 1924, box 29, folder 40–41, Edward Oscar Heinrich Papers.

83 Letter from Kaiser to Heinrich, September 23, 1918, box 12, folder 27, Edward Oscar Heinrich Papers.

84 Letter from Heinrich to Kaiser, October 9, 1922, box 12, folder 27, Edward Oscar Heinrich Papers.

85 Ibid.

86 Details about Heinrich's ledgers from come from scraps of paper in carton 70, folder 15, oversize box 1, folder 3–4, November 2, 1923, Edward Oscar Heinrich Papers.

87 Heinrich's ephemera from cases can be found in carton 70, folder 15, oversize box 1, folder 3–4, November 2, 1923, Edward Oscar Heinrich Papers.

88 Letter from Heinrich to his mother, August 22, 1923, box 29, folder 40–41, Edward Oscar Heinrich Papers.

89 These come from a chart in Edward Oscar Heinrich Papers; a letter from Heinrich to Theodore, August 20, 1940, box 23, 89–44, file 182, Theodore Heinrich Collection.

90 Letter from Marion to Heinrich, August 3, 1924, box 27, Edward Oscar Heinrich Papers.

91 Letter from Heinrich to his mother, May 8, 1924, box 29, folder 40–41, Edward Oscar Heinrich Papers.

92 Letter from Heinrich to his mother, November 23, 1922, box 29, folder 40–41, Edward Oscar Heinrich Papers.

93 Letter from Heinrich to J. F. Dennisen, September 22, 1923, box 5, folder 53, Edward Oscar Heinrich Papers.

94 Details from the cabin and Camp No. 2 come from photos and their captions in Southern Pacific Company train robbery records (1892–1940), BANC MSS C-A 372, carton 5 and carton 70, folder 15, oversize box 1, folder 3–4, Edward Oscar Heinrich Papers.

95 Colin Wilson, *Written in Blood* (New York: Diversion Books, 2015), 314.

96 Details about Heinrich's conclusion come from various pages from carton 70, folder 15, oversize box 1, folder 3–4, Edward Oscar Heinrich Papers.

97 Trail and Espinoza, "Tunnel 13"; "Real Sherlock Holmes, with Four Slender Clews, Pulled Net Around DeAutremonts," *News-Herald* (OH), June 27, 1927.

98 Letter from Heinrich to Professor F. W. Martin, March 15, 1924, carton 85, folder 189, Edward Oscar Heinrich Papers.

99 Letter from Heinrich to his mother, May 8, 1924, box 29, folder 40–41, Edward Oscar Heinrich Papers.

100 Letter from editor to Heinrich, September 12, 1924, box 12, folder 27, Edward Oscar Heinrich Papers.

101 "Real Sherlock Holmes, with Four Slender Clews, Pulled Net Around DeAutremonts."

CHAPTER

8

不良化學：瞞天過海的化學家
Bad Chemistry: The Case of the Calculating Chemist

福爾摩斯身穿睡衣坐在靠牆的桌子旁邊，聚精會神的做著化
學試驗。本生燈紅紅的火焰上，曲線形的大蒸餾瓶裡正在翻
滾沸騰著，蒸餾出來的液體一滴滴的滴入了一個兩公升大的
容器中。

——亞瑟・柯南・道爾，

《海軍協定》（*The Naval Treaty*），一八九三年

北加州山丘上的城鎮已經沉睡，還在實驗室裡埋頭苦幹的
他身影看似有些寂寞。他緩緩攪拌著混合液，濃煙瀰漫了他的護
目鏡。好友和同事都對這名喜歡在太太和小孩入睡後，在實驗室
裡調整配方的天才化學家十分尊敬。他總是獨自安靜的測量化學
物、開本生燈，不讓人在一旁觀看，因為他不想讓人知道，科學
對他並非輕而易舉的事。祕書偶爾會拿有關購買實驗用品的文件
給他，夜間巡邏的警衛會在附近走動，除此之外，大部分的時間
他都單獨跟溶劑和化學試劑奮戰。他想當一名改寫歷史的化學

家，但是要祕密進行。一九二五年七月的這個晚上，他已經工作好一會兒了。

幾個星期前，奧斯卡拿起一份《奧克蘭論壇報》，讀到了一小則報導：「太平洋纖維（Pacific Cellulose）[1]公司總經理史瓦茲博士表示，該公司已經以五萬美元在核桃溪市（Walnut Creek）設立生產人造絲的廠房，並將於近期啟用。」

奧斯卡反覆讀了那段話好幾次。他對這類聰明的計畫很有興趣，這件事對於研發出人造絲配方的化學家查爾斯·史瓦茲（Charles Schwartz）而言[2]，肯定是個了不起的成就。一九二〇年代，科學家間在合成橡膠、木材或任何可供商業使用的天然產品上不斷較勁，但是沒有哪一個聽起來比絲綢更有賺頭。

天然絲價格昂貴，因為它們得靠成千上萬隻即將進入蛹期的蠶吐出這些絲[3]；一隻三寸長的蠶花四十八小時，可以吐出長約一千公尺的白色或黃色絲線。為了取得寶貴的絲線，養蠶的人會用熱氣或蒸氣煮開蠶繭，但這同時也犧牲了裡面的蠶蛹。一條絲綢裙子得由上萬隻蠶來完成，在一九二〇年代，這樣的裙子要價大約二十五美元[4]。

絲綢也是新興的汽車工業與航空工業的重要材料。第一批人造絲在一八八四年問世，材料是植物纖維，但是它們太易燃了。就奧斯卡所知，除了核桃溪的史瓦茲博士，目前為止還沒有人成功做出人造絲。但這個名字讓奧斯卡不禁皺起眉頭。就在一個星期前，史瓦茲這個名字也曾出現在同一家報紙，但報導的性質截然不同，那次是個關於不忠和勒索的故事。一名二十二歲的瑞士

美女提告了這名三十八歲的化學家，並索賠七萬五千美元，理由是男方傷了她的心。

伊莉莎白・亞當（Elizabeth Adam）在兩個月前來到加州的奧克蘭，很快結識了一名英俊富有、自稱「史坦先生」（Mr. Stein）的科學家。兩個人很快墜入愛河，不久男方便向她求婚，還告知兩人的親朋好友他們將在六月六日舉辦婚禮。但沒多久，亞當小姐就發現史坦先生是個騙子。他實際上叫做查爾斯・史瓦茲，不但已婚，還有三個孩子。這名年輕女子先是難過不已，接著又化悲傷為憤怒，決定告史瓦茲「違反承諾」。這種訴訟在一九二〇年代又被稱為「心痛」（heart balm）訴訟[5]，提出的通常是遭拋棄的女人。

數百年來。婚約一直未被視為單純的承諾，而被視為具有法律約束力的約定。如果當中有人（通常是男人）破壞約定，被冒犯的一方有權利向對方提告並要求賠償。男人譴責心痛訴訟被分手的愛人當成武器，但有些未婚妻確實需要這樣的保障。訂婚的女性有時會同意跟未來的丈夫有婚前性行為，這在過去強調婚前守貞的年代是個禁忌，要是對方悔婚，自己再尋得對象的機會就低了。心痛訴訟讓女性至少在經濟上能獲得些補償。奧斯卡看著那個詞，立刻想到了柏克萊警長奧古斯特・瓦爾默。

瓦爾默也有過心痛訴訟的經驗[6]，一名女士控告這位美國「現代警務之父」，指控四十九歲的警長向她求婚在先，後來卻娶了別人，並索賠五萬美元。這件醜聞震驚了奧斯卡，不體面的公開揭發嚴重破壞了這名公眾人物的聲譽，報紙的大肆報導幾乎摧

毀了瓦爾默的警務職業。

「夫人表示支持瓦爾默，並指出雷克斯太太所描述的做愛技巧和警長的風格不符，」某個報導標題這麼寫。

這對奧古斯特・瓦爾默簡直是奇恥大辱。兩年前，見識到奧斯卡的鑑識科學在西斯基尤火車劫案發揮了不可思議的成效後，瓦爾默便在洛杉磯成立了全國第一間警察實驗室，從那時起，他得到的媒體關注一直是正面的。但這次登上媒體的方式殺傷力很大，瓦爾默稱它是迫害。記者向瓦爾默提出挑戰，要他接受測謊機測試，就是當初他在赫斯林神父遭殺害一案上對威廉・海陶爾做的測試。但瓦爾默拒絕了。

「這個案件事態嚴重，不該用這種特殊方法繼續炒作[7]，」瓦爾默告訴記者。「不管有沒有測謊機，我都沒什麼好怕的。」

奧斯卡對整件事抱持懷疑，也為他相當親近的朋友瓦爾默感到痛惜。不管是分析能力還是道德風範，瓦爾默都讓他深深敬佩。「他還處於震驚狀態，所以別妄下定論。我相信他有能力證明自己是清白的[8]，」奧斯卡這麼告訴他母親。

化學家查爾斯・史瓦茲則否認向控告他的這名年輕女子求愛過[9]，並指控這是競爭對手的陰謀，目的是藉此竊取人造絲的合成方法。「他們的用意是要毀壞我在業界的名聲[10]，」史瓦茲告訴記者。「我奉勸他們停止這麼做。」

史瓦茲說，其實上星期才有人向他勒索一萬美元，現在他非常害怕。

奧斯卡認為史瓦茲很可能惹上麻煩了。被拋棄的女性確

實有可能為了報復不擇手段，但這名瑞士女子的指控令人難以置信，畢竟史瓦茲享的名聲非常好。他於一八八七年出生於法國科瑪（Colmar），父親是里昂・亨利・史瓦佐夫（Leon Henry Schwartzhof）。他在德國海德堡大學取得化學博士學位，是名傑出的學生，曾經在阿爾及利亞首都阿爾及爾（Algiers）的紅十字會任職，並在第一次世界大戰期間擔任法國軍隊上尉。他在戰爭期間受了傷，不久後在英國德比（Derby）認識了年輕的戰爭遺孀愛麗絲・歐查德・瓦頓（Alice Orchard Warden），兩人結婚後生了三個男孩。愛麗絲・史瓦茲期許經濟無虞，她的丈夫則向她保證，他的發明將為他們帶來財富。

「親愛的，有一天我們會擁有很多錢。現在你只需要耐心等待。我的計畫就要成功了[11]，」史瓦茲這麼告訴她。

史瓦茲很講究外表，身材瘦高的他有一頭棕色短髮，笑容平易近人。向商業投資人或有影響力的朋友推銷以木頭纖維製造人造絲的想法時，大家都深受他的魅力和機智吸引，相信這是賺錢的大好機會。最後他說服一些富有的大人物和銀行一起投資了太平洋纖維公司。他旋即在胡桃溪買下一間荒廢的手套工廠，將它改造成個人辦公室和實驗室。

一九二五年七月，查爾斯・史瓦茲還在為心痛訴訟而焦頭爛額——伊莉莎白・亞當要求他賠償七萬五千美元。所幸有其他事情值得他開心，他告訴化學製造廠的老闆，他們就要靠著販售人造絲而賺進數百萬美元了。只需要再一點時間，他便能調配出最完美的配方。

　　七月三十日深夜，他穿著黃色實驗袍在實驗室的二樓工作。燃汽油的汽化燈從另一個房間發出白色亮光。他一直沒有給這棟兩層樓的建築接電或天然氣。巡夜的人會按時過來巡邏，主要任務是阻止想要偷史瓦茲配方的競爭者打擾。那天，史瓦茲請守夜人到他的實驗室，並要他離建築物遠一點。

　　「我打算用乙醚做些實驗[12]，」史瓦茲警告華特・岡薩爾斯（Walter Gonzales），「我覺得你別在這邊睡覺比較好，怕有害你的健康。你知道的，乙醚不是什麼好東西。」

　　史瓦茲沒回家和家人吃飯，而是和一個朋友早早就吃了晚餐。他抱怨做了個可怕的惡夢，有一個黑皮膚的人溜進實驗室毆打他的頭。夢中的景象一直困擾著他，他擔心那是個兆頭。他回到實驗室後，先是打電話告訴他太太他馬上就要回家了，接著打電話給合夥人，說他當晚就會完成配方——讓媒體做好準備。

　　透明的液體從一個大桶子流到了木地板[13]；史瓦茲知道那東西不太穩定，但還是大意了。汽化燈劈啪作響，燈光在幾十扇窗戶中的一扇閃爍著。十分鐘後，工廠的牆壁震動了。一場爆炸炸開了實驗室的門，所有窗戶都破了。守夜人衝向工廠[14]，大喊：「博士！」他拿起滅火器迅速將門砸破。很快的，消防車的警笛四起。火舌從地板竄升，有些高達三英尺。有毒的黃色氣體令他無法呼吸。

　　岡薩爾斯反應很快，但還是太遲了。查爾斯・史瓦茲——一名到處樹敵的化學家——已經化成一具焦屍，躺在自己的實驗室地板上。

「整個夏天夜裡，我那位芳鄰的家始終音樂飄揚。在他那幽藍的花園裡，男男女女就像飛蛾一樣，穿梭於耳語、香檳和星星之間[15]。」

一九二五年，作家法蘭西斯·史考特·費茲傑羅（F. Scott Fitzgerald）發表了巨著《大亨小傳》（*The Great Gatsby*），但立刻就翻車了，評價奇差無比，第一年的銷售量也相當慘淡。這本精心策劃的小說講的是一段重要的社會史，後來成了頹廢年代與咆哮的一九二〇年代（Roaring Twenties）的代表作[16]。

美國各地的年輕人都在學一種叫「查爾斯頓」（Charleston）的新舞步，哈林區的文藝復興意味著非裔美國人社區在社會與藝術上大爆發，而裝飾藝術（Art Deco）則開啟了現代建築的新世代。

但不是每個美國人的一九二五年都這麼朝氣蓬勃。農人們還因著五年前的農產品價格崩盤，飽受貧窮折磨。農場掌握在放貸人手中，使得農村家庭的生活雪上加霜。許多煤礦工都失業了，隨著都市不斷擴展，大量鄉下地區的美國人離開了原本居住的地方，搬往大城市去發展。大城市裡，女性受雇用的機率愈來愈高，從事的大多是文書工作。

電話、收音機、有聲電影和更現代化的汽車大規模的發展。飛行員查爾斯·林白完成了史上第一次單人不著陸飛行橫跨大西洋的創舉。儘管禁酒令還在，傳統道德仍繼續敗壞。新創產品的誕生在這個時候顯得格外重要。

　　咆哮的一九二〇年代期間，大城市的百貨公司擴大營業，提供顧客慷慨的信用貸款額度或分期付款計畫。消費者債臺高築創下歷史新高。像查爾斯・史瓦茲這樣的發明家可以輕易借到貸款──即便他們提出的想法不怎麼實際。大家看似有花不完的錢。

　　史瓦茲過世前曾向他的資助者解釋過，用他的配方生產人造絲，成本將比其他纖維製造公司節省一半。他先販售了公司的股票，但是很快的，投資者就要求要見到可以販售的產品。史瓦茲停擺了幾個月沒動靜，給了各種理由並要求更多資金。

　　「我對我的發明有信心[17]，」他告訴投資者，「但是光憑這麼點錢我們沒辦法做事。我們需要更多資金，這件事急不來。」

　　一九二五年，美國仍然一片榮景，但日後引發大蕭條的催化劑也正在結合與醞釀。再過不久，奧斯卡和鑑識科學領域的人便會感受到它的影響，就像這個國家的其他人一樣。

─────────

　　一八九七年父親自殺，讓奧斯卡和母親的生活深陷困頓。兩個人都為金錢操心，只不過理由不一樣。即使阿爾貝婷於幾年後再嫁，她依舊擔心沒有錢付帳單。奧斯卡則是對自己收入不穩定感到憂心，儘管當時他已是成功的鑑識科學家，有時仍被沉重的家庭開銷壓得喘不過氣。多年來，奧斯卡一直沒有向母親隱瞞自己的財務狀況，目的是希望她體諒為什麼他每個月能補貼她的錢有限。

　　「晚點有錢進來時，我會再寄一點錢給你[18]，」奧斯卡寫道，

「我還有大約兩千美元的款項還沒收，這筆錢上個月就應該進來的。這些客戶大多是政府機關，所以我不太方便催他們。」

奧斯卡會跟母親聊出差的事、孩子的事，還有他對犯罪案件的苦惱。阿爾貝婷在七十歲離世時，奧斯卡不只失去了摯愛的母親，也失去了一個知己。只有她最清楚，父親的錯誤決定讓他付出了多少代價。

「安葬死馬花了我將近一萬五千元[19]，」母親過世前，奧斯卡在信中提到，「債權人依舊蠻橫，不但提高利息，還增加了罰款。」

奧斯卡將會非常想念他的母親，但阿爾貝婷離世也讓他部分童年時期的悲慘回憶終於告一段落。這時候的奧斯卡已經在世界各地的報紙風光了好幾年，但行事曆上的工作安排仍讓他感到不安。兩年前的西斯基尤火車劫案過後，他接到的案量看似大幅增加，但他還需要更多客戶、更多進帳。

一九二三到一九二五年間，他調查了一場科羅拉多州的雪橇事故、一件發生在塔科瑪的銀行搶案，以及一件波德市的警察謀殺案件。有數百篇文章提到他，他收集的簡報已經滿出櫃子，當中大部分焦點都放在火車劫案。《紅書》（Redbook）雜誌用了四頁介紹他，文章標題是「獵人者」（Manhunt）。還有一篇出自華盛頓特區，標題為「為什麼罪犯無法避免留下線索」的文章，大肆讚揚他使用的方法。奧斯卡出差的時間更多了，家人雖然不願意，但奧斯卡的專業風評取決於他是否準備好向犯罪現場報到或者出席法院。

「我的專業需要我隨時能出門，有時到七英里外，有時到七

百英里外[20]，」他告訴一位朋友。「對我來說，半個小時內搭火車前往一千英里外，跟晚上坐電車到戲院，已經沒什麼差別了。」

　　奧斯卡也開始重視專業著作，這是想在大學教書必備的條件。他發表了《在法庭上揭穿偽造者》(*Checkmating the Forger in Court*)、《專家與不在場證明》(*The Expert vs. the Alibi*)、《文書鑑定》(*In Re Questioned Documents*) 等書籍。這些書在各地警局得到極好的評價。《圖書管理員與刑事偵查員的合作》(*The Cooperation of a Library Staff with the Criminal Investigator*) 是向他無可取代的圖書館管理員友人約翰・伯因頓・凱薩致敬的著作。很不幸的，比起寫小說，他更適合寫學術文章。成為受人尊敬的小說家看來遙不可及，不知道之後會不會有轉機？他的夢想——或說他想留給這個世界的東西——是為那些涉世未深的男孩寫具有警示作用的故事。

　　「我想寫的故事會比大部分青少年小說更寫實一點[21]，」他這麼說過。「而且在我的故事中，罪犯扮演的會是受害者，而不是英雄。」

　　沒有哪個男孩想當受害者，這是奧斯卡的理論。但是現在他有比出版童書更需要擔心的事。他的銀行戶頭總是捉襟見肘，但他仍堅持要來場暑期旅遊。瑪莉安說想去他們非常喜歡的景點，一個能稍微緩解奧斯卡焦慮的地方，就算只待個幾天也好。一九二五年八月一日星期六下午，一家人將行李搬上車，往北開了七十英里，來到北加州最美的地方，大家都期待有個美好的假期。

　　這個房間寬敞明亮，甚至可以說太亮了〔22〕。奧斯卡看了躺在那邊的特別來賓，注意到他潔白的牙齒和面無表情的臉。他從房間另一頭的小窗戶向外望，但那裡除了一片漆黑，什麼也沒有。

　　這時是傍晚五點──他應該在俄羅斯河（Russian River）的河畔欣賞在映在漣漪上的夕陽餘暉，看著孩子在岸邊戲水、跟小鳥追逐。索諾瑪郡（Sonoma County）的夏日之家（Summerhome Park）實在是家庭度假的好地方。只可惜，他不在現場。

　　奧斯卡看著查爾斯・亨利・史瓦茲這名傑出發明家、野心勃勃的化學家暨著名慈善家焦黑的身體躺在核桃溪的葬儀社裡，散發出惡臭。跟焦黑的身體相較，他的大牙顯得特別白。身體的肌肉組織幾乎都燒掉了，看來確實像死於火災意外，奧斯卡心想。

　　除了身高，他還測量了史瓦茲的各個身體部位。他從史瓦茲的胃裡掏出一些東西，好判斷他最後一餐吃了什麼。他寫下牙齒的數量，並注意到右上方的一顆臼齒被很有技巧的拔掉了。接著他扳開史瓦茲的手指，發現上面居然都沒有指紋。這一點讓奧斯卡很納悶，就算是被火燒了，也應該看得到指紋才對。他又看了看死者的眼窩，發現他的眼球竟然也不在了。

　　俯臥的史瓦茲張著嘴巴，頸部後傾，桌上到處是黑色皮膚的碎屑。驗屍官已經用布將他的手和腿綁起來了。他的膝蓋因為死後僵硬而彎曲。奧斯卡拿相機對頭部拍了三張照片，還拍了兩張全身照。最後他將焦點對準他的腳底。

　　「每一張都是全色底片，並採用濾鏡A，十二寸鏡頭，」〔23〕他記下。

　　這名犯罪學家從史瓦茲的嘴巴往他的頭顱裡窺，發現裡面是空的。他用手術剪刀小心取下一小塊帶著頭髮的頭皮，將它擺在一旁，接著瞇著眼睛，彎腰檢查史瓦茲的頭部，伸手拿量尺時還瞥了葬儀社人員一眼。頭顱有一處沿著一道裂痕裂開，看起來像是有人用鎚子或斧頭多次敲擊過。警方原本猜想這是起實驗室意外，實則不然──這是他殺。這件事隨後正式被列為凶殺案調查。

　　奧斯卡必須找出凶手的身分。是心懷怨恨的情人、競爭激烈的對手，還是妒火中燒的妻子呢？可疑人士的名單很長，這對奧斯卡來說不是好事。

　　謀殺？史瓦茲太太在指認完丈夫的屍體後，整個人情緒崩潰。她哭著講述他們最後的交談。

　　「他不久前才打電話給我，說他的工作快結束了，差不多要回家了[24]，」史瓦茲太太這麼告訴調查人員。

　　死者的確是她的丈夫，她這樣講完後，便癱倒在地了。史瓦茲的家庭醫阿弗列德・盧迪（Alfred H. Ruedy）檢視過遺體後也點頭表示：「我見過他的身體，這是史瓦茲先生沒錯。[25]」

　　現在奧斯卡確認查爾斯・史瓦茲死了。他和他的鑑識工具動作再不快點，凶手就會溜掉了。

　　晚上十點，奧斯卡打開位於牛津街上的一樓辦公室時，裡頭一片寂靜。他走進暗房，把燈關了。他取出相機裡的玻璃板，放進某個溶液裡，接著將它們移到浴洗池中除去化學殘留。到了午

夜，底片已經掛起來晾乾，準備早上印出來。

奧斯卡拿出他從遺體取下來的幾塊頭皮，分別放進不同容器中，並加入十％的氫氧化鉀溶液浸泡。這個溶液會軟化頭皮，使組織鬆散以利進行實驗；這個技術至今鑑識科學家還在使用。奧斯卡也曾在其他凶殺案使用同樣的溶液，來移除身體的其他組織，好讓骨頭露出來。奧斯卡稍微睡了一下後，和他的助理來到了史瓦茲的巢穴，也就是他的私人實驗室。

早在幾十年前，奧斯卡就為化學科學所吸引，當時他還是在華盛頓州塔科瑪藥房工作的少年，跟著藥劑師學配藥。從那時起，他便在各個科學領域磨練技能，但在所有學科中，最讓他感興趣的依舊是化學。他非常佩服化學家找尋新藥、研發獨特測試，或是解析複雜化學反應的過程。這是一項有風險的職業，因為每天接觸的化學物中不乏有害物質——有易燃的、有毒的，所以他們必須穿工作服、戴手套和護目鏡。但這也是一份有價值的工作，奧斯卡對從事這項職業的人充滿敬意。說真的，他不介意在實驗室裡辛苦一輩子，但鑑識科學的世界更為迷人，也提供他更好的報酬。

一九二五年八月初，奧斯卡在查爾斯·史瓦茲位於核桃溪的偌大實驗室裡一邊勘查、一邊在腦海裡重建當時的情景。他的第一項功課是回答最關鍵的問題：火是從哪兒來的，怎麼起火的？地方檢察官的職員和該州的消防副隊長見到地板上的玻璃燒杯，立刻蹲下來檢視地上的神祕液體。他們看了看可疑者的名單，上頭有史瓦茲憤怒的未婚妻，還有嫉妒他、曾經威脅他的歐洲化學

家。有人提到自殺，但他的後腦勺遭人毆打。他太太認為丈夫被競爭對手殺害的機率比較高。

「一定是那些想要祕密配方的人[26]，」她告訴警長。「他們肯定是想放火燒了這棟建築來銷毀證據。」

奧斯卡想要多了解這位化學家一點，藉著建立受害者側寫，或許有助於找出凶手。他想找東西做些檢驗，但這間實驗室的設備少得可憐，沒有燒杯、本生燈、試管，連一本書都沒有。奧斯卡覺得有些詭異，這些都是化學家必備的東西。他也沒有找到氣體或水的來源[27]，這樣要怎麼研究人造絲配方呢？他再次環視實驗室，然後把其他調查人員喊了過來。

奧斯卡宣布，這是一場騙局。史瓦茲騙了投資者，他根本沒有人造絲的配方，從來沒有。史瓦茲不是什麼前途無量的化學家，他是個詐騙高手。

史瓦茲設的龐氏騙局是危險的詐欺，而這也提供了凶手絕佳的殺人動機。奧斯卡拿起他的筆記本，他的嫌疑犯名單又增長了，接下來還有許多工作等著。

他看了看木地板，要他的助理開始掃地，他則一邊篩檢那些殘留物。奧斯卡很確定史瓦茲是個高明的騙子，現在他需要知道更多關於這場火災的事。凶手究竟是縱火殺了史瓦茲，還是先殺了史瓦茲才縱火的呢？凶手當時在什麼位置？消防局長是火災後第一個抵達的調查人員，奧斯卡問他，火災發生當晚，實驗室裡是否發現任何易燃物質？

「一罐五加侖的二硫化碳[28]，」他回答。

但事實上，有兩罐無色、易揮發且易燃的液體。在史瓦茲陳屍的實驗桌下方還有更多罐子。奧斯卡把玩著隔壁房間櫃子上的汽化燈，接著檢視了實驗室的兩扇門。其中一個在火災發生時是開著的，另一個上了鎖。

「燃燒途徑中有一張辦公椅[29]，」他觀察到，「整張椅子，包括它的底部都燒焦了。」

他用很多偵探都會用的自問自答法，問自己一連串關於起火點的問題。「火源是從汽化燈開始，然後擴散到整間實驗室的？還是從實驗室開始，然後燒到汽化燈那邊呢？[30]」奧斯卡在筆記本記下。

他走到實驗室主要大門外的走道上。「從門的東側和西側地板的裂縫上看得出來，有人在地板上倒了易揮發的易燃液體。地上還發現了一根火柴[31]，」他記下。

火是從關著的門外開始，然後從門縫底下竄進實驗室的──奧斯卡由此得知，凶手想要將受害者困在實驗室裡。不過如果火勢蔓延得不夠快，凶手仍可能在縱火後殺害史瓦茲。他需要更多訊息。

奧斯卡回到發現屍體的地方，這裡也有個起火點。他發現吸了安息油的碎布。他檢視了地板，判定火勢的最熱點就在遺體旁。「追蹤地板上的痕跡後，我總共找到了五個起火點[32]，」他告訴警長。

奧斯卡表示，這證明史瓦茲在起火前就已經遇害了。其中一個起火點就在史瓦茲的遺體正下方。這個悲哀的故事最後以可怕

的結局收場──史瓦茲或許是個騙子、無賴，也或許是個花心大蘿蔔，但是沒有人應該這樣死去。他的後腦勺遭人重擊，然後像垃圾一樣放把火燒了。該是為這個調查做結論的時候了。

奧斯卡再次看了看四周，發現一個儲物間。他想知道史瓦茲死之前有沒有進過那個小房間。他打開門，拿起試劑噴瓶一噴，當噴霧落在地板上，發光胺在門上閃閃發光。奧斯卡眨了眨眼睛，調了一下眼鏡。一大片血濺痕跡。「數個和儲物間內側呈四十五度角，半徑四分之一到八分之三英吋，朝上與朝下的噴射型血濺痕跡[33]，」他寫道。

血量多到不可思議，從儲物間的地板滲到了樓下辦公室的天花板[34]。大概是頭部傷口造成的，就像史瓦茲頭部那個凶手毆打造成的傷一樣。史瓦茲很可能跌跌撞撞的走出儲物間，最後在工作台旁倒下。

奧斯卡戳了一下血跡，紅色斑點立刻剝落。這些血跡早就乾了──儲物間沒有火燒過的痕跡，在火災發生之前，史瓦茲的屍體很可能已經在儲物間裡放了好幾個小時。奧斯卡刮下血跡，小心的包在紙裡，準備留待之後做檢驗。他做了些筆記後，突然停了下來。

他回去看了他和守夜人的談話紀錄。

有個地方不太對勁──時間線有問題。他發現那個關鍵細節了。守夜人告訴調查人員，他在火災發生前十分鐘剛見到查爾斯・史瓦茲。如果真的是這樣，史瓦茲的屍體怎麼會在儲物間裡擺了數小時呢？奧斯卡有個想法，如果他的推測沒錯，那麼所有

關心這起凶殺案的人都將大吃一驚。

　　警方請史瓦茲太太指認屍體時，她認出了史瓦茲的手錶[35]，因而認定躺在枱上的是她的丈夫。守夜的警衛也同意那是他的老闆，那天晚上他見到史瓦茲掏出口袋裡的零錢來數，而遇害者的口袋裡也有同樣數量的硬幣。「除此之外，還有什麼能幫助你指認的特徵嗎？」警察問道。「他缺的那顆牙，」史瓦茲太太回答。

　　幾個星期前，查爾斯‧史瓦茲的牙醫剛拔掉他右上顎的一顆臼齒。奧斯卡檢查了屍體，確實少了一顆牙齒。他做了一個齒模。

　　「確實是我不久前拔的牙齒[36]，」史瓦茲的牙醫確認。

　　接著，奧斯卡著手一項艱鉅的任務。調查人員在實驗室找到了受害者右邊的眼球——警長把它交給奧斯卡。

　　「拍照前，先把眼球放回眼窩[37]，」他記下。

　　奧斯卡事後解剖眼球時發現[38]，虹膜的地方有鑿刺的痕跡，使用的工具很可能是螺絲起子。為什麼要這樣做呢？奧斯卡看了史瓦茲太太的訪談紀錄，發現在實驗室失火的那個晚上，他們家還遭了小偷。

　　「我先生的照片通通不見了[39]，」她告訴警察。

　　奧斯卡認為，有人想要阻止警方辨認屍體。話雖如此，目前發現的生理特徵卻又都和查爾斯‧史瓦茲吻合。或許沒有。他看了人壽保險管理員送來的生理檢查報告後，不禁笑了。

　　調查凶殺案時，偵探總期待能有發現破案關鍵，靈光乍現的

一刻。現在,奧斯卡即將向其他調查人員揭曉這一刻。

查爾斯・史瓦茲的個子不高,根據這份報告,他的身高僅僅一百六十公分[40]。但是躺在驗屍台上的這個人高了三英吋。

奧斯卡快速瀏覽了消防局長的報告,上面提到消防人員抵達時,屍體已經僵硬。但是死後僵直通常發生在死亡數個小時後。接著,他再次想起守夜人提到火災發生前十分鐘他才見到史瓦茲。奧斯卡收集了更完整的資料後,去找了領導這個案子的康特拉科斯塔郡(Contra Costa County)警長理查・威爾(Richard Veale)。

「首先,我想知道史瓦茲在火災當天晚餐吃了什麼?[41]」奧斯卡問道。

「都到這個地步了,有什麼差別嗎?」警長回答。「你非得知道的話,他吃了小黃瓜和豆子。」

「死去的那個人胃裡除了還沒消化的肉,沒有其他東西了,」奧斯卡回答。「沒有半點小黃瓜或豆子。」

奧斯卡從一把梳子上收集了史瓦茲的頭髮樣本,拿它跟死者頭皮上的頭髮比較。

「它們在顯微鏡底下看起來完全不一樣,」奧斯卡說道。「沒有任何相似之處。」

史瓦茲的耳朵有一顆明顯的痣,但是屍體上的沒有。死者的指紋用酸性溶液除掉了,一名化學家要拿到酸性溶液是輕而易舉的事。不過史瓦茲和死者的右上顎都缺了一顆臼齒,警長強調。奧斯卡拿出一張牙腔的照片。

「這顆牙齒不是拔掉的,是用鑿子敲掉的,」他說道。「你可

以看到牙根還埋在牙槽裡。」

牙齒是死後才敲掉的。除了這些線索，屍體的狀況看起來，也不像死於瀰漫二硫化碳煙霧的實驗室。

「我問我自己，這些氣體會對受害者產生什麼影響，」奧斯卡告訴警長。「如果他的身體必須抵抗二硫化碳的影響，應該會有肺出血的情形。但是屍體解剖沒發現這種情形，他不是查爾斯・史瓦茲。」

警長看起來非常震驚，奧斯卡則得意不已。他勝過了那名用盡心機的化學家。

那天稍晚，調查人員聚集檢討奧斯卡的發現，並商量怎麼向媒體解釋這個故事。柏克萊警局的隊長克雷倫斯・李（Clarence Lee）是奧古斯特・瓦爾默麾下相當優秀的警員，他安靜聽著奧斯卡描述他的證據，很快便感到一陣作嘔。而奧斯卡不久便發現了原因。

李和查爾斯・史瓦茲已經認識好些年了，當初史瓦茲對李在鑑定局（Identification Bureau）的工作很感興趣。這個單位主要負責收集罪犯的資料，建立紀錄檔案。過去三年，史瓦茲很喜歡到局裡跟調查員閒聊；他表示自己是當地的化學家，還自稱是犯罪學的學生。

「他給我他在歐洲當過偵探的印象[42]，」李告訴瓦爾默，「但是每當我問起他的經歷，他總是講得含糊不清。」

李跟史瓦茲聊歷史上的犯罪案件、新聞上的案件，還聊各種調查技術。現在李想起了他初春時一次直白的發言後，神情大變。當時史瓦茲來到警察總局，身體倚著李的辦公桌，兩人開始了這場爭辯。

「殺人凶手最讓我覺得有趣的一點，是他們的目光短淺[43]，」史瓦茲解釋道。「他們不怎麼用大腦。」

「有時候可能是來不及用大腦，」李回答。「殺害一個人不像看起來那麼容易。很多時候只因為運氣稍微不好，就可以毀了整個計畫。」

「我同意，」史瓦茲回答，「但我說的不是那種臨時起意的犯罪，而是凶手有預謀的那種計畫。」

大多時候，李並沒有很認真在聽史瓦茲的想法，但幾個月後再回想，他的一個想法特別詭異。

「我很好奇為什麼他們總是掩飾不了自己的足跡，」史瓦茲說道。

幾個月前，李隊長聽到這麼直接的評論時還不以為意，但是他現在明白了。調查人員們開始用奧斯卡提供的線索，搜捕從受害人變成殺人犯的查爾斯・史瓦茲。但是奧斯卡認為，抓到凶手固然重要，可是如果不找出驗屍台上這名死者的身分，他將一輩子感到不安。

在柏克萊的實驗室裡，奧斯卡用頭燈照亮一本小冊子，盯

著封面上的標題：《永恆的兄弟會哲學》（*The Philosophy of Eternal Brotherhood*）[44]。這本小冊子是在屍體上找到的，標題的上下都有很淡的鉛筆註記。封底沾了血跡。

「血濺痕跡有兩個方向，」奧斯卡在他的工作日誌記下，「像是書本在兩次血濺間轉了方向，或是流血的身體部位轉了方向。」

史瓦茲的祕書向警察透露了兩個祕密。就在火災發生的幾個小時前，她見到史瓦茲塞了九百美元到口袋；更關鍵的是，她說幾個月前，史瓦茲在舊金山的報紙上刊登了徵聘實驗室助理的廣告[45]。目的可能是想吸引陌生人來參觀他的公司。史瓦茲有幾份壽險保單，其中雙倍賠償的意外險死亡理賠總金額高達十八萬五千美元。如果他死了，大部分的錢會歸他太太所有。奧斯卡認為這有可能是一樁保險詐騙。

他拿起在遺體上找到的另一本宗教性小冊子：《使徒約翰福音》（*The Gospel of John the Apostle*）。他發現在懺悔辭後有一個很淡的簽名，淡到警方調查人員可能會錯過——但鑑識科學家可不會。奧斯卡在冊子上噴了一種化學物質，好讓鉛筆筆跡的顏色變深。在顯微鏡下，他看到署名是「G. B. 巴比」（G. W. Barbe）。他比較了第一本冊子的筆跡，確定它們來自同一人。

受害者隨身帶著一些宗教書籍，裡頭有許多經節劃了重點。奧斯卡猜他是四處旅行的傳教士，是個在各地傳福音的窮人。奧斯卡沒有像以往一樣製作罪犯側寫，而是做了受害者側寫。屍體旁有一個包袱[46]，裡頭有針線包和一塊肥皂。一根桿子的一頭掛了個包袱，裡頭裝了用過的咖啡渣，這是流浪漢會帶的束西。

受害者穿的衣服和襪子都很破舊,但是頭髮有修剪,手和腳也很乾淨,這代表他不是尋常的流浪漢。

全國各地的報紙刊出受害者的資料後,加州普拉塞維爾(Placerville)的一名葬儀社人員告訴警方[47],他認識一名不久前去應徵實驗室助理工作的傳教士。這個人叫吉爾伯特・瓦倫・巴比(Gilbert Warren Barbe),是第一次世界大戰的退役軍人、大學畢業……也是旅行的傳教士──和奧斯卡的受害人側寫完全吻合。這時危險的殺人凶手查爾斯・史瓦茲還在逃中,這名化學家殺手想要矇騙警方,藉著謀害無辜的人詐死。

在警方調查查爾斯・史瓦茲的過程中,他的公眾形象也從科學家變成了無賴[48]。德國海德堡大學表示沒給過這個人化學學位,不過警方找到他在法國某間二流大學拿過的證書。他受的教育只夠他藉由招搖撞騙來讓投資者買帳。

他的太太在報紙上公然指責他是個卑鄙的傢伙、說謊成性的騙子,每當有第三者找上門,他就只會哀求原諒。提告他的伊莉莎白・亞當說,交往期間他給了她超過一千美元,但她否認跟他有親密關係,想當然是為了保護自己的聲譽。她還表示史瓦茲過度吹噓他們之間的關係。史瓦茲的前雇主指控他偷了一部裝瓶機器,還有將近兩千磅重的廢鐵。史瓦茲還曾經拿點二五口徑的自動手槍威脅過同事。搜捕史瓦茲的行動如火如荼展開的同時,媒體更沒放過他,大肆報導相關消息。

眾目睽睽之下，相信史瓦茲躲不了多久。史瓦茲「死後」，用哈洛‧瓦倫（Harold Warren）這個假名在奧克蘭租了一間公寓，並幫自己捏造了一個英俊的結構工程師身分，平時喜歡跟大家分享精緻的美食和打牌。史瓦茲擁有自由的最後一個星期就是這麼度過的，他到處參加鄰居舉行的派對，總是笑得開懷，在牌桌上輸得大方。八月三日，報紙上報導了史瓦茲是殺人嫌疑犯的消息。很快的，「哈洛‧瓦倫」的一個新朋友從報紙上的照片認出了他。八月九日凌晨兩點半左右，史瓦茲的舊識——柏克萊警局隊長克雷倫斯‧李在他的祕密公寓逮到了他。

「開門——警察！[49]」李大喊。

就在李踢開後門的同時，屋裡傳來了槍聲。他迅速跑進客廳，發現史瓦茲已經倒在地上，大量血液從他右邊的眼睛湧出。他喘息著，身旁有一把德國手槍——很快的，他的呼吸減緩，終至停止。

警方找到了一個行李箱，從裡頭裝的書籍和地圖來看，他可能計劃逃往墨西哥或南美洲。他的床邊擺了毒藥[50]，警方發現一封感人的信，是給他太太的。這名化學家一如既往的編寫著自己的故事，連最後的結局也不放過。信中，他告訴太太，吉爾伯特‧巴比到他的實驗室求職，但是被他拒絕了。結果這名傳教士突然攻擊他，他為了自衛，失手打死了他。

「我試著燒了他的遺體，然後不留痕跡的離開[51]，」史瓦茲寫道。「我親吻這封信來向你道別。我最後的吻是給你的，愛麗絲。」

以一個曾經充滿希望和潛力的人來說，落得這下場實屬悲

劇，而且毫無建樹。他的太太跟保險公司打了幾場官司後，終於拿到了一些賠償金。不過扣掉訴訟費用後，也所剩無幾了。

史瓦茲宣稱在實驗室遭攻擊的事不太可能是真的，但吉爾伯特・巴比和他的家人並沒有得到司法正義，雖說吉爾伯特・巴比最後是以軍禮厚葬。隨著案子進入尾聲，有調查員好奇史瓦茲有沒有同謀，甚至懷疑起他的太太。但是警局隊長克雷倫斯・李搖頭表示不可能，「史瓦茲長期關注刑事鑑定，他對犯罪偵查太熟悉了。他不會冒著找同謀的危險。[52]」

奧斯卡同意這個看法，這是一場精心策劃的謀殺案，「太天衣無縫了，不可能假手他人[53]，」他說。

最高明的殺手往往也是最孤獨的罪犯，奧斯卡最後下了這個結論。

史瓦茲離世十三年後，美國化學界的巨擘杜邦公司才生產推出第一批人造絲，取名「尼龍」。

李回想起某回他和史瓦茲在柏克萊警局裡的奇怪談話，當時李指出殺人凶手的計畫再怎麼縝密也敵不過厄運，但史瓦茲不以為然。

「會給偶發不幸留機會的罪犯，肯定沒做好周全的計畫[54]，」史瓦茲堅持。「他不能光祈求好運，而是要靠自己促成一切。在我看來，重點就在有沒有做好周全的計畫。」

但是史瓦茲絕對沒想到，即便有了周全的計畫，遇到由化學家轉行當犯罪專家的奧斯卡・海因里希，也還是沒戲唱。

史瓦茲案的非凡成就，為奧斯卡帶來了令人振奮的勝利，也

意味著會有更多媒體關注他。「讓死人說話」，有個新聞標題這麼寫，還有另一個標題寫著「解讀謀殺事件的人」。

然而，奧斯卡的生活卻愈發沮喪。他總是擔心自己會因為過去所犯的錯而付出高昂代價[55]，以致於退休無望。直到母親去世前，他還對她這麼感嘆。他一直沒有讓他太太知道家中的財務窘境，因為他堅信，讓家人維持應有的生活模式是丈夫的責任……即使這個目標愈來愈不可及也是如此。每一個新案件都令他反感，罪犯讓他覺得噁心，但這同時，他又覺得無辜的人需要他保護，家人需要他供應金錢。兩個兒子很快就要上私立學校了，他需要更高的收入，全職化學家穩定可靠的薪水或許是個選擇。但是犯罪案件和那些難解的謎對他的吸引力實在太大了，奧斯卡不願意放棄鑑識科學，即使直覺告訴他應該這麼做。

註釋

1　From an article on page 38 of *Oakland Tribune*, June 14, 1925.

2　Bosworth and Jackson, eds., *San Francisco Murders*, 247.

3　"Silkworm Moth," *Encyclopaedia Britannica*, September 29, 2006.

4　"Historic Prices—1927," Morris County Library, https://mclib.info/reference/local-history-genealogy/historic-prices/1927-2.

5　Tori Telfer, "How the 'Heart Balm Racket' Convinced America That Women Were Up to No Good," *Smithsonian Magazine*, February 13, 2018.

6　"Wife Stands by Vollmer," *Los Angeles Times*, August 8, 1924.

7　"Wife Stands by Vollmer," *Los Angeles Times*, August 8, 1924.

8　Letter from Heinrich to his mother, August 12, 1924, box 29, folder 40–41, Edward Oscar Heinrich Papers.

9　Details about July 30 from various newspaper articles and in Bosworth and Jackson, eds., *San Francisco Murders*, 255.

10　"Girl Sues Wedded Man or $75,000," *Oakland Tribune*, June 9, 1925.

11　"When Justice Triumphed," *Daily News* (NY), June 30, 1929.

12　"When Justice Triumphed," *Daily News* (NY), June 30, 1929.

13　Details about liquids inside lab from Heinrich's typed memo from work journals in case file, carton 74, folder 14, Edward Oscar Heinrich Papers.

14　Heinrich's typed memo from ibid., 10.

15　F. Scott Fitzgerald, *The Great Gatsby* (New York: Charles Scribner's Sons, 1925), 39.

16　"The Roaring Twenties History," History.com, April 14, 2010, https://www.history.com/topics/roaring-twenties/roaring-twenties-history; "The Roaring Twenties: 1920–1929," Boundless US History, *Lumen Candela*, https://courses.lumenlearning.com/boundless-ushistory/chapter/the-roaring-twenties.

17　"When Justice Triumphed."

18　Letter from Heinrich to his mother, April 24, 1925, box 29, folder 40–41, Edward Oscar Heinrich Papers.

19　Letter from Heinrich to his mother, May 8, 1924, box 29, folder 40–41, Edward Oscar Heinrich Papers.

20　Letter from Heinrich to Bennett F. Davenport, November 18, 1924, box 26, folder 12, Edward Oscar Heinrich Papers.

21　"The Detective and the Chemist," *St. Louis Post-Dispatch*, November 9, 1924.

22 Details about undertaker's room comfrom Heinrich's typed memo in case file, carton 74, folder 14, Edward Oscar Heinrich Papers.

23 Ibid., 1.

24 Block, The Wizard of Berkeley, 114.

25 Ibid., 116.

26 Ibid.

27 "Quick Finish of Slayer Expected by Crime Expert," *Oakland Tribune*, August 10, 1925.

28 Heinrich's typed memo (p. 6) in case file, carton 74, folder 14, Edward Oscar Heinrich Papers.

29 Ibid., 9.

30 "Unraveling of Crime Skein Detailed by Criminologist," *San Francisco Examiner*, August 10, 1925.

31 Heinrich's typed memo (pp. 10–11) in case file, carton 74, folder 14, Edward Oscar Heinrich Papers.

32 Block, *The Wizard of Berkeley*, 121.

33 Heinrich's typed memo (p. 5) in case file, carton 74, folder 14, Edward Oscar Heinrich Papers.

34 Ibid., 13.

35 Block, *The Wizard of Berkeley*, 115.

36 Ibid., 117.

37 Heinrich's typed memo (p.4) in case file, carton 74, folder 14, Edward Oscar Heinrich Papers.

38 Heinrich's work journal, August 7, 1925, carton 74, folder 14, Edward Oscar Heinrich Papers.

39 Block, *The Wizard of Berkeley*, 117.

40 Bosworth and Jackson, eds., *San Francisco Murders*, 263.

41 This quote and all details of Heinrich's findings from Block, *The Wizard of Berkeley*, 117–21.

42 Missing Chemist in Torso Mystery 'Perfect Crimes' Student, Police Declare," *San Bernardino County Sun*, August 24, 1925.

43 "When Justice Triumphed."

44 Found in the "Schwartz" file, August 7, 1925, carton 74, folder 14, Edward Oscar

Heinrich Papers.

45 Bosworth and Jackson, eds., *San Francisco Murders*, 253.

46 "Quick Finish of Slayer Expected by Crime Expert."

47 Block, *The Wizard of Berkeley*, 126.

48 Bosworth and Jackson, eds., *San Francisco Murders*, 247– 54; Block, *The Wizard of Berkeley*, 117.

49 Ibid., 127.

50 "Schwartz's Suicide Bares Deliberate Murder Plan," *San Francisco Examiner*, August 10, 1925.

51 "When Justice Triumphed."

52 "Murder Plot Being Probed," *San Bernardino County Sun*, August 7, 1925.

53 Block, *The Wizard of Berkeley*, 122.

54 "When Justice Triumphed."

55 Letter from Heinrich to his mother, May 8, 1924, box 29, folder 40–41, Edward Oscar Heinrich Papers.

CHAPTER

9

支離破碎：貝西・費格森的耳朵
Bits and Pieces: The Case of Bessie Ferguson's Ear

我知道你是從西南方來的⋯⋯你鞋尖上的黏土和白堊土很容易辨別。

——亞瑟・柯南・道爾，

《五枚橘籽》(*The Five Orange Pips*)，一八九一年

　　位在舊金山附近的艾爾塞里托(El Cerrito)有著神話故事般的鹽水沼澤[1]，濃厚的黑色沼泥可以讓駄馬寸步難行。日落時分，茂密的蘆葦在和煦的陽光映照下熠熠生輝。一九二五年八月二十三日，時間大約是晚間六點半；查爾斯・史瓦茲剛在兩個多星期前舉槍自盡。十二歲的羅傑・湯瑪斯(Roger Thomas)緩緩走向岸邊。父親派給他一個任務，要他去摘些漂亮的蘆葦回來裝飾家裡。

　　男孩小心翼翼的走向岸邊一處綠色的蘆葦。在雜草叢中，有個淺棕色的小東西躺在泥灣上，看起來像是生病死掉的麻雀。羅傑走近一看，立刻愣住了。他大喊父親，父親馬上跑了過來。他低頭凝視一會兒後，立刻打了電話報警。如果躺在地上的是麻

雀屍體就好了，問題就在它不是。這肯定是一起凶殺案，奧斯卡也將再一次成為焦點。他誓言要解開這個案件——他對自己有信心。就像每一次的調查一樣，事關他的名聲。

奧斯卡在一九二五年八月二十四日的工作日誌上，寫下「新凶殺案件」[2]。他在黑色西裝外面套了件白色實驗袍，坐下來後將椅子滑到顯微鏡前。現在，他被迫再看一次線索，徹底檢視它。就算是訓練有素的調查人員，都會覺得這是件可怕的任務。查過的案子中，有時讓奧斯卡感興趣的是凶手，有時是受害者。但在這個案子裡，兩者都讓他覺得有意思。

奧斯卡套上實驗室手套時，外面的天色已經暗了。柏克萊山丘上的人家一戶戶的把燈熄了，萬籟俱寂中，奧斯卡的工作才要開始，案中這位謎樣的受害者將困擾他往後的整個職業生涯。

奧斯卡仔細端詳男孩前一天在艾爾塞里托的蘆葦沼澤發現的棕色物體。一隻精緻脆弱的耳朵[3]從消毒過的容器滑了出來，落在白色工作紙上，看起來就像哪個令人害怕的愛慕者送來的禮物。耳朵連著一塊頭皮，奧斯卡仔細觀察了上頭的淺棕色頭髮，扶了一下眼鏡後，再靠近點看。

耳朵外側有許多淺色小雀斑，可能是經年曬太陽的結果。他觀察了耳朵的大小和形狀，發現耳垂有個小小的耳洞——其他偵探都錯過了這個細節。這應該是女性的耳朵。奧斯卡將頭皮放在有格線的紙上用量尺測量。記下一些數字後，他輕輕撥開頭髮，

沒發現血液凝固的痕跡。

「是死後才切下來的分屍案，」他記下。

為什麼這麼做呢？奧斯卡知道很多時候凶手會將受害者分屍，以免曝光死者的身分。或許他認識她？搜查人員在附近找到了另一塊用一個月前的舊報紙包著的頭皮。調查人員也在沼澤區附近四處查問，希望能找到目擊證人。

他們搜查了舊金山灣沿岸的每一個狩獵者掩蔽處或小屋[4]，最後在一處沼澤岸邊找到了一些被剪碎，並用奧克蘭報紙包起來的女性衣服。

奧斯卡知道調查人員很著急，因為很快的，吸血鬼般的媒體就會開始報導這則新聞；道德淪喪的凶手和他殘暴的手段，將讓艾爾塞里托所有居民陷入恐慌。

奧斯卡拿起一把擺在桌上的斧頭[5]，這把利器是在距離沼澤半英里外的村舍發現的。村舍的主人說她已經兩個星期沒到那邊了，發現刀刃上有暗紅色斑點時，她嚇了一跳[6]。

「我不知道上面為什麼有血跡，我不殺雞，也不殺兔子或其他動物，」艾娃・格拉姆（Iva Graham）說道。「警察問我上面為什麼有血跡，我自己也很納悶。」

奧斯卡拿來一個裝著透明液體的小瓶子，瓶身上頭寫著「聯苯胺」（benzidine）。他用滴管滴了些到斧頭刀緣，等著紅色液體轉為藍色來證明它確實是血跡。但是沒等到。或許凶手曾經藏匿在小屋裡，但他沒有拿這把斧頭當凶器。

那天，奧斯卡在實驗室工作了將近十二個小時，終於整理好

受害者側寫：二十多歲的女性、帶有一點紅色和棕色的金髮，髮質和膚質都很好，生活頗為講究，對自己的外表很有自信。奧斯卡認為她有斯堪地那維亞（Scandinavia）血統。他從傷口推測受害者的死亡時間大約是一個星期前。

實驗室門口響起一陣敲門聲，來訪的是康特拉科斯塔郡的警長理查·威爾，他也是查爾斯·史瓦茲案的首席調查人員。奧斯卡給了個微笑。他們兩人在那個案子上溝通良好，樂於再次合作。奧古斯特·瓦爾默也派了克雷倫斯·李隊長參與，他是那位和查爾斯·史瓦茲私底下聊過怎麼樣執行完美凶殺案的警員。奧斯卡經常有機會和相同的調查人員共事，在比洛杉磯或舊金山小的城市更是如此。在瓦爾默的努力下，柏克萊以擁有堅強的探員陣容自豪，但當中只有少數幾人有能力偵辦重大案件，這兩位可說是他最得意的警員。奧斯卡思忖著：這個女人是誰？她身體的其餘部位在哪裡？

奧斯卡用金屬鑷子從耳下脂肪組織拉出了幾隻蛆。這些小蟲子可以協助他判斷死者的死亡時間。他翻開《從蠅蛆的足跡控制家蠅》（*The Control of House Flies by the Maggot Track*），這本小書是約翰·伯因頓·凱薩七年前寄給他的。這位參考圖書管理員熱衷新的科學技術，認為這本書能幫助奧斯卡利用蟲子判斷死亡時間。

將昆蟲與刑事偵查結合的學問叫法醫昆蟲學[7]，從一八〇〇年代中期開始，就有一群科學家希望利用這個自然現象協助調查，但是在美國從未有這樣的文獻紀錄，這件案子是頭一樁。

利用昆蟲判斷死亡時間或死後指數（post-mortem index，簡稱

PMI）的方法有兩種，第一種是利用昆蟲的演替波動（successional wave）。奧斯卡在凱薩給的書中讀到麗蠅（Calliphoridae，又稱 blowfly）是最先出現在腐化屍體的昆蟲；通常在死者死亡的二十四小時內，就會在屍體上產卵。其他昆蟲，像是甲蟲，則要在進階腐化（advanced decomposition）後才會抵達。奧斯卡只找到了麗蠅，表示她遇害不久。這讓他鬆了一口氣——失蹤時間愈久，找到屍體的機會就愈渺茫……奧斯卡急欲找到這個女人的其餘身體。

他還運用了法醫昆蟲學中的第二個方法，就是以幼蟲的年齡與發育，判斷死者的死亡時間。這些幼蟲還處於最初期，所以凶殺案是近期發生的，可能是他拿到耳朵的四十八到七十二小時前。當時沒幾個科學家有能力做這種聲明。接著，奧斯卡試著從凶手的角度來看這件事，只有這樣，他才能理出凶手為什麼要將屍體分屍並藏匿起來。

「假設分屍、切割衣物，並將它們丟到不同地點需要花二十四個小時，我研判死亡時間應該是八月二十四日下午的九十六個小時前[8]。」

奧斯卡的時間判斷還得更精準一點。殺人並將屍體切割需要花不少時間，他這麼想。什麼時候最有充裕的時間做這件事而不被發現呢？答案是平日的夜裡。奧斯卡翻閱當地的報紙，找到了過去幾天的潮汐與月相表。

「在八月十九日、二十日、二十一日和二十二日晚上八點半過後將人殺害並分屍，最不容易被發現。」

距離接獲這樁僅有一條線索的案子才十二個小時，奧斯卡就

已經建立好被害者側寫，並推測出她被殺害的時間。現在警方給了他一個新任務，希望他協助找出其餘的身體部位。他拿起沼澤附近的小屋裡找到的衣物，那是一件有毛皮領子的棕色夾克，很可能是受害者的。奧斯卡用放大鏡觀察，發現整件衣服布滿了潮濕的沙子，這是關鍵線索。接著他使用了他相當喜歡、也非常可靠的工具。他將椅子滑到岩相顯微鏡前，四年前查辦赫斯林神父的案件時，用的就是這台顯微鏡。「上頭有石膏、煤炭和腐壞的紅木等碎片，推測這件衣服曾經被埋在屋子底下，暫時藏匿起來[9]，」奧斯卡記下。

他距離找到屍體愈來愈近了。沙子是他最好的證據，或許可以協助警察找到遺體。現在媒體也開始對他施加壓力了。

「蘆葦沼澤進行排水以尋找遺體」，有新聞標題這麼寫。當記者知道調查這件案子的是「美國福爾摩斯」，他們不停向奧斯卡追問細節——他一概不理會。奧斯卡還在琢磨他跟媒體間的關係，多年的錯誤和對他不利的報導，讓他與媒體之間不僅關係薄弱，甚至有敵意。

「這名市政編輯追起新聞就跟臭蟲和路霸一樣，從沒有例外過[10]，」奧斯卡向凱薩抱怨起一位報業經營人，「他的記者就像一群蝨子四處亂竄……跟蟑螂一樣，隨時準備為他們代表的報社伸出爪牙。」

奧斯卡會跟幾名他挑選過的記者合作，他也經常讚許《舊金山紀事報》（San Francisco Chronicle）報導犯罪事件時態度審慎。但是他對媒體仍存有戒心，即便報導的是讚揚他的事，像是西斯基

尤火車劫案，也不例外。他把媒體當成工具，而非盟友。

「他們代表的行業地位高，導致他們態度自負、習於競爭、善於猜疑、憤世嫉俗，因此必須小心應付，」他在給凱薩的信上這麼寫。

諷刺的是，奧斯卡似乎沒有發現，他和同行競爭者間也面對著同樣的挑戰，接下來二十年，他在鑑識科學上的對手將在美國法庭上有戲劇性演出。

奧斯卡一點一滴的揭露新證據，其他調查人員則奔相走告的拿去獻給媒體。受害者衣物上的沙子摻雜著小蚌殼，數量多到讓人懷疑這沙來自大海附近，但又沒有多到能夠認定它們是海邊的沙灘來的。

奧斯卡盯著沙粒。北加州有哪邊有這樣的水域呢？艾爾塞里托的蘆葦叢裡沒有沙子，只有黑色爛泥。他把顯微鏡推到一旁，露出了笑容。

「石子的顆粒大小顯示有水流交替，也有水中物質沉澱的靜止期[11]，」奧斯卡寫下。「這代表有死水進入潮水的情形。」

沙子不是來自艾爾塞里托附近的沙灘。奧斯卡很肯定它們來自與大海交界的水域。他從抽屜裡翻出了一份美國地質調查地圖，上面標示了各地區的沙子種類。他仔細研究了那份資料，在某個地區和艾爾塞里托間來回翻看。這太不可思議了。他拿鉛筆圈起一個地方，準備好為其他探員解惑。

「地點在海灣農場島（Bay Farm Island）附近，」奧斯卡告訴他們。他們滿臉疑惑。

「那距離我們找到這些線索的艾爾塞里托足足有十二英里遠，」其中一名探員說道，「甚至不在同一個郡。」

奧斯卡非常緩慢而仔細的向調查人員解釋。他描述了他的岩相測試結果──那件女性衣服上發現了少量的鹽和氯（就像海沙），但又有大量淡水植物和化學物質──像是沼澤的沙。這些探員似乎聽懂了他的邏輯。

「我從沙粒的大小判定，它們來自淡水低谷處，水流緩慢的地方，」他解釋。

他希望憑著水流緩慢這一點，在地質調查地圖上找到事發地點。

「最有可能是海灣農場島[12]，」奧斯卡解釋。「這座島和阿拉米達郡（Alameda）間有個低窪的泥潭，聖黎安德羅溪（San Leandro Creek）的淡水會注入這裡。這就是我剛才說的淡水元素，在這樣的情況下，會產生跟我找到的沙子特性相似的沙子。」

這時奧斯卡還不知道，他這個方法將再度寫下鑑識科學的新頁。他使用了尚未有人發表過的石英表面紋理方法[13]，為警方找到了新地點。現代鑑識地質學家也用這項技術，只不過當時奧斯卡可沒有先進的原子顯微鏡（atomic force microscope）可用[14]。

原子顯微鏡是利用極細的探針來回掃描沙粒，測得顆粒表面的形貌後，再用電腦繪製解析度達原子等級的立體影像。奧斯卡無法像現在的研究人員一樣，以電腦上的空間數據畫出座標圖，

他只能用地質地圖來推測沙子的來源——這是一項非常了不起的技術。其他探員面面相覷，但他們必須承認，大部分的時候奧斯卡都是對的。他們準備好要給搜索人員新指示了。

如果說艾爾塞里托是個綠意盎然的沼澤，海灣農場島則是泥濘中的泥濘。警員和義工拿著鏟子和鐵鍬，沿著吊橋下的泥灘半滑半走的前進，一副要去挖掘屍體的模樣。

報紙上以奧斯卡的描述做為標題：「專家檢視過線索後，發布受害者是名年輕優雅的女性。」警方立刻對年輕、金髮，優雅而有斯堪地那維亞口音的女性展開身分調查，不到二十四小時，就鎖定了對象。

過去幾年，奧斯卡觀察了兩個兒子在他實驗室樓上的房裡讀書的情形。其中一個總是專注在看書，另一個則更喜歡做白日夢。奧斯卡對他們的未來的評估，或多或少影響了他們的生活。其中一個覺得自己必須達到和父親一樣的成就而備感壓力，另一個則是整個青少年時期都在努力滿足父親的極高期待。一九二五年的西奧多十五歲，很多地方都有奧斯卡的樣子。

「他各方面都很優秀，安靜、有禮貌，而且體貼[15]，」奧斯卡在母親過世之前，曾得意的告訴她。「是個人見人愛的孩子，不管是口語表達或寫作能力，都超過了同年齡孩子的水準。」

但是十一歲的摩提莫像是生來跟哥哥做對比的。

「摩提莫堅持要跟西奧多不一樣，」奧斯卡寫道，「他學東西

很快，但不知道為什麼總是無法堅持。」

奧斯卡和西奧多間的關係，隨著兩人的年紀增長而日益複雜，這將為奧斯卡的人生帶來衝擊。但是他依舊欣賞這個大兒子。

「我親愛的大兒子，在你生日這一天，我為你的成長感到驕傲，也意識到自己新的義務與責任，更讓我和你母親回想起你小時候的美好記憶[16]，」奧斯卡寫給過十五歲生日的西奧多。

奧斯卡持續對實驗室以外的東西感到興趣。雖然紐約那個小說編輯很直接的拒絕了他，但他還是沒有放棄發表偵探故事。他去找了另一位編輯，並誓言永不放棄——他的人生箴言。

「我尚未著手寫你說我提過的那本書[17]，」奧斯卡在給一個朋友的信上提到，「出版社方面從來不是問題。事實上，阿波頓（Appleton）出版社還在等我寫的東西。」

精心設計讓讀者覺得刺激又有教育意義的故事，一直是他坐在書桌前寫作的動力。感覺他更想要死的時候手上握的是筆，而不是放大鏡。

「你知道的，寫作使人判斷精準，」奧斯卡向這個朋友寫道。

還要再過數十年，奧斯卡才會得知這個夢想是否能成真。

————————

她的脛骨擺在腓骨旁。量尺沿著她的肱骨（也就是上臂骨）拉開。旁邊還有無數的小骨頭。正如奧斯卡推測的，她的遺體散布在距離艾爾塞里托十二英里的海灣農場島泥灘上。

兩名搜查人員拿鏈子在吊橋下的河邊找到了顱骨的碎片，上

頭吸附著小蚌殼。在實驗室接獲證據時，奧斯卡感到十分滿意，甚至鬆了一口氣。再一次，他獨特的方法奏效了，將那些不如他卻又自稱是他同儕的人甩得更遠了。沒有人辦得到這一點，他得意的告訴自己。他脫下毛呢外套，捲起白襯衫的袖子，再度戴上黑色橡膠手套。

「檢視從通往海灣農場島的橋上扔進舊金山灣水域，並以鋸子切割過的顱骨碎片[18]，」奧斯卡記下。「以鈍器重擊腦部致死，將遺體支解切割成小塊，將它們分散丟棄在阿拉米達和康特拉科斯塔郡。」

奧斯卡將她的上下顎歸位，讓頭顱恢復完整。她的臉朝向天花板，嘴巴張開著，就像被殺害時大叫的樣子。還有兩名男學生發現了一個袋子，裡面有膝蓋骨、肋骨等，肌肉組織已經事先用化學藥品除掉了[19]。凶手還在海灣農場島的橋下埋了一大塊軀幹和肺臟。警方在北方三十英里的羅德奧（Rodeo）發現她的腹部與一邊的乳房。一開始發現頭皮的艾爾塞里托沼澤大約在兩個地點的中間。

「初步假定屍體是在襲擊現場肢解的[20]，」奧斯卡記下。

他認為凶手擔心帶著屍體容易被發現，於是殺害她後便就地支解屍體。奧斯卡將這名神祕女子的屍塊拼齊後，奧克蘭的一位牙醫根據下顎一顆客製化的陶瓷牙冠，確認她是最近才通報的失蹤人口：貝西・費格森（Bessie Ferguson）[21]。她的母親站在奧斯卡身旁哭泣著。等家屬們都離開後，奧斯卡往後退一步，仔細看著他那幅駭人的人體拼圖。

這副幾近完整的骨骸屬於一位曾經美麗、誘人⋯⋯離奇的女子。奧斯卡從沒遇過像貝西·費格森這般的人。現在，他必須從她身上找出凶手。

———

她的父母為失去女兒感到悲痛，不過倒也沒那麼意外。這個三十歲的女兒一直讓他們很憂心。費格森家有四個女兒（其中一個前一年過世了）和三個男孩，是個充滿愛的家庭。這件事對她的父母是場夢魘。

在奧斯卡位於柏克萊的實驗室裡，威廉（William）和安妮·費格森（Annie Ferguson）跟奧斯卡握了手。他詢問他們的家庭背景[22]，希望能理出個頭緒⋯⋯進而找出嫌疑犯。家人間的爭執演變成死亡悲劇也不是沒有可能，更何況費格森家族的歷史原本就充滿悲劇。

貝西的父親原本在麵粉磨坊工作，直到五年前的一場意外導致他癱瘓。她三十七歲的哥哥威廉在磨坊裡實習，和他的妻子分居後便中風了，現在是個辛苦的單親爸爸，所以貝西非常關心他。

貝西受過良好的教育，勤奮好學且長相迷人，身材姣好的她剪了個很有型的妹妹頭。但是不知道什麼時候開始，她美好的人生開始變調。也許是從二十七歲嫁給賽車賭徒希德尼·阿斯奎斯（Sidney d'Asquith）就走偏了。

「家庭關係破裂，」奧斯卡跟她母親談過話後寫下，「住在一起兩年或三年」。

貝西受困於不愉快的婚姻時，剛好開始為一位英俊的舊金山商人工作。他後來從雇主變成了情人。她最後去當了護理師，但是有至少三年工作並不穩定。儘管有支持她的家人，貝西還是選擇獨自住在奧克蘭，成了一連串錯誤選擇的受害者。不久後，她便犯下了她最終、也最嚴重的錯誤。

母親表示女兒雖長期沒有工作，但是很會花錢[23]。貝西・費格森生性時髦，喜歡背昂貴的包包、穿最流行的衣服，甚至要戴鑽戒[24]。

她母親懷疑她同時跟好幾個男人交往，在他們之間周旋。她有好幾個名字，包括「阿斯奎斯」（d'Asquith）和「J. 羅倫太太」（Mrs. J. Loren）。她的情人中有一個是她的前雇主，住在舊金山的會計師。還有一位牙醫和一名醫生，這兩人都住在奧克蘭。她把情書和曖昧的信件都收進箱子，以備萬一將來還需要利用這些情人。

很多人都有風流韻事，但不會因為這樣被殺害。不過大部分的人也不像貝西・費格森一樣會算計。她至少從三個男人身上騙取金錢長達七年，他們每個人都撫養著一個不存在的孩子。其中一位「父親」表示，由於貝西的生活不穩定，所以把他們的女兒交給親戚撫養了。

「唯一的辦法就是送走她，讓她有健康的環境，跟更合適的人同住[25]，」他寫信給她。「他們不需要領養她，但是不要讓別人知道你是她的媽媽；這樣才對得起你自己和你的家人。」

另一名舊日情人威脅，如果她不接受適當的醫療照護，就要斷絕對她的金援。「我們從來不知道你接下來要做什麼，因為你

的話不能信[26]，」他寫道。「小姐，你必須去找個醫院或醫療機構看一下，否則我跟你就沒什麼話好說了。」

貝西在舊金山的安特勒斯旅館（Antlers Hotel）住了超過一個星期，在那邊接受應召。她打算八月十九日退房，距離她的耳朵和頭皮出現在艾爾塞里托不到一個星期。她和母親約好在奧克蘭市中心碰面。兩人閒聊了一會兒，接著貝西整理了一下她的皮毛領棕色外套，拿起東西就走了。她得趕去赴約，一場讓她的母親感到有點不安的約會。對方是康特拉科斯塔郡的傑出政治人物——警長法蘭克‧巴奈特（Frank Barnet）[27]。

「我不會跟他待太久[28]，」她告訴母親。「我晚點還得去看醫生。」

貝西跟母親吻別後便離開了。等到安妮‧費格森再次見到她時，她已經成了一具骨骸，躺在奧斯卡的實驗室桌上。

───────

奧斯卡拿起貝西的顱骨碎片，用手指劃過切割的邊緣。幾天前，他用這些骨頭確認了這是件謀殺案，現在，他希望它們能協助他找出凶手。雖然說這件案子是由奧克蘭警方處理，他還是打了電話給柏克萊警長奧古斯特‧瓦爾默，跟他報告最新進度。奧斯卡習慣跟瓦爾默討論他的理論，甚至在跟實際辦理案子的警察討論證據之前，先向他報告現況。

奧斯卡第一次檢視貝西的耳朵時，他懷疑凶手可能是獵人或屠夫，某個經常用刀的人。但是檢視和重組顱骨時，他改變了想

法——這人的技術還要更高明一點。

「刀法乾淨利落[29]，」奧斯卡記下，「凶手先用鋸子在七道顱骨裂縫上做了初步切割，滿意後才沿著它們將顱骨鋸開來。」

她的顱骨不是隨意劈開的，但切割也不是那麼精準。凶手不是專業的外科醫師，但確實受過醫學訓練。奧斯卡開始建立罪犯側寫，就像調查赫斯林神父的案子時那樣。差不多四十年前，倫敦警察廳的探員就用過罪犯側寫來分析開膛手傑克（Jack the Ripper）[30]。他們認為凶手可能是屠夫或醫生，但是有兩位倫敦醫生不同意這個看法，他們認為這位連續殺人犯留下太多漏洞，而且缺乏真正的刀工[31]。當然，開膛手傑克的身分最後仍是個謎——奧斯卡希望這個案子會有好一點的結果。

「從手法上看來，凶手應該接受過基本的解剖訓練，像是醫學系或牙醫系學生第一年會修的那種課程[32]，」他告訴其他警探。

凶手用氫氧化鈣來加速遺體分解，再次證明他受過科學訓練，而且懂得盤算——不是個單純的獵人。從貝西衣服上不屬於她的毛髮判斷，他可能有濃密的深棕色頭髮[33]。奧斯卡根據這些線索建立了罪犯側寫，接下來他想找出殺人動機。如果可以理出她為什麼遇害，或許就能揪出凶手。

有幾個可能的情形。奧斯卡懷疑她可能是墮胎失敗死亡的，因為她跟母親提到要去看醫生。但是奧斯卡檢查了她的身體，沒發現墮胎手術的痕跡。他搜查了她棄置的行李箱，在裡面發現了女性衛生用品。意外懷孕的機率看來不大。

奧斯卡想起那個用盡心機的化學家查爾斯·史瓦茲。他很好

奇殺死貝西的凶手知不知道那個案子。史瓦茲雖然聰明，但還是留了關鍵線索給奧斯卡。

殺死貝西・費格森的人費了很大的力氣，將她的遺體帶到遠處丟棄。他選擇了這個月份夜最黑的一天下手。他用氫氧化鈣除去她的肌肉組織——這麼不留痕跡的犯案手法，讓調查人員不禁有個不安的想法。或許他之前曾殺過人，或許他會再次出手。

奧斯卡的婚姻很幸福，這點無庸置疑。他的太太瑪莉安堅定執著，非常支持他，是個無可挑剔的賢妻良母。在他忙碌的公眾生活中，她甘願扮演次要角色；這是她多年前便接受的。奧斯卡現在是媒體寵兒了，到了一九二五年，發生在美國西岸的重大犯罪報導中，幾乎都看得到他的名字。

奧斯卡再次看了嫌疑犯名單，上面都是可能想殺害貝西的人。他排除了高登・羅和巴奈特警長，還剩下五個名字。其中一名屠夫是費格森家的親戚，但他提出了有力的不在場證明。另外四名嫌疑犯中，一位是成功的醫生、一位是受人尊敬的外科醫師，還有兩名牙醫。他很快將焦點放在一個只是在遠處仰慕貝西・費格森的人身上。

「說話使人疲累。當身體的重要功能開始感到疲累，會反應在心理上，讓你的心理不再抵抗，不再守口如瓶[34]。」

　　柏克萊大學裡，學生們專注的看著講台上的教授。奧斯卡從八年前開始教書，當時他便發展出一種充滿活力、引人入勝的授課風格，特別是在解釋如何盤問嫌疑犯時。

　　「只要你願意花時間跟他耗，最後總能達到目的，」他這麼告訴學生。「這不是嚴刑逼供，不過是我們所能做到最接近嚴刑逼供的了。」

　　教書近十年，奧斯卡現在是學校犯罪學系裡最受歡迎的講師。這個系於一九一六年成立，是奧斯卡協助成立的警察學院分支。他的影響力透過教室裡逐漸擴大，學生中有刑事律師、社會工作者、銀行主管，以及犯罪學的學生。

　　奧斯卡用放大的照片講述他如何用筆跡的輕重揪出造假的簽名、找出血濺痕跡上的細小差微。學院授課為奧斯卡帶來穩定的收入，到了一九二五年，他的學生已經多達數百人。

　　約翰・伯因頓・凱薩對於奧斯卡能發展成教育家深感佩服，但也對他提供的速成教育有些擔心。他婉轉的提醒奧斯卡，不要給學生過度膨脹的信心——這是來自一位聰明的朋友的智慧建言，他見識過太多自我膨脹的研究人員了。

　　「最危險的莫過於一知半解[35]，」凱薩這麼警告他。「沒有人能在五週內成為懂犯罪學的精神科醫生或心理分析師，或是懂化學的律師。」

　　他擔心奧斯卡的學生會自稱專家，引導陪審團依據可疑的證據判案，但事實上他們不過略懂皮毛而已。這樣的事很快便將發生，讓奧斯卡懊惱不已。他告訴凱薩他和一個槍枝「專家」在法

庭上交手的情形。「這個人是典型自以為懂科學調查的警察，以為有了顯微鏡、相機和兩本書，他就可以大放厥詞[36]，」奧斯卡抱怨。

在鑑識科學初誕生的一九二〇年代，幾乎任何人都可以標榜自己是專家證人，藉以推銷自己——這對刑事司法是危險的趨勢，對奧斯卡將來的財務狀況也是潛在威脅。

「大家的觀念似乎是：只要我們給他們看的東西夠多[37]，我們的彈道專家就會跟製造槍枝的人一樣多，」他告訴凱薩。

奧斯卡發現自己和其他鑑識專家的分歧愈來愈大。四年前，奧斯卡開始和紐約的亞伯特・奧斯本（Albert Osborn）通信，他是美國最權威的文件檢驗與偽造文書分析專家。他們的往來原本很親切，但是一九二五年中，奧斯卡開始覺得逐漸受到威脅，甚至擔心起其他犯罪專家的動機。

「我一直覺得，即使他有明顯的利他行為，但他的性格中還是藏有自私與自我的元素[38]，」奧斯卡在給某個朋友的信上寫道。

奧斯本曾經沒有告知奧斯卡，就向奧古斯特・瓦爾默在柏克萊大學求了一份教職——這是違反禮儀的行為。他和奧斯卡都教授偽造文書的課程，他加入柏克萊會涉足奧斯卡的領域，這對亟需這份工作的奧斯卡帶來威脅。

「我不知道他這麼做是出於敵意，或者僅僅是傲慢的利他舉動[39]，」他向一個朋友提出疑問。

奧斯卡列了一長串專業敵人的名單，對一位非常需要名聲和個人推薦的專家，這恐怕不是明智之舉。

奧斯卡調了調目鏡，接著轉動輪盤提高放大倍率。鏡頭底下是幾百條雪花藍的織線，上面布滿了血跡。他把玩著一塊八平方英吋的地毯，這是來自艾爾塞里托的另一個線索。一九二六年一月，距貝西‧費格森遇害約六個月後，奧斯卡仍沒有找到凶手的跡象，但他覺得距離他更近一步了。他不得不更近一步，因為貝西的母親經常來詢問進度，讓奧斯卡背負著沉重的罪惡感。他自己也身為父母，非常能夠同理。他用金屬鑷子輕輕夾起一個可疑物質。

「經確認，在那一小塊地毯上發現的可疑物質，是用來製作齒模的牙科水泥[40]，」他在筆記上寫道。

遇害者的衣物堆中找到的這塊地毯沾了牙醫用的塑形蠟。奧斯卡打開一個容器，裡面裝的是貝西‧費格森的金色牙套，他先用放大鏡，接著又用顯微鏡觀察，得到了一個重要發現——專業牙醫留下的工具痕跡。

「這些牙醫相關的訊息，和先前提到分解屍體所需的技能完全吻合，特別是將上顎骨和顱骨分開這件事，」他寫下。

奧斯卡回去看了有關貝西致命傷的筆記——頭頂的一記重擊導致顱骨多處骨折。「如果受害者當時躺在牙醫診所的治療椅上，牙醫可以輕易下手，造成這樣的傷害，」他記下。

凶手是名牙醫，受過醫學訓練，但是手術技術有限。奧斯卡重新讀了這個案子的筆記。費格森的情夫與愛慕者中有兩名牙

醫。他距離找到凶手愈來愈接近了。奧斯卡非常肯定殺害貝西的是牙醫,那麼是哪一個呢?

奧斯卡再次看了嫌疑犯名單,然後在一個名字畫了底線:李CC醫師,一名中國牙醫,他擁有貝西家對街的一棟廢棄建築物。

距離貝西·費格森遭殺害並分屍已經十個月。這對她母親是一段漫長的煎熬……對奧斯卡又何嘗不是。他迫不及待要了結這個案子——他不願意接受失敗。他將目標鎖定在一個人,一個條件與凶手側寫吻合的鄰居。其他嫌疑犯,不管是曾經愛過她或追求過她的,都可以脫離干係了——但不是完全不用付出代價。在阿拉米達郡擔任警長二十多年的法蘭克·巴奈特,因為這個案子而在競選連任時失敗了。

「李醫師,」奧斯卡在筆記上寫下這個名字。

奧斯卡確認貝西父母家對面的一棟房子和車庫是這名李醫師所有。他宣稱自己是牙醫,卻沒有任何受過醫學教育的證據。他確實直接接觸過貝西。警方在貝西的袋子中找到一張他的名片,也發現貝西回父母家時,他的太太經常過去拜訪。

即使手上還有許多案子,但奧斯卡投入這個案子的程度幾近沉迷。他從《奧克蘭論壇報》雇了一名記者來監視李醫師家,但這名記者從來沒有見到他。經過了將近一年的調查、實驗測試和訪談,奧斯卡終於承認在貝西·費格森這個案子上失敗了。這名神祕的李醫師彷彿只是幻影,說不定早就遠走高飛了。

「我還沒辦法說他就是這個案子的凶手，但是我相信如果不找出這個人，這件案子的調查就不算完整[41]，」奧斯卡很遺憾的告知其他調查人員。

在四十年的職業生涯中，有幾個案子讓奧斯卡特別過不去——其中貝西・費格森的案子就令他相當煎熬。一九二七年，在她遇害兩年後，他接獲了一個非常相似的案子。有人經過艾爾塞里托一處步道時[42]，發現不深的地底埋了一堆人類骨頭。跟費格森的案子一樣，警方將發現的東西遞交給奧斯卡——這當中也包含了一塊顎骨。

奧斯卡再次來到艾爾塞里托，埋葬骨頭的地點同樣是一處沼澤，與當初發現費格森的耳朵和頭皮的地方非常近。這名受害者是被殺害焚燒後才埋葬的。兩個案子或許有關聯，或許凶手是同一人，所以選了同一處沼澤棄屍。這兩個案子最後都沒有找到凶手，讓奧斯卡覺得無法給受害者交代。他將永遠忘不了貝西・費格森。

註釋

1 "Girl's Death Indicated in Mystery Find," *San Francisco Examiner*, August 24, 1925.

2 Heinrich's work journal, August 24, 1925, carton 70, folder 36–37, Edward Oscar Heinrich Papers.

3 Details about examination results in letter from Heinrich to Earl Warren titled "In re: Bessie Ferguson," June 24, 1926, "Ferguson" folder, carton 70, folder 36–37, Edward Oscar Heinrich Papers.

4 "Nurse Was Killed Outright Is Now Thought by Officers," *Reno Gazette-Journal*, August 28, 1925.

5 "Girl Murder Revealed as Ear and Scalp Are Found by Boy in Richmond Marsh," *Oakland Tribune*, August 24, 1925.

6 "Girl Murder Revealed as Ear and Scalp Are Found by Boy in Richmond Marsh."

7 "Investigating Forensics," Simon Fraser University Museum of Archaeology and Ethnology, 2010; Y. Z. Erzinclliog´lu, "The Application of Entomology to Forensic Medicine," *Medicine, Science and the Law* 23, no. 1 (1983): 57–63, http://www.sfu. museum/forensics/eng/.

8 Letter from Heinrich to Earl Warren titled "In re: Bessie Ferguson," June 24, 1926, "Ferguson" folder, carton 70, folder 36–37, Edward Oscar Heinrich Papers.

9 Ibid., 6.

10 Letter from Heinrich to Kaiser, December 26, 1926, box 1, John Boynton Kaiser Papers.

11 Heinrich notes, August 30, 1925, "Ferguson" folder, carton 70, folder 36–37, Edward Oscar Heinrich Papers.

12 This quote and the remainder of conversation from Block, *The Wizard of Berkeley*, 138–40.

13 Alastair Ruffell and Jennifer McKinley, "Spatial Distribution of Soil Geochemistry in Geoforensics," *Unearthed: Impacts of the Tellus Surveys of the North of Ireland*, ed. Mike Young (Dublin: Royal Irish Academy, 2016).

14 D. Konopinski et al., "Investigation of Quartz Grain Surface Textures by Atomic Force Microscopy for Forensic Analysis," *Forensic Science International* 22, no. 1–3 (November 2012): 245–55; "Atomic Force Microscopes," an information sheet published by the Bruker Corporation.

15 Letter from Heinrich to his mother, May 8, 1924, box 29, folder 40–41, Edward Oscar

Heinrich Papers.

16 Letter from Heinrich to Theodore, June 13, 1925, 89–44, box 23, file 178, Theodore Heinrich Collection.

17 Letter from Heinrich to Bennett F. Davenport, October 24, 1924, box 26, folder 12, Edward Oscar Heinrich Papers.

18 Letter from Heinrich to Earl Warren titled "In re: Bessie Ferguson," June 24, 1926, "Ferguson" folder, carton 70, folder 36–37, Edward Oscar Heinrich Papers.

19 "Heinrich Turns Over Tule Clues to Authorities," *San Francisco Examiner*, September 18, 1925.

20 Letter from Heinrich to Earl Warren titled "In re: Bessie Ferguson" (p. 6), June 24, 1926, "Ferguson" folder, carton 70, folder 36–37, Edward Oscar Heinrich Papers.

21 "Slain Girl Identified as Oakland Nurse by Her Family and Dentist," *Oakland Tribune*, August 25, 1925.

22 Details about Bessie's family life come from Heinrich notes, September 28, 1925, "Ferguson" folder, carton 70, folder 36–37, Edward Oscar Heinrich Papers.

23 "Nurse Was Killed Outright Is Now Thought by Officers."

24 "Eastbay Business Men Linked with Tule Death," *Oakland Tribune*, August 27, 1925.

25 "Letters to Aid Authorities," *San Francisco Chronicle*, August 29, 1925.

26 Ibid.

27 "Perspectives of a Newspaperwoman," *Perspectives on the Alameda County District Attorney's Office*, Vol. I. (1970).

28 Block, *The Wizard of Berkeley*, 132–33.

29 Letter from Heinrich to Earl Warren titled "In re: Bessie Ferguson," "Ferguson" folder, carton 70, folder 36–37, Edward Oscar Heinrich Papers.

30 Scott A. Bonn, "Jack the Ripper Identified," *Psychology Today*, January 27, 2014.

31 Scott A. Bonn, "Origin of the Term 'Serial Killer,'" Psychology Today, June 9, 2014.

32 Letter from Heinrich to Earl Warren titled "In re: Bessie Ferguson," June 24, 1926, "Ferguson" folder, carton 70, folder 36–37, Edward Oscar Heinrich Papers.

33 "Trace Killer by Two Dark Hairs," *Bakersfield Californian*, September 16, 1925.

34 Lecture notes, July 19, 1920, "Criminology 113C: course materials and lectures 1920" folder, carton 12, folder 6–7, Edward Oscar Heinrich Papers.

35 Letter from Kaiser to Heinrich, July 5, 1921, box 1, John Boynton Kaiser Papers.

36 Letter from Heinrich to Kaiser, May 16, 1927, box 28, folder 14, Edward Oscar

Heinrich Papers.

37 Letter from Heinrich to Crossman, October 18, 1926, box 5, folder 30, Edward Oscar Heinrich Papers.

38 Letter from Heinrich to Bennett F. Davenport, November 18, 1924, box 26, folder 12, Edward Oscar Heinrich Papers.

39 Letter from Heinrich to Bennett F. Davenport, July 23, 1925, box 26, folder 12, Edward Oscar Heinrich Papers.

40 Letter from Heinrich to Earl Warren titled "In re: Bessie Ferguson," June 24, 1926, "Ferguson" folder, carton 12, folder 6–7, Edward Oscar Heinrich Papers.

41 Letter from Heinrich to Earl Warren titled "In re: Bessie Ferguson," June 24, 1926, "Ferguson" folder, carton 12, folder 6–7, Edward Oscar Heinrich Papers.

42 "Gruesome Find Starts Probe of Mystery Pit Full of Charred Bones," *Santa Cruz Evening News* (CA), November 2, 1927.

扣下板機：馬汀・科威爾的槍
Triggered: The Case of Marty Colwell's Gun

在偵探這門技藝中最重要的，是能夠從眾多事實中看出哪些至關重要，哪些次之，否則你的精力和注意力便會分散，無法集中。

——亞瑟・柯南・道爾，《瑞蓋特村之謎》

（*The Adventure of the Reigate Squire*），一八九三年

馬汀・科威爾來到賓夕維尼亞街（Pennsylvania Street）的一間小木屋門口[1]。他一如往常渾身酒氣——這是他多年來的惡習了。加州瓦利霍（Vallejo）的警察好幾次將他的名字寫在犯人紀錄上，原因都是搶劫和毆打他人。他曾經三度進出州立監獄。馬汀・「馬帝」・科威爾（Martin "Marty" Colwell）就是這麼一個無恥的醉漢，一個讓警察頭大、給所有人帶來威脅的惡棍。

現在，他正為了另一個人的背叛而暴怒。他右手拿著點三八口徑的左輪手槍猛敲大門，視線定在前方，做好了開槍的準備。

這天是一九二五年十二月十九日，再過幾天便是聖誕節。門

打開了，科威爾的前雇主約翰・麥克卡西（John McCarthy）出現在走道上。他的襯衫染了鮮血，步履跟蹌。科威爾聽到呻吟聲，見到受傷的麥克卡西後立即轉身逃跑，任由麥克卡西倒在地上喊著救命。警察迅速抵達後，試圖挽救他的性命，但是已經太遲了。這個受人敬愛的小業主死去前，喃喃的對調查人員說了幾句話，似乎也透露了殺害他的凶手。

「我開除了科威爾。」

這是個看似再明白不過的案子，但是科威爾立刻做了個精明的決定：他雇用一個優秀的辯護團隊。地方檢察官很緊張，於是打電話給奧斯卡，他表示如果這樣都不能將科威爾定罪，他肯定會再犯。

媒體沒有很在意這件凶殺案，因為主角既不是狡詐的化學家，也不是瘋狂的蛋糕師傅。但是科威爾的審判對奧斯卡非常關鍵，因為他能從中獲得他最需要的東西——救贖。

一九二〇年代末的幾年間，有一連串案子都在挑戰奧斯卡的科學才智和調查技術。他是第一位利用紫外線偵測血液的人。在毒理學還在發展初期，奧斯卡便利用演繹推理和毒物測試，找出受害者死於馬錢子鹼（strychnine）。在調查一名貴婦遭射殺的案子後，他的血濺痕跡分析能力大為精進。

隨著一九三〇年代到來，奧斯卡的鑑識工具再次提升：在奧斯卡等先驅者的努力下，彈道學、植物學、毒理學、化學、文件分析等犯罪學領域，都有令人驚艷的進展，而且持續發展。距離血型、聲紋、以發光氨檢測微量血跡和精液測試等技術問世，

還有十年以上。科學家正經歷著成長痛。他們必須面對抱持懷疑的警探、檢察官，以及搞不清楚狀況的陪審團，還要跟扯後腿的專家纏鬥。有時候，奧斯卡覺得自己像在打一場有兩個前線的戰爭：首先他得發展新技術，接著將它們引薦給大眾和執法人員，讓他們明白並信任這些新的科學進展。

這場戰爭中，奧斯卡雖不是每一仗都能打贏，但至少是佔上風的一方。經年累月下來，他的名聲隨著每一次成功起訴而更加穩固。更令人的欣慰的是，他的財務狀況在一九二〇年代即將結束前，終於穩定下來了。這段期間，不管是奧斯卡的生活或是整個美國，看起來都一片欣欣向榮，前途無量。

然而，所有美好的事物終有結束的時候。

焦點對在銀色的東西上了[2]，接著上下移動，每轉動一下輪盤，畫面就變得更模糊或更清晰。他將筆記本和鉛筆放在身邊，偶爾停下來，隨筆記下一長串只有他才看得懂的數字或小圖。

牆上子彈：144.69 公克 0.3546[3]
9.3760 公克 9.01 毫米

幾分鐘後，奧斯卡找到了最佳放大倍率。這個從約翰‧麥克卡西家牆上取下的子彈，有一個簡單的紋路令他瞪大了眼睛。子彈上有無數個只有用顯微鏡才看得到的記號。這些彈頭上的灰色

細紋在一般人眼裡可能無關緊要，但是在這宗謀殺案卻起了關鍵作用。

奧斯卡看了看筆記。附近製冰廠的目擊證人先是聽到槍聲，接著看到麥克卡西跟蹌步出他的住處乞求幫助。致命傷是警察用語中的子彈「貫穿」，也就是子彈整個穿透身體。

五十九歲的馬汀・麥克卡西被逮補時，身上帶著一把五膛室無擊鎚史密斯威森左輪手槍（Smith & Wesson revolver）[4]，和用來射殺他前老闆的槍枝是同一款。警方在科威爾的外套口袋發現三顆子彈，還在他的床上找到一盒子彈。但是科威爾否認殺死麥克卡西，並表示當時喝太多酒，什麼都不記得了。

「等我離開這裡，我一定要給你們所有人好看[5]，」科威爾對著警察咆哮。

奧斯卡對彈道學非常著迷，也對槍枝的威力讚嘆不已。他讀過約翰・H・費雪（John H. Fischer）、凱爾文・高達（Calvin Goddard）、查爾斯・衛特（Charles Waite）和菲利浦・奧斯卡・葛拉維爾（Philip Oscar Gravelle）等人提出的引導準則，決心要成為優秀的彈道專家。一九二四年，這組人馬在紐約成立了鑑識彈道局（Bureau of Forensic Ballistics）。

鑑識彈道學[6]的發展可以回溯到一八三五年，當時鮑街警探（Bow Street Runners，倫敦警察廳的前身）在一顆子彈發現不規整的情形。美國早期的槍枝都是由槍匠個別打造，所以槍枝的每一個部位，包括槍管、轉輪和子彈，都是獨一無二的。槍枝在使用過的子彈上留下來的痕跡也是絕無僅有，如此一來，專家便可

以用子彈比對出是從哪一把槍射出的。他們透過單片眼鏡進行觀察，希望找到槍枝撞針所磨損的痕跡，最後發現槍管內側的紋道會在子彈上留下特有的螺旋刻痕。

十九世紀，槍枝製造者開始大量生產武器後，專家變改以顯微鏡來尋找更多細微的不規整處。槍枝還是會留下獨特的痕跡，只不過更難以察覺了。

一九二六年，奧斯卡成了首位使用化學家菲利浦·葛拉維爾新發明的犯罪專家。那是一台比較顯微鏡（comparison microscope），對槍枝識別有極大的貢獻。過去，分析師是在兩部顯微鏡下將兩枚子彈來回移動進行比較，仰賴的是他們的記憶。但是這部比較顯微鏡能讓他們同時觀察兩個影像，科學上更加準確，在法庭上也更具說服力。

這台「比較顯微鏡」其實是以光橋相接的兩部顯微鏡，它們擁有各自的置物台和焦距四十八毫米的接物鏡，並利用反射鏡和稜鏡將光從個別的顯微鏡導向共同的觀看區；兩個目鏡讓使用者可以在區隔開的屏幕上同時觀察兩邊的樣本。奧斯卡將眼睛靠在這兩個博士倫（Bausch & Lomb）的接目鏡上，第一個鏡頭對焦在殺人的子彈上，也就是穿透麥克卡西的身體，最後卡在牆上的那枚子彈。另一個鏡頭對焦於警方在嫌疑犯外套口袋裡找到的子彈。

奧斯卡拿著那把很可能用來殺死麥克卡西的點三八口徑左輪手槍，瞄準一桶石蠟發射[7]。子彈鑽進了蠟裡。等了一會兒後，他小心翼翼的將它取出，浸泡在能溶掉石蠟的汽油裡。現在，科威爾口袋裡找到的子彈特有的紋路顯現出來了。如果兩枚子彈的

大小、形狀和刻痕紋路吻合,光憑鑑識科學就能將科威爾定罪,解決這個案子,奧斯卡這麼想。他當然明白了結一個案子沒那麼容易。但是他認為,這個案子的破案關鍵將是子彈上的刻痕,也就是「膛線痕」(rifling mark)。

「槍管內這些凸起的部位,會在發射的子彈上留下清楚的痕跡,就像手指留下指紋一樣[8],」奧斯卡解釋。

「我們稱凸起的地方為陽膛線,凹下去的為陰膛線,」他說明道。

調查人員一臉困惑的盯著他。奧斯卡知道他得改變策略,要把他們當成對於實驗室的事一無所知的人,就像他在大學裡教的學生。

「這些膛線是用鋼條的切削刃在槍管中來回推進和拉出──有時五十次,有時數百次,所刨刻出來的凹槽與凸槽,」他解釋道,「這個過程會在凹槽底部留下鋸齒狀痕跡,而且沒有兩把槍的痕跡會一模一樣[9]。」

他們似乎聽懂他在說什麼了。不管怎麼樣,他們很高興聽到奧斯卡宣布的好消息。彈紋吻合,馬汀·科威爾用他的槍射死了約翰·麥克卡西。

但是奧斯卡事後獨自坐在實驗室時,卻開始覺得不安。那些警探看起來有些懵懵懂懂,就像肥仔阿爾巴克案的陪審團一樣。他的證詞很可能又太過專業了,這是他一直以來為人詬病的地方。事實上,幾個月前,另一個陪審團才判了一個嫌疑犯無罪,當時奧斯卡也提出了確切的彈道證據。他詳盡解釋膛線的痕跡,

結果陪審員聽得暈頭轉向。他沒有記取先前的教訓，再次因為過度強調科學原理而沒有說得簡單明瞭，最終在那個案子吃了敗仗。

他不容許再有殺手逃脫法律制裁，所以這次審判他打算採取不同的方式，一定要讓陪審團明白他如何證明馬汀・科威爾就是凶手。他必須想個辦法，最後，他也找到了。

在實驗室裡，他將他最喜愛的蔡司普浪多相機（Zeiss Ikon Prontor）搬到桌上，讓它對準比較顯微鏡的雙光學鏡頭。

「在焦距約十四公分處拍到的影像[10]，從後方看鏡頭來調整中央位置，瞄準聚焦玻璃上的十字準線。」他用筆記下。

就這麼簡單，奧斯卡藉著這幾張照片塑造了未來的鑑識彈道學，接下來數十年，他開創的這個技術將在協助破案上有極大的貢獻。

法院裡擠滿了人，法警不得不請大家保持安靜；法官俯身聽坐在證人席上的奧斯卡解釋，他怎麼用幾乎看不到的膛線痕跡來逮捕凶手。

「這枚子彈上頭有四個沒有受損且紋路足夠清楚，可以用顯微鏡檢驗的面[11]，」他告訴陪審團。「經過比對，它們與測試的那顆子彈相對應的四個面，在所有細節上都非常相似。」

奧斯卡從檔案夾拿出一張黑白照片，上面有兩枚子彈並排放著，中間以一條黑色細線隔開。

「我利用一部儀器觀察了這兩枚子彈，並將我看到的東西拍

成這張顯微照片。」

助理地方檢察官注意到了陪審員一臉困惑。「教授，那是什麼呢？」

奧斯卡選擇忽略不重要的名稱，繼續說道，「顯微照相是將顯微鏡的鏡頭換成一般相機鏡頭，然後將顯微鏡裡的放大影像拍下來，如果有黑板的話，我可以更仔細的向各位解釋。」

奧斯卡起身，將照片遞給雙方律師及陪審團，接著走向一個移動式黑板。他拿粉筆畫了一個圓圈和解說圖。這一次，奧斯卡希望能給陪審團簡單的解釋，讓他們知道這項新技術的原理。

「印出來的照片上有一個圓圈，中間有一條黑色線將圓圈分成兩個部分，這是兩台顯微鏡的分隔線，」他說道。「我使用的儀器是兩台接在一起的顯微鏡，它能讓我同時觀察兩枚子彈。」

他解釋了鑑識彈道學，以及兩枚子彈上細微而關鍵的刻痕。

「槍的槍管裡有一條條的紋道，每條紋道間的距離相同，」他說道。「這些子彈上有五條凹陷的痕跡和五條凸起的痕跡。」

奧斯卡讓陪審團看了科威爾口袋裡的子彈，以及那顆貫穿麥克卡西、最後留牆上的子彈，兩顆子彈上的刻痕是相同的。

「上面這一條條紋路全都吻合[12]，」他這麼告訴陪審團，「這些痕跡是槍管內的紋道留下來的。」

他接著告訴陪審團，沒有兩把槍會擁有一模一樣的紋道，所以沒有槍枝能在子彈上留下一模一樣的痕跡。奧斯卡發表證詞時，科威爾的辯護律師一直保持冷靜，但是陪審員開始查閱那些照片時，他激動了起來。

「我要對這些照片提出一般性的反對，因為它們不合規定、不相關、不足取，也沒有適當的基礎，」亞瑟・林道爾（Arthur Lindauer）大聲說道。

「反對被駁回，」法官回答。

奧斯卡嘴角上揚，可惜為時不久。科威爾的辯護團隊開始攻擊他的證詞，包括他是怎麼拆解和檢驗科威爾的槍枝、怎麼清理子彈，甚至他如何計算子彈的大小。

「你可以計算八分之三英吋嗎？[13]」林道爾要求，「結果會是點三八，不是嗎？」

「不是，是點三五，」奧斯卡冷靜的回答。「和八分之三不一樣。」

「我知道，」林道爾說。

「我想知道陪審員們是不是明白我說的話，」奧斯卡不悅的回答。

「我也不知道他們是不是明白，」林道爾語帶嘲諷的說。

奧斯卡再次受科學所累，這讓他大為光火。簡單交鋒後，檢察官請他先下台。奧斯卡回到座位後，瀏覽了辯方的證人名單，在當中看到了他的死對頭強西・麥克高文的名字。這名辯護專家曾在眾多案件上挑戰奧斯卡，包括四年前的赫斯林神父案。

奧斯卡太失望了——現在麥克高文也宣稱自己是受過訓練的彈道學專家了。真是可笑。他第一次以槍械專家的身分露面不過是幾個星期前的事，那場凶殺案讓奧斯卡至今依舊忿忿不平。麥克高文在證人席上做了些錯誤的聲明，用跟奧斯卡的結論矛盾的

謊話來影響陪審團，導致凶手最後獲釋。

現在，這場審判讓這對冤家再次於法庭上相見。麥克高文決定控告奧斯卡·海因里希這位美國最著名的鑑識科學家欺詐。奧斯卡坐在地方檢察官身旁，看著五十三歲的麥克高文走上證人席坐下來，不禁怒火中燒。麥克高文拿起奧斯卡拍的照片，然後注視著陪審團。

「這是絕對不可能的事〔14〕，」麥克高文以譏笑的語氣對陪審團說道。「顯微鏡不可能拍出這樣的照片。你必須先拍這個子彈，然後拍另一個子彈，再將兩張照片拼在一塊。」

陪審員聆聽著麥克高文指控奧斯卡是將分開拍的照片小心裁剪黏貼，然後再拍下它們的合照——就像變魔術戲法一樣，靠的是純熟的技巧。如果這個實驗是奧斯卡捏造的，那麼他的證詞便完全不足採信，麥克高文下了這樣的結論。一名困惑的陪審員舉起手。

「如果真的是兩張裁剪下來的照片拼貼的，要怎麼讓中間那條線對齊呢？」他問道。

「你可以剪下一張照片的一部分，再剪下另一張照片的一部分，然後將它們擺在一起，就像海因里希先生這裡用的方法一樣，」麥克高文回答。

陪審團似乎還是不懂，為什麼將兩張照片兜在一起，會形成將兩枚子彈分隔開來的那條完美的黑線。剛才奧斯卡給了他們一個簡單的解釋：那條線是比較顯微鏡的兩個鏡頭的稜鏡交界。

「我只想知道要怎麼把那條線弄到照片上〔15〕，」另一名惱火

的陪審員問麥克高文。

「你沒辦法透過顯微鏡得到那條線，只有一個辦法，」麥克高文回答，「你必須分別拍兩張照片。」鑑識科學家無法用比較顯微鏡讓兩枚子彈同時入鏡——麥克高文言之鑿鑿。他承認只有一個鏡頭的一般顯微鏡可以同時對兩枚子彈拍照，但是以子彈的大小來看，肯定會超出目鏡的視野，所以他堅持不肯相信奧斯卡的照片是原始照片。

當檢察官抨擊麥克高文缺乏彈道學經驗時，他先是反駁，接著開始為自己辯護。

「我昨晚只睡了四個小時[16]，」麥克高文向法官解釋。「現在才能任你宰割，如果非要這樣沒完沒了，我也樂意奉陪。」

陪審員大吃一驚，奧斯卡也一臉訝異。麥克高文身子一縮，轉頭看了看法官。

「我認為我們不該用這種方式表達，」檢察官里歐‧唐奈爾（Leo Dunnell）不悅的說。

「聽著，專家先生，能否請你說話放尊重一點，用詞恰當一點？」法官警告他。

「我接受糾正，法官大人，」他回答。

助理地方檢察官很快的想了一下，輕聲對奧斯卡說了幾句話，他聽完後臉上露出笑容。他們決定設下一個陷阱。他問麥克高文，覺得奧斯卡有沒有可能在五分鐘內，在法庭上複製他的實驗。

「他回答說，就算給我兩個小時，我也做不出來[17]，」奧斯卡事後這麼告訴一位朋友。

　　麥克高文脫口而出的傲慢讓他落入了圈套。奧斯卡回到實驗室去拿他的儀器。很快的，他小心翼翼在陪審團前的長桌上架設好他的比較顯微鏡。

　　「我注意到有些陪審員看了他們的手表，」奧斯卡回憶道，「我立刻動手，在四分鐘內安裝完成[18]。」

　　奧斯卡將兩枚子彈放在顯微鏡下，請每一位陪審員都上前往鏡頭裡看。科威爾的辯護律師馬上提出反對。

　　「法官大人，[19]」林道爾提出請求，「我們的目的不是要觀察子彈，而是要解釋奧斯卡先生是怎麼拍照的，就這樣而已。」

　　法官駁回他的抗議，並提醒陪審員們小心別動到桌子。所有陪審員都在奧斯卡的指示下，彎腰往那台顯微鏡裡一窺究竟。

　　「眼睛要靠近鏡頭，不要把身體的重量壓在桌上以免發生危險，」奧斯卡告訴他們。

　　大家點頭。

　　「使用這部顯微鏡時，我研究了它的各種可能性，發現如果能用相機鏡頭取代我的眼睛，我就能拍出我的眼睛看到的東西。各位，這就是我拍那張照片的方法[20]，」大家一邊輪流看顯微鏡，一邊聽奧斯卡解釋。

　　每個陪審員都清楚見到兩枚子彈上的凹痕和凸痕完全相同——代表它們是從同一把槍射出來的。但是有一名陪審員抬起頭，他對那張有趣的照片和背後的科學仍然有質疑。

　　「我想看他實際在我們面前拍照[21]，」那名陪審員說道，「然後我想看洗出來的照片。」

奧斯卡微笑同意。他走向顯微鏡，拍了幾張照片。接著他們找來一個商業攝影師[22]，去了他在附近的暗房等待照片洗出來。那個下午稍晚，奧斯卡站在陪審團前，手裡拿著剛洗出來的照片——和之前在他的實驗室裡拍的完全相同。麥克高文氣得火冒三丈，而奧斯卡則維持他一貫的堅定。

陪審團退席，經過數天的討論後再度出席……但他們還是沒有定論。他們在奧斯卡・海因里希和強西・麥克高文間的科學爭執中陷入了僵局。法官最後宣布審判無效。奧斯卡深受打擊——他都在他們眼前示範了，他們怎麼還是不相信呢？

地方檢察官以同樣的證據，包括奧斯卡和麥克高文等同一批專家，在五月進行了重新審判。陪審團不到兩個小時就回來了，奧斯卡已經做好準備接受最壞的消息——陪審團大概又無法達成一致決了。沒想到，他終於等來了好消息。有罪。他們建議對這名持槍射死前雇主的凶手求處無期徒刑。

奧斯卡巧妙的運用相機和顯微鏡建立了一套國際法先例，也激發研究人員著手改造相關設備，讓今天的科學家能夠提供更有效率、更準確的證據。

但是就像其他鑑識工具一樣，槍枝識別仍可能因為缺乏科學研究，在法庭上遭受挑戰。二〇〇九年，國家科學院發表了指標性的報告，並下結論指出鑑識彈道學在犯罪調查上雖有其價值，但陪審委員會不應該以它為唯一的證據來源。

「科學委員會同意，對於會留下特殊痕跡的工具，類化特徵（class characteristics）[23]確實有助於進行篩檢。在某些案子中，製

造或使用過程產生的個別痕跡便足以追溯到特定來源，但是還需要進行額外研究來讓個別化的過程更加精準且能夠重複[24]。」

就像大部分的鑑識學科，法律制度必須要求彈道分析師做更多測試，並且負起更大的責任。一九二六年，奧斯卡在馬汀·科威爾案的勝利讓鑑識彈道學向前跨了一大步。鑑識彈道學先驅凱爾文·高達[25]請奧斯卡將該案的照片寄給他，以闡述比較顯微鏡在法庭上的運用。隔年，高達在著名的薩科（Sacco）和萬澤蒂（Vanzetti）案子[26]上用了相同的設備。奧斯卡繼續精進他的技術，並且協助其他彈道學專家。

「我給自己的設備加裝了一個比較目鏡[27]，」他告訴一位專家。「如果你可以帶你的單眼顯微鏡過來，我們可以看看能不能整合不同廠牌的顯微鏡看到的影像。」

顯微鏡製造商聘請奧斯卡擔任顧問，協助改造他們生產的儀器，讓它們可以用在法律案件上。全國各地的律師也都指名要他。

科威爾的第二次審判令奧斯卡頓悟——不管陪審員的職業是什麼、教育程度如何、有沒有宗教信仰，他們都是反復無常的。但是他對未來很樂觀，因為他已經摸索出和陪審團溝通的方式了。如果沒辦法用解釋的，就想辦法直接給他們看證據。陪審團不喜歡因為某種稀奇古怪的科學理論就將人定罪。現在他明白了。

肥仔阿爾巴克的案子留下的傷口，終於有癒合的跡象。馬汀·科威爾案帶給奧斯卡一個遲來、但是可喜的勝利，他終於打敗了強西·麥克高文。接下來還有七年，他們會在法庭上針鋒相對，但大家總是偏愛「美國福爾摩斯」。

　　「老朋友，生日快樂，祝你身體健康！[28]」一九二六年底，奧斯卡在例行的聖誕信上祝福他最好的朋友約翰‧伯因頓‧凱薩。他每年都會寫一封信來回顧過去這一年。他還沉浸在馬汀‧科威爾審判後，獲得其他科學家關注的喜悅中。他的生意蒸蒸日上，這是個令人開心的消息，但他後來也發現，這對他的家庭生活是個阻礙。

　　「我生命中最大的喜悅來自我的家庭，但是現在我頂多在晚餐時間才能見到他們一次[29]，」他在給凱薩的信上提到。而且這樣的模式還要持續兩年，因為他總是出差在外。

　　「我太忙了。過去六十天，我去了科羅拉多、堪薩斯、猶他、內華達、奧勒岡和加州各地工作[30]，」他在給一個朋友的信上寫道。「我的體力跟二十年前、甚至十年前已經無法相比了。」

　　他試著將工作量調整到每天十一小時就好，但那幾乎是不可能的事，而且現在他感受到更大的經濟壓力了。一九二八年，西奧多十八歲時，奧斯卡考慮答應他的要求，讓他到歐洲旅行半年。這個大兒子想要開拓他對藝術和建築的視野，同時完成接下來要進英國劍橋大學就讀的語言要求。奧斯卡查閱了他的眾多帳冊，並做了各種財務規劃，最後勉強答應了。西奧多在英國、德國、義大利和法國旅行了幾個月。他搭船穿過巴拿馬運河，並在世界最著名的博物館中學習。這趟旅遊花了奧斯卡數千美元，而財務壓力也影響了他的生意。

「我把幾本在我桌上放了一陣子的書單寄還給你，我很想把它們佔為己有〔31〕，」他寫信給凱薩。「西奧多來消息了，我已經安排好接他回家的事，目前我暫時破產。你可以自己下結論。」

奧斯卡的小兒子摩提莫也十四歲了，現在兩個兒子的開銷都很大。

「兩個人都被推進醫院切除了闌尾，都需要度個假來恢復體力〔32〕，」他告訴一位朋友。「接著，摩提莫注意到自己的牙齒不好看，想要整理牙齒。另一方面，西奧多非得將他的車子燒了，來為他的假期劃上句點。」

但奧斯卡同時也對西奧多變得日益成熟甚感欣慰，這個兒子正發展成一名多產的作家，在知名雜誌發表與園藝相關的文章。

「或許我太感情用事了，」他寫信給某個朋友，「但這孩子剛自己和《漂亮家居》（House Beautiful）談成了一篇文章〔33〕。」

西奧多最後在全國性雜誌上的成就將高過他的父親。他是一名過好日子的好學生——這是他那成長過程中幾乎一無所有的父親給他的禮物。

「我的精神與你同在，也為你找到人生目標和對這世界有所貢獻感到驕傲，我會以我微薄的力量繼續支持你〔34〕，」他寫給西奧多。「如果你成功了，我會持續這麼做。如果你失敗了回來找我，我也絕對不會發牢騷。我會做我們一直以來做的——收拾殘局，重新整裝後再出發。」

然而，他瘋也似的要求兒子寄財務報告給他，西奧多就是我行我素，讓他不得已，只好以停止每個月的津貼做為威脅。

「如果你再不留心，我便不再匯錢給你，一直到你願意花點時間來做我要你做的事為止[35]，」奧斯卡寫道。

多年來，他為了孩子馬不停蹄的工作，幾乎要讓債務吞噬。但是很快的，他對孩子們的驕傲慢慢變成了埋怨。「我很難不去想像你在地中海是如何縱情的飲酒作樂，忘了你到那邊是為了什麼[36]，」奧斯卡警告西奧多。「加州已經開始受經濟蕭條影響了。你現在該做的事，是在有空的時候研讀一下經濟學，做好和我們一起跌到谷底的準備。」

聽到西奧多打算當工程師時，奧斯卡稍稍受到了鼓舞，但他還是為西奧多欠缺責任感以及對金錢漫不經心而感到憂心。西奧多似乎沒弄懂，恐懼財務失敗這件事如何深深影響他的父親——以及他的祖父奧古斯特·海因里希。奧斯卡試著跟西奧多解釋，當他十幾歲，人生都還沒真正開始時，前途如何差點斷送在自己那無能的父親手中。

「你的爺爺很有創造力，但是缺乏訓練，死的時候一文不名，留下跟你年紀一樣的我，沒有人引導，只能自力更生尋求名聲與財富[37]，」奧斯卡寫道，「還要為你爺爺過去犯下的錯扛起責任。」

過去，奧斯卡由於過度專注個人開支預算和不穩定的收入，心力交瘁。現在則是為了西奧多的未來傷透了腦筋。

「假如我明天死了，便沒有人能供養你，支持你的野心，到時候，你會發現你只能像我這樣馬不停蹄的工作，」他警告西奧多。「我已經有歲數了，開始覺得體力大不如前了。」

關於孩子，奧斯卡常覺得有很多矛盾，隨著他的年紀增長更

是如此，這一點很困擾他。他想要給孩子們優渥的生活，讓他們放膽去做喜歡做的事。他對他們施壓，希望他們成功，但同時又歡迎孩子們受挫的話可以隨時回家。他經常稱讚兩個孩子，他們也很努力的討好他，但往往徒勞無功。他不斷逃離自己的父親留下的陰影，為自己缺乏安全感所累。他曾向奧古斯特・瓦爾默透露，有些時候，他覺得自己完全被打敗了。

「我必須克服職業生涯早期的恐懼，當時我大約每九十天就會被追債一次，把原本要拿來餵飽家人的東西交給債權人[38]，」奧斯卡告訴瓦爾默。「就是那個時候，我學會過好每一天，然後希望有一天我能告訴那些銀行的人去死吧！」

接近五十歲時，即使專業上成就非凡，奧斯卡卻對自己的人生愈來愈不滿。下午時分，他會坐在實驗室的大落地窗前俯瞰金門大橋。

「我想知道船隻向西前行，過了地平線後會遇見什麼，這個欲望不斷困擾著我[39]，」他在給某朋友的信中提到。「有一天，我將跟從太陽的誘惑，向西跋涉而去。」

不過他命中註定過不了那樣的日子。再不到三年，整個美國和奧斯卡要承受的苦難，可不只是失去夢想而已。

一九二九年，一連串災難事件導致美國發生了有史以來最嚴重的經濟危機[40]。三月時，股市做了修正，震驚了所有向證券交易所融資投資股市的人，導致數百萬人申請破產，到了一九三

三年，失業人口已佔所有勞動力的將近二十五％。銀行也因為大家搶著領錢而關門。

十月，黑色星期四當天，美國股市崩盤，大跌了將近二十五％，投資人的損失高達三百億美元[41]，幾乎是第一次世界大戰的花費。咆哮年代的獲益全吐了回去。這將是工業化的西方世界歷時最久、也最嚴重的經濟蕭條。

犯罪率不斷攀升，自殺率也節節升高。一九三一年，一份政府報告指控禁酒令對美國社會有負面影響，於是將它廢除。奧古斯特‧瓦爾默是這份〈威克沙姆報告〉（Wickersham Report）[42]的作者之一，報告譴責警方在「尋找並逮補凶殺案凶手」上失職。這些指控起因自幾樁知名的凶殺案，包括一九二九年情人節發生於芝加哥的大屠殺，當時艾爾‧卡彭的黨羽佯裝成警察，槍殺了七個人。彈道專家凱爾文‧高達，同時也是比較顯微鏡的發明人，利用子彈刻痕證明警方沒有善盡責任。

不久，高達便獲得資金[43]，在西北大學的法學院成立了全國第一家公有且獨立的鑑識實驗室。鑑識專家們開始與有財力成立鑑識實驗室的大學合作，警察學院也終於承認鑑識科學有利破案。

那一年，高達建議奧斯卡到西北大學的實驗室任教。一位自學成才的犯罪專家路克‧梅（Luke May）也會加入他的行列。強西‧麥克高文在科威爾案遭到公開譴責後，已經不再是奧斯卡頭痛的對象。但總有其他人起而代之。欠缺教育、虛張聲勢且態度傲慢的路克‧梅就讓奧斯卡極為反感。

「梅是個極其自我的人，他對知名度的狂熱可說到了病態的
程度[44]，」他寫道。

奧斯卡讀了梅的最新著作《犯罪的復仇女神》(*Crime's Nemesis*)
後，在一份文學期刊上發表了諷刺性的評論。「章節內容雖多，
但缺乏想法和情感，」奧斯卡寫道，「作者沒有盡到幫助大眾更
完整認識科學犯罪調查的責任，讀者依舊一知半解[45]。」

奧斯卡很擔心凱爾文‧高達會聘請一群虛假的專家或高明的
騙子，毀了鑑識科學的名聲。

「過度強調他們在某件事上的功績，是導致他們無法取得更
高成就的原因[46]，」奧斯卡這麼告訴另一位鑑識科學家同僚。
「我們不需要害怕這樣的競爭者，就像《大西洋月刊》(*Atlantic
Monthly*)不必把《無間警探》(*True Detective Stories*)[47]當競爭對手
一樣。」

教職人員彼此競爭得非常激烈——幾乎每一個犯罪專家都在
西北大學這樣具聲望的學校擁有一份舒適的工作。奧斯卡沒有非
得在西北大學教書，因為他更中意芝加哥大學的一個職缺。

「芝加哥大學比較有優勢，」他在給朋友的信上寫道。「我相
信他們的工作會最具建設性。」

很快的，事情有了結果——但不是他想要的，奧斯卡從來
沒有這麼嫉妒過一位好友。一九二九年，芝加哥大學聘請奧古斯
特‧瓦爾默擔任教員。歸根究柢，院長認為「現代警察學之父」
是比犯罪專家更適合的人選。奧斯卡覺得很受傷，也感到嫉妒。
他不認為瓦爾默有資格在大學裡教授鑑識科學。

「我是全國唯一能勝任那個職位的人，」他對著一位朋友發火。

但是他沒有讓這個傷害成為絆腳石。他認真解決每一件案子，隨著他的名字一次又一次出現在報紙上，他也愈發自信和自負。儘管他不在公共場合展現傲氣，但他確實有愈來愈狂妄自大的跡象，即使是對他過去尊敬的專家也是如此。

「你說隨便一個半吊子技師都會製作三發子彈架，這我不全然同意〔48〕，」奧斯卡告訴一名彈道專家。「除非有個姓海因里希的人來指導他，那就另當別論了。」

到了五十歲，奧斯卡的自我依舊旺盛，但耐力卻大不如前了。他已經無法再每天工作十二個小時。急性結腸炎讓他休息了幾個月〔49〕，這種結腸發炎的症狀會隨著壓力惡化。他一直有抽菸的習慣，每天睡前都要來一根。

一九三〇年代初，奧斯卡得繳的稅增加了，但是鑑識專家的收費卻大幅減少。截至那時為止，奧斯卡已經破解了上千樁案子，但是他的工作量現在只剩下一半，因為警察局長和律師都負擔不起他的費用了。奧斯卡一個人的經驗，抵得過一整個警察團隊集結起來的調查技能，但是現在他不但沒有工作，還錯過了他的結婚二十週年紀念〔50〕。

不過再過不到一年，他將會接到一個重大且收益豐厚的案子，並再次成為眾人眼光與爭議的焦點。針對史丹佛校區這名貴婦的死亡，他提出了一個極富爭議的理論，這理論將考驗法律制度……同時考驗他的鑑識科學技術。奧斯卡將使一個新興的鑑識技術合法化，或許可以藉此挽救司法不公。

註釋

1　Colin Evans, *Murder 2: The Second Casebook of Forensic Detection* (New York: John Wiley & Sons, 2004), 60; Block, *The Wizard of Berkeley*, 166–67.

2　Trial transcript of *People vs. Colwell* (p. 28), "Colwell" folder, carton 70, folder 1–3, Edward Oscar Heinrich Papers.

3　Notes on experiments, "Colwell" folder, carton 70, folder 1–3, Edward Oscar Heinrich Papers.

4　Block, *The Wizard of Berkeley*, 169.

5　Block, *The Wizard of Berkeley*, 170.

6　Thomas Gale, "Microscope, Comparison," *World of Forensic Science* (Detroit: Thomson Gale, 2006); Lisa Steele, *Science for Lawyers* (Chicago: American Bar Association, 2008), 1–4.

7　Trial transcript of *People vs. Colwell* (p. 16), "Colwell" folder, carton 70, folder 1–3, Edward Oscar Heinrich Papers.

8　Block, *The Wizard of Berkeley*, 165.

9　Ibid., 173.

10　Notes on experiments, "Colwell" folder, carton 70, folder 1–3, Edward Oscar Heinrich Papers.

11　Trial transcript of *People vs. Colwell* (pp. 17–19), "Colwell" folder, carton 70, folder 1–3, Edward Oscar Heinrich Papers.

12　Ibid., 20.

13　Ibid., 40.

14　Ibid., 56–57.

15　Ibid., 60.

16　Ibid., 88.

17　Letter from Heinrich to Crossman, March 29, 1926, box 26, folder 6–10, Edward Oscar Heinrich Papers.

18　Ibid.

19　Trial transcript of People vs. Colwell (pp. 105–7) "Colwell" folder, carton 70, folder 1–3, Edward Oscar Heinrich Papers.

20　Ibid., 105.

21　Block, *The Wizard of Berkeley*, 177–79.

22　Trial transcript of *People vs. Colwell*, "Colwell" folder, carton 70, folder 1–3, Edward

Oscar Heinrich Papers.

23 譯註：可以分類，但無法將範圍縮小到個別特定對象的特徵。

24 National Research Council, *Strengthening Forensic Science in the United States*, 154–55.

25 "Calvin H. Goddard," *Criminal Justice Law International*, https://riminaljusticelawintl. blog/criminal-justice-law-top-tens-2/top-10-contributors-modern-criminal-justice/ calvin-h-goddard.

26 譯註：兩名受僱於麻州一家鞋廠的無政府主義義大利移民謀殺鞋廠出納員和門衛的案子。

27 Letter from Heinrich to Crossman, April 30, 1926, box 26, folder 6–10, Edward Oscar Heinrich Papers.

28 Letter from Heinrich to Kaiser, December 26, 1926, box 1, John Boynton Kaiser Papers.

29 Letter from Heinrich to Kaiser, May 16, 1927, box 1, John Boynton Kaiser Papers.

30 Letter from Heinrich to Crossman, November 5, 1929, box 26, folder 6–10, Edward Oscar Heinrich Papers.

31 Letter from Heinrich to Kaiser, September 14, 1928, box 1, John Boynton Kaiser Papers.

32 Letter from Heinrich to Crossman, August 28, 1929, box 26, folder 6–10, Edward Oscar Heinrich Papers.

33 Letter from Heinrich to Crossman, August 28, 1929, box 26, folder 6–10, Edward Oscar Heinrich Papers.

34 Letter from Heinrich to Theodore, January 14, 1932, 89–44, box 23, file 179, Theodore Heinrich Collection.

35 Letter from Heinrich to Theodore, July 25, 1932, 89–44, box 23, file 179, Theodore Heinrich Collection.

36 Letter from Heinrich to Theodore, July 5, 1932, 89–44, box 23, file 179, Theodore Heinrich Collection.

37 Letter from Heinrich to Theodore, July 18, 1932, 89–44, box 23, file 179, Theodore Heinrich Collection.

38 Letter from Heinrich to Vollmer, December 23, 1929, box 15, Edward Oscar Heinrich Papers.

39 Letter from Heinrich to Bennett F. Davenport, May 18, 1924, box 26, folder 12, Edward Oscar Heinrich Papers.

40 Smithsonian National Museum of American History; "Social and Cultural Effects of the Depression," Independence Hall Association.

41 "The Economics of World War I," *NBER Digest* (January 2005).

42 "Wickersham Report on Police," *American Journal of Police Science* 2, no. 4 (July–August 1931): 337–48.

43 Details about Northwestern and competition from letter from ibid.

44 Letter from Heinrich to Crossman, June 12, 1929, box 26, folder 6–10, Edward Oscar Heinrich Papers.

45 Review of *Crime's Nemesis*, 84–44, box 10, file 91, Theodore Heinrich Collection.

46 Letter from Heinrich to Crossman, September 20, 1926, box 26, folder 6–10, Edward Oscar Heinrich Papers.

47 譯註:《無間警探》是1924年至1995年間出版的美國雜誌,初期以虛構故事為主,到了1930年代,有鑒於真實犯罪故事極受歡迎,才逐漸轉型。

48 Ibid.

49 Letter from Heinrich to Theodore, September 6, 1932, 89–44, box 23, file 179, Theodore Heinrich Collection.

50 Letter from Heinrich to Kaiser, September 14, 1928, box 1, John Boynton Kaiser Papers.

CHAPTER
11

咒詛：浴中遇害的艾琳‧蘭森（下）
Damned: The Case of Allene Lamson's Bath, Part II

因為屋中沒有打鬥的跡象，因此我的結論是地板上的血跡是凶手在他激動時流的鼻血。我也發現，血跡出現的地方和他的足跡吻合。

　　——亞瑟‧柯南‧道爾，《血字的研究》，一八八七年

　　她在椅子上扭來扭去[1]，盯著他的後腦勺看。她的棕色眼睛眼角下垂——長得跟父親非常相像，頭髮往右分，由上而下從大波浪變成小捲髮。

　　這天是一九三三年六月五日星期一，艾琳‧吉納維芙‧蘭森（更多人叫她貝貝）覺得很困惑。爸爸就坐在那裡，距離她只有幾英尺，但是她不准抱。他看起來很激動。她喊了聲：「爹地！」

　　距離媽媽上一次抱她已經快一個星期了。貝貝試著乖乖坐著，但還是忍不住想要扭動身體。一百多個穿著深色西裝的男士和漂亮洋裝的女士肩並肩坐在一起，大部分的人都試著保持安靜。超過一千人擠進了法庭的入口通道，郡監獄附近的廣場還有

更多人。她身後的人突然興奮起來——鼓譟的聲音令人難受,至少對一個小娃兒是如此。

穿著黑袍的法官雙眼掃視法庭。貝貝把一隻手放在厚厚的木頭圍欄上,她身上的白色蕾絲洋裝有許多小珠子裝飾,哪天上教堂時穿再適合不過了。在奶奶的深色套裝和時髦的黑色帽子相襯之下,她簡直跟會發光一樣。奶奶的穿著雖然正式,卻像是要參加喪禮似的。

「是的,」爸爸喃喃的回答法官的問題。貝貝聽不懂那些問題,忍不住又扭動了身體。她旁邊坐著中年的姑姑瑪格麗特·蘭森(Margaret Lamson)醫生和海柔·索茨(Hazel Thoits)。貝貝上星期一直住在瑪格麗特家。

爸爸很快站了起來,從大桌子後面走出來。一個身穿黑色制服的人把手放在他背後,接著兩個人便在一扇門後消失了。貝貝朝奶奶看了一眼。大衛·蘭森的審判期間,聖克拉拉郡的最高法院對貝貝來說,是個讓人困惑又難過的地方——而且只會愈來愈困惑,因為接下來,他的父親將因為把母親毆打致死而面對陪審團。

一九三三年,奧斯卡·海因里希已經開始受到經濟大蕭條影響,就像美國普遍的情形一樣,於是他重新規劃自己的鑑識科學公司,將業務擴展到國外,指證德國在戰爭中的破壞行為——事實證明,比起地方檢察官和辯護律師,美國政府是更可靠的客

戶。他也開始在歐洲做藝術品鑑定。但這些新事業還是無法彌補他巨額的收入損失。

奧斯卡抱怨內華達州有五成的銀行被凍結了，那是他生意的主要來源。檢察官被禁止聘請專家，這對該州的罪犯來說是個大好消息。奧斯卡在加州的生意掉了三分之一，他也說服不了客戶快點付錢。這些狀況再加上大兒子在英國的學業，都讓海因里希一家人面臨破產的威脅。

前一年，西奧多因為劍橋大學的課業需求，拜訪了芝加哥、紐約、費城等美國城市。這名二十二歲的年輕人寫了一封低聲下氣的信給父親，並附上旅遊花費的清單。

「我在算我的開銷時得到一個結論，法國是個花費相對高的國家。我不知道為什麼我的錢這麼快就花完了，但是我絕對沒有奢侈浪費[2]，」西奧多在信上寫道。

奧斯卡深愛兒子，但是在債務長期的脅迫下，他實在受夠為錢所苦了。

「你恐怕還活在你想像的世界，而不是真實的世界[3]，」他教訓西奧多。

奧斯卡出差的時間更多了，他擔心妻子自己待在柏克萊家中的安危。他要求警察進行例行保護，就怕有歹徒心懷不軌。

「告訴摩提莫，我不在的晚上，將警衛安排在屋內會比在屋外有效率[4]，」他在給瑪莉安的信上寫道。

開始調查蘭森的案子時，奧斯卡‧海因里希已經感到非常虛弱了。他當時五十二歲，體力大不如前。幾個死對頭都已經退下

——脾氣古怪的筆跡專家卡爾·艾森詩密爾前一年過世了，最讓人頭大的強西·麥克高文也將在隔年過世。不過他們比起奧斯卡接下來要面對的復仇者，可說是小巫見大巫。這位丰采迷人的德國醫生揚言，要在奧斯卡這輩子最重要的案子上，阻撓他的陪審團。

在家中的實驗室裡[5]，奧斯卡盯著那顆頭顱，接著比對了它的大小，然後做了筆記。他調整了纏繞它的繩線。在這個行業打滾了近二十年，他很清楚萬全的準備是他在法庭上最可靠的武器。

他的手臂上還有牆上那面大黑板落下的粉筆灰。黑板上以一個橢圓形代表粗略的頭顱，沒有眼窩或其他明顯特徵，只有兩隻耳朵。他畫了四條從中間延伸出來的曲線，並標示A、B、C和D。其他不規則的線條代表的是艾琳·蘭森死前發生的裂痕。病理學報告上說有一處大的骨折和三處小骨折。檢察官認為是大衛·蘭森以重物敲擊造成的——敲擊四次留下四處骨折。

奧斯卡的櫃子上有一本約翰·伯因頓·凱薩給的新書：《以埃特曼血液化學試劑組進行之簡化血液化學操作》（*Simplified Blood Chemistry as Practiced with the Ettman Blood Chemistry Set*），這是一本教導如何計算並解讀血濺形態分析證據的手冊[6]。奧斯卡看了看他做的大量實驗留下的筆記。它們都是很好的練習，但是他鄙視那位讓他必須完成這些練習的人。

一九三三年八月底，就在審判開始之前，奧斯卡答應和聖克

拉拉郡的病理科醫師弗雷德里克‧普羅雪爾（Frederick Proescher）[7]聯手進行鑑識測試[8]。由於律師只願意提供少量證據做測試，而這兩個明星證人又都想贏得關注，兩人於是展開激烈的互動與競爭──他倆都資歷顯赫且非常自我。

時年五十五歲的普羅雪爾是德國醫生，具有犯罪現場與研究實驗室的醫學專業知識。奧斯卡過去三十年在法庭遇到的對手中，他的資歷算是最完整的。現在，普羅雪爾醫生也被奧斯卡列入競爭對手，雙方在法庭裡開始了一場醫生與鑑識科學家的公開較量。

奧斯卡愈讀他的犯罪現場筆記，愈覺得離譜。普羅雪爾醫生表示在艾琳遇害當天，在貝貝房裡的衣櫃中發現了汙漬[9]。他向同行的警員保證那是血跡，但是奧斯卡親自做了測試後，發現那汙漬並沒有血液反應。普羅雪爾事後也承認那應該是蠟筆的痕跡。這名病理科醫師還提到，大衛有一件不是當天穿的襯衫也有血跡。

「是的，上面也有血跡，」這名病理科醫生告訴地方檢察官。

但是奧斯卡測試後再次發現當中沒有血液成分。普羅雪爾醫生還堅稱廚房門上也有血跡[10]，奧斯卡隨後證實它們只是油漆。這名醫生的無能惹惱了奧斯卡──普羅雪爾是個不懂化學、也不懂生物學的醫生。

艾琳遇害的早上，帕羅奧圖警方篩檢了大衛在院子裡的火堆灰燼，找到了燒焦的窗簾桿、幾段澆花的水管、一把小鏟子和一些中國硬幣[11]。大衛‧蘭森顯然是要在那個週末燒掉家裡所有

的垃圾。普羅雪爾醫生打電話給奧斯卡，告訴他火堆中有一塊布經過幾次血液反應測試都呈陽性。

「我分別用了血紫質（hematoporphryin）、血黑質（hemochromogen）和聯苯胺做了檢測，結果都是陽性[12]，」普羅雪爾醫生表示。

這些都是和血紅素混合後，顏色會改變的化學試劑。普羅雪爾很肯定三個測試都顯示那塊布上有血液，但是奧斯卡卻抱持懷疑。到柏克萊來，他回覆。一九三三年六月，普羅雪爾帶著幾樣從火堆裡找到的證物來到奧斯卡的實驗室，堅稱那塊布在他實驗室進行血跡檢驗時確實呈陽性。奧斯卡看了他一會兒，遞給他一把剪刀。

「我讓普羅雪爾醫生剪下三分之二的樣本，磨成粉後進行聯苯胺試驗[13]，」奧斯卡回憶起事情經過，「結果是陰性。我拿了一些剩下的粉末以還原孔雀綠（Leucomalachite Green）[14]進行測試，結果依舊是陰性。」

現在，換成奧斯卡想討回公道了，因為兩次試驗都支持他的發現——沒有血液。普羅雪爾醫生彷彿跟大衛・蘭森有仇似的，奧斯卡心想。

普羅雪爾離開柏克萊後，奧斯卡回過頭去做他自己的測試，最後在血濺形態分析上有了重大發現。地板上的血是「被動血跡」——這些是傷口處的血液受重力影響流出來或滴下來的[15]。

大衛有一件外套和長褲掛在浴室門內，距離艾琳的屍體只有幾英吋，上面有數十個驚嘆號形狀的血跡——他透過基本物理學推測，它們應該是動脈血濺點[16]。這些血跡被歸類為「撞擊型

（impact）或投射型（projected）血跡，因為它們通常是直接從血管飛濺出來後落到物體上的。

「從蘭森太太頭部可能倒下的位置到血濺點間的直線判斷，血液噴出的過程並沒有障礙物[17]，」他補充了細節。

奧斯卡也研究了從她頭部到外套的血濺軌跡；過程中一樣沒有障礙物，而且是朝上噴濺的（驚嘆號的尾端朝上）。這代表當時沒有人站在艾琳的後面。如果凶手站在她身後，以這麼小的浴室來看，艾琳的血濺出時會被殺手的身體擋住，不可能噴到掛在門上的外套。但事實顯示中間沒有阻擋，血滴布滿了整件外套。

奧斯卡提出了另一個極其關鍵的證據，那就是艾琳遭受攻擊時的位置。他檢查了動脈血液的噴射痕跡。血濺形態分析的理論之一是血滴會以特定方式移動。奧斯卡認為，如果艾琳是站在浴缸裡遭人從背面攻擊，血滴會在門後的衣服會留下尾部朝下的痕跡。但這些血滴的尾部都是朝上的，表示它們是從比較低的位置，例如陶瓷洗手台處向上噴濺的。或許是她從浴缸出來時滑倒了，後腦勺撞上了洗手台。

奧斯卡研讀了普羅雪爾醫生對艾琳後腦的傷所做的詳細描述。他認為一次重擊就能導致四處骨折，而且撞擊洗手台破裂的如果是動脈，便能解釋為什麼她會流出這麼大量的血。頭皮微血管破裂可以流相當多的血。這個撞擊很大，一九三三年的專家不明白一個這麼纖瘦的女子只是滑倒的話，能不能產生那麼大的力量。即使是現代病理學專家也不敢下定論。

但是奧斯卡非常堅決，他再次檢視了自己的筆記[18]。他認

為這個案子沒有牽扯到致命武器，也沒有險惡的殺手。奧斯卡告訴辯護律師，大衛・蘭森是清白的。

奧斯卡再度回到實驗室進行更多實驗。他分析了大衛・蘭森衣服上的血液。他記下「溶血」（hemolyzed）[19]，意思是當中有破裂的紅血球，有可能是艾琳的血液混了浴缸裡的水造成的。這聽起來沒什麼大不了，但是跟贏得這場辯護卻有很大的關係。大衛的衣服上沒有直接從動脈流出的血液。艾琳的遺體講述著她死去的故事，幫著奧斯卡解開謎題。奧斯卡非常有把握大衛・蘭森會無罪釋放。

有幾件雙方都同意、沒有爭議的物理證據。艾琳・蘭森在一九三三年五月三十日星期二早上死於浴缸內。頭部創傷導致她大量失血，整個浴室——包括地板、天花板和每一個牆面都有血濺痕跡。有些血液混到浴缸的水，有些是從動脈直接噴出的，所以沒有被稀釋。所有醫學專家都同意，頭顱某處的一個裂傷便可以流出這麼多血。

警察上午十點十分抵達時，艾琳的身體還是溫的，浴缸的水也還沒涼。米爾頓・賽爾（Milton Saier）醫師輕輕的左右搖動她的頭部，檢查關節是否已經僵化。死後僵直有可能在死後幾個小時便出現；到現在，這都還是用來判斷死亡時間的重要方法。所有肌肉都會立刻受僵直影響，但是較小的肌肉，像是脖子和下巴的肌肉，受影響的速度最快。賽爾醫師發現艾琳脖子處的關節還是

鬆弛的，代表死亡還不到一個小時。這和大衛‧蘭森的說法一致。奧斯卡開始翻閱驗屍報告。

「頭部後有四個撕裂傷，覆蓋枕骨隆凸和它的周圍，」上面寫道。

枕骨隆凸是顱骨之一，位在後腦勺，它保護控制我們呼吸與心跳速率的延腦，以及控制運動協調和視覺的小腦。如果一個重擊敲碎了枕骨，便會造成致死的腦部損傷。

「四個撕裂傷，」奧斯卡繼續讀。

他知道撕裂傷不一定是割傷或刀傷，也可以是擦傷。

「三個撕裂傷的方向趨於水平，但是其中有兩個稍微彎曲，」報告上寫道。「顱骨有一處凹陷骨折，還有一處沒有凹陷的星狀骨折。」

根據屍體解剖，艾琳‧蘭森很可能是遭一次重擊致死的。幾個較小的骨折是頭部創傷所造成，看起來就像雞蛋殼被用細針刺了後產生的小龜裂。四道撕裂傷中有三道是水平且平行的，其中兩道有些彎曲。奧斯卡找出在蘭森家拍的照片。他從馬汀‧科威爾的案子學到，照片對陪審團來說是非常直接的證據。這些照片可以完美的解釋他的理論。他仔細看了光亮的白色洗手台。從照片上可以看出四個不規則形的表面，每一面都有一個彎曲的邊緣，它們是洗手台的外緣、脊處、脊處內緣，最後是水槽本身的內緣。洗手台的四個邊緣正好和艾琳頭上的四個撕裂傷吻合。他聯絡了地方檢官。

檢察官聽了奧斯卡的理論後，非常生氣。他認為艾琳如果是

跌倒，頭部撞到洗手台，那麼她大部分的身體應該會在浴缸外。何況她怎麼會身體翻過來，臉部朝下呢？大衛說他發現艾琳時，她的身體趴在浴缸邊緣，但是他不記得確切位置了。

奧斯卡認為是身體重心把艾琳拉回浴缸裡的。或許她撞到頭後想試著翻身？又或者她想要扶著洗手台將自己撐起來？永遠不會有人知道答案。

奧斯卡用手指玩弄著纏在手上那顆暗色頭顱的繩線。這件案子可能很單純：如果艾琳·蘭森是頭部撞到洗手台死的，大衛便可以恢復清白。如果意外和謀殺兩種理論都合理，哪一種更有可能呢？一個丈夫有可能剛殺死妻子，就神情自若的和鄰居聊天嗎？為什麼他要請房屋仲介和她的客戶進屋子呢？奧斯卡相信陪審團會以常理判斷。但是話又說回來，殺人本來就是不談邏輯的——這也是為什麼證據確鑿遠比殺人動機重要。然而奧斯卡也承認，他的雇主有可能是殺害老婆的凶手。

他把鉛筆放在速記本上。他已經準備好公開圖表、照片和測量數值了，最重要的，他已經準備好要揭露真相了。他不知道他準備的這些東西會不會又是另一種障礙，就像過去幾次審問一樣。對大部分的人來說，科學很沉悶——極其沉悶。即使是擅長用聳動的形容詞來吸引讀者注意的報紙撰文者[20]，似乎也無法提高大家對鑑識科學的興趣。

「圍繞大衛的科學家爭戰，」某報紙標題寫道。

「海因里希對地板進行聯苯胺測試，」又是一個索然無味的標題。

就連照片的說明文字也很無趣。

「加州柏克萊著名犯罪專家於蘭森家中進行調查，並透過一系列精心繪製的圖表追蹤血跡，」它這麼寫道。[21]

「精心繪製的圖表」很少吸引陪審團，奧斯卡已經認清這一點。他的公眾形象也沒有因為媒體相互矛盾的描述而炒作起來。有人稱他是「全國知名犯罪專家和王牌證人」[22]，也有報導說他「面無人色、故作姿態」。

雖然在審問上有過許多高光時刻，但擁有三十年經驗的奧斯卡依舊忐忑不安。他看著照片，深怕自己在證人席上的執拗表現會再次成為絆腳石，就像在肥仔阿爾巴克和馬汀‧科威爾的審判中一樣。

約翰‧伯因頓‧凱薩擔心好友士氣低落。多年來，他一直藉著提供不可或缺的參考書和切中要點的建議，來為奧斯卡塑造更合宜的形象，提升他的自信。凱薩婉轉指出奧斯卡在審問時言語過於傲慢，這讓這名原本就很敏感的科學家覺得難堪。

「多年來，我一直謹遵科學導師們教導的深刻而正確的表達方式[23]，」奧斯卡向凱薩抱怨，「是這樣導致你覺得我『風格生硬』的嗎？」

奧斯卡向凱薩辯解，證人席上的他必須維持實事求是的語氣；陪審小組應該從每個問題得到坦直且慎重的回應。他相信陪審員比律師們以為的聰明。他們可以明白，甚至會欣賞他準確清晰的證詞。

「我感到困惑而擔憂，難道我是用自負、浮誇、過於正式或

言過其實的證詞,來說服形形色色的陪審員嗎?我不認為,因為他們太精明了。」

凱薩警告多年來在證人席上飽受摧殘而變得脆弱的奧斯卡,過於「科學」可能對他的證詞不利。

「不管怎麼樣,既然你已經發現障礙了,我麻煩你再講得明確一點,」奧斯卡寫道,「但如果你告訴我表現得『自然一點』,我是做不到的。」

凱薩知道如果奧斯卡拒絕改變,大衛‧蘭森就完蛋了。

聖克拉拉郡的地方檢察官拿凶器在厚實的橡木圍欄上敲了一下時[24],陪審員都嚇了一跳。它在幾英吋外產生了四次回音。這是大衛‧蘭森的謀殺審問中相當令人過癮且戲劇化的一刻。

陪審員看著艾倫‧林賽(Allan Lindsay)手上握著一根鐵管進行結辯——這根鐵管是州政府認為最重要的證據,那是警方在大衛‧蘭森後院悶燒的垃圾堆中找到的。檢察官宣稱這根十英吋長的鐵管是完美的凶器,說著他再次敲打欄杆。它看起來有點份量,厚度約四分之三英吋。州政府對那根鐵管有十足的把握。

地方檢察官認為案情始於八月二十一日星期一,當時便可見到一系列動機。其中最刺激的情節莫過於將大衛‧蘭森塑造成一位背叛的丈夫,他與女兒的保母有染並導致她懷孕[25]。但這不太可能,瑪麗‧多洛莉絲‧羅伯茲(Mary Dolores Roberts)當時確實已經懷孕,但孩子的父親是她新婚不久的丈夫,而且她還出現

在法庭上幫忙照顧貝貝。事後，大衛也為媒體對待羅伯茲的方式深感遺憾。

「我對於她的私生活一無所知，也從不覺得它們跟我有什麼關係[26]，」他告訴記者，「我唯一知道的是由於我自己的不幸，讓其他人的生活跟著攤在陽光下讓人說三道四。」

最後，該州檢察官又提供了一個更不堪的殺人動機。根據他的說法，大衛深深迷戀沙加緬度（Sacramento）一位美麗又聰明的作家莎拉‧凱利（Sara Kelley）。莎拉‧凱利也是史丹佛的學生，畢業十年後，和大衛為學校出版社合作寫了一系列關於大蕭條的書籍[27]。由於工作上的需要，兩人經常在沙加緬度見面，有時一起吃晚餐，有時約在莎拉‧凱利的公寓裡見（但是她的室友表示大衛從來沒有在那裡過夜）。大衛也從沒有向艾琳隱瞞和莎拉‧凱利見面的事，在艾琳死去幾個月前的日記中她還提到了這件事。

大衛送過凱利幾次花，他表示那是因為《沙加緬度聯邦報》（Sacramento Union）的園藝專欄需要花的照片。奧斯卡很清楚這有可能是對偷情事件的巧妙解釋，然而殺人動機不重要，物證才是唯一關鍵。可是檢察官知道陪審團看重這樣的動機，特別是女性陪審員，於是他針對五名女性陪審員設計了他的演說。

「大家都知道，一名男士開始跟女性朋友出門後，不用多久便會有閒話傳回家中[28]，」助理檢察官約翰‧費茲傑羅（John P. Fitzgerald）說道。「我不相信在座有任何女性聽到這樣的話，不會吃醋惱怒。」

大衛‧蘭森告訴他的律師那不是事實。他們同意他的說法，

也從沒傳莎拉・凱利來作證。但是這反而讓陪審員更覺得他們的關係非比尋常。

地方檢察官還有其他理論[29]；他宣稱大衛和艾琳在談離婚，兩人為了貝貝的監護權鬧得很不愉快。一位副警長表示，他曾無意間聽見大衛在屋裡對他姊姊說：「天啊！我當初怎麼會娶她！」這個說法後來遭到反駁。大衛的臉上和脖子上有些小抓痕，但他表示那是修剪玫瑰花叢造成的。

地方檢察官認為，他們之間的爭執在艾琳死去的那個早上達到高點。當天大衛向艾琳求愛，但是艾琳以生理期為理由拒絕了他[30]。大衛懷疑艾琳說謊，於是艾琳在浴缸裡時，他拿鐵管往她的後腦敲擊了四次——激憤殺人。接著他將鐵管丟進火堆，企圖煙滅證據。檢察官還告訴陪審員另一次大衛・蘭森暴怒的例子。他殺過人。

將近二十年前，十三歲的大衛和一個叫迪克・夏普（Dick Sharpe）的男孩一起到大衛家位於加拿大艾爾伯塔（Alberta）的農場附近打獵。

「一個星期天下午，夏普和蘭森一起在射烏鴉，就在蘭森要對一隻烏鴉開槍時，夏普站到他的前面，」報紙上這麼記載。「這個意外發生後，蘭森跟他的母親和姊姊很快就搬到了加州[31]。」

這個事件被當成意外處理，所以一九一四年的警方從來沒有定這名少年罪。但是檢察官強調，大衛・蘭森有殺人的前例。接著，艾琳的皮革裝訂日記被當成證物傳了上來——這個作法讓平常會將私人想法記在日記上的人感到心痛。艾琳最私密的心裡話

將被公諸於世，印在世界各地的報紙上。

「有絲襪、糖果、花束的母親節〔32〕，」這是距離她死亡不到兩個星期前的記載。

從她日記上的小短文判斷，艾琳對她的丈夫很滿意。

「大衛為我們打包行李，這是趟美好的旅行，」艾琳去世前幾個月，他們帶貝貝一起去海邊旅行，她回來後這樣寫道，「爬上懸崖時，貝貝讓大衛累壞了。」

接著，更多她的私生活曝光了。就在她去世幾天後，媒體挖出艾琳在大學時期情史複雜的八卦，提到當時還有其他男人迷戀她。大一期間，在還沒大衛認識前，她曾跟另一個人訂婚。

「下個學期開學回學校後，蘭森向她求婚，那個婚約就這樣取消了〔33〕，」某報導寫道。

另一篇報導提到，艾琳曾遭受史丹佛大學出版社的一名清潔工騷擾，這個清潔工不斷寫情書給她。警察不認為這兩個人是嫌疑犯，但這些小報的爆料對任何為人妻的都是羞辱，特別是像像艾琳這樣重隱私的人。

九月初，一些帕羅奧圖的名流開始現身替大衛說話，這些蘭森家的好友表示蘭森夫婦彼此相愛、相互扶持。很少人會對大衛・蘭森有微詞。

三個星期的審問期間，雙方為了那根燒黑的鐵管爭執不休。夏天時，普羅雪爾醫生分析了這個可能的凶器，宣稱在上面發現了血跡。兩個月前，他送了一份樣本給奧斯卡進行聯苯胺測試。奧斯卡做好了面對結果的準備，如果鐵管上發現血跡，那麼他的

客戶大概就有罪，他便會退出這個案子。

「聯苯胺測試的結果是陰性[34]，」奧斯卡結論道，「上面沒有血跡。」

奧斯卡檢測時發現鐵管上有一種有機物質，但不太可能是血液──有可能來自植物，或者是鐵鏽。由於其他測試的結果不一，因此鐵管上這個物質究竟是什麼，無法下定論。奧斯卡在法庭上見到普羅雪爾醫生時，心裡有些不安。他發現這名病理學家有意攪亂局勢，而且顯然想要從竄改證據下手[35]。他們一起做的檢測，血液反應都是陰性，但普羅雪爾醫生獨自分析的測試卻多是陽性的。兩名專家總是和對方互相矛盾，陪審團究竟會相信哪一方呢？八月底，兩名專家都被傳喚作證，兩人在媒體上的形象都不討好。

「海因里希說起話過分細瑣、僵化而不近人情，凡事只講求邏輯[36]，」某報導寫道。「普羅雪爾過於激動，坐著時身體向前傾，一會兒微笑一會兒皺眉，表情變換得很快，並以飛快的速度同時講兩種語言。」

普羅雪爾含糊不清的說話方式累翻了法庭速記員，一旁的奧斯卡看了卻覺得有趣。一名滿頭霧水的新聞記者轉頭對他說：「你很幸運──你懂德語。」奧斯卡笑著點頭。

「我會英文，也會德文[37]，」他回答，「但這兩種語言如果別像在炒蛋一樣混成一團，會好一點。」

奧斯卡看了看注視前方的陪審團，他們似乎對「聯苯胺」和「血紫質」這類詞語感到困惑。普羅雪爾醫生提供證詞時，奧斯

卡很聽不下去，經常拚命替辯護團隊記筆記。他會怒視著普羅雪爾醫生，然後挨近大衛的首席辯護律師愛德恩・瑞（Edwin Rea），低聲告訴他該怎麼回應。這時身材魁梧、戴著圓框小眼鏡的他會站起來，毫不客氣的跟普羅雪爾醫生纏鬥。終於，在測試方法受到質疑時，普羅雪爾醫生暴怒了。

「你在懷疑我的誠信嗎？[38]」普羅雪爾醫生以濃濃的德國口音問他。「你認為我放了其他東西在裡面？」

「醫生，你這是嚴重的指控，」愛德恩・瑞說道。他故意停頓了一下，接著又開始說：「好吧，是的，醫師，我確實懷疑。」

「小心，」一個在座的人大聲喊。「有人要挨揍了。」

普羅雪爾醫生當然很生氣，但他還是保持冷靜和專業——不過他不斷踩著的腳依舊露了餡。雙方的敵意加劇了法庭裡原有的焦慮氣氛。

九月初，檢方拿出了他們最有力的證據，證明這是件謀殺案。陪審團將目光聚集在那根鐵管上。

「只要敲一下就能讓顱骨破裂[39]，」普羅雪爾醫師表示。

另外兩名州政府專家的說詞相同——其中一人說那根鐵管夠重，「即使是十二歲或十四歲的孩子來使用」，也足以殺死人。但是解剖艾琳屍體的另一名醫生則承認，艾琳有可能是意外跌倒死的。

輪到辯方展現他們的策略時，律師們做了個頗具爭議的決定——讓大衛・蘭森上台作證。他們認為由蘭森來講述自己的故事，可以讓陪審團更理解他。這麼聰明而迷人的人怎麼會是殺人犯？

　　但是他可能扛不住檢察官尖銳的盤問。一九三三年九月六日星期三，大衛站上了證人席，結果奇慘無比。對他的辯護律師來說，他是糟糕的證人；對地方檢察官來說，他是天上掉下來的禮物。大衛的回答總是曖昧不明——因為他的記憶模糊不清。

　　「第一眼看到你太太時，她是什麼姿勢[40]？」艾倫‧林賽問道。

　　「她的身體有一半在浴缸內，一半在浴缸外，」大衛回答。

　　「在浴缸的什麼位置呢？」林賽問道。

　　「應該是靠浴缸的中間，我不是記得很清楚。」

　　「當時你為什麼不打電話給醫生？」林賽追問。

　　「林賽先生，我不知道怎麼回答你的問題，」他語氣卑微的回答。大衛重複講了至少十多次「我不記得」和「我不知道該怎麼回答」。在他回到他的律師身旁坐下時，檢察官提醒陪審團他曾經是業餘的戲劇演員。現在這個案子就看奧斯卡的專家證詞了。他坐在辯護律師旁，手上拿著他準備好的圖表和照片。

　　專家之間的衝突愈來愈大。九月九日，辯方開始傳喚自己的證人。奧斯卡對著一個熟悉的臉孔微笑——他終於遇到了盟友，這位著名且受人敬重的醫師支持他的看法，認為艾琳‧蘭森是意外摔倒致死的。史坦利‧克內索（Stanley Kneeshaw）是第一位為奧斯卡的理論辯護的證人。他指出，艾琳的顱骨骨折在跌倒的人身上很常見。

　　「這是我們所說的爆炸性骨折（explosion fracture）[41]，」克內索指證，「是撞擊到平坦的表面產生的結果。」

　　「你是說，那些傷口不可能是一個一百八十磅重的男人手拿

鐵管重擊造成的嗎？[42]」賀伯特・布里吉斯（Herbert Bridges）幫
州政府提問。

「我會說非常不可能，」克內索醫生回答。布里吉斯嗤之以鼻。

「你願意讓我用你的後腦勺試試看嗎？」他譏諷的說道。

「不願意，不過如果你找到人讓你試，我願意下賭注，」克
內索醫生冷靜的回答。

大衛・蘭森的謀殺案審判大概就是這樣的調調——一名狂熱
的檢察官和數十名證人與專家在陪審員面前周旋；一個雜亂無章
的辯護團隊想盡辦法，消弭被挖掘出來的謠言。科學則退居次要
角色。

九月九日，奧斯卡坐在陪審團右邊的低矮木椅上，懷錶的金
鍊子幾乎垂到了大腿上的文件。愛德恩・瑞問他，為何反駁普羅
雪爾說的鐵管上有血跡。奧斯卡樂於反駁這名病理科醫生的任何
說法。

「血液被燒到完全焦黑後，沒有任何測試能保證測到的一定
是血液[43]，」奧斯卡說道。「三種目前最精準的測試都派不上用
場。其他測試方法的誤判機率更高，測出來的血液很可能只是灰
燼而已。」

記者們注意到他很有說服力。在他準備揭開最有力的證據
——一系列大幅照片時，陪審員都拭目以待。奧斯卡對這些照片
非常滿意。他在馬汀・科威爾的謀殺案中學習到照片非常重要。

奧斯卡指著以助理喬治・韋伯的太太為模特兒，在蘭森家拍
的照片。他穿著一襲帥氣的深色條紋西裝，翹著腿坐在證人席上。

「博士，你是否在蘭森家中進行了模擬跌倒的實驗？[44]」瑞問道。

「是的，」奧斯卡回答。

他轉向左邊，準備對陪審團談話，但馬上被叫住了。

「我們怎麼知道你的模擬實驗和實際狀況相似？」羅伯特‧塞爾（Robert Syer）法官問道。

奧斯卡看了辯護律師一眼——知道自己該保持安靜。

「浴室的狀況一樣，」瑞語氣堅決，「我們想要展示給陪審團看的，是我們可以找來一名身高與蘭森太太相當的女子模擬事發狀況。」

「抗議！」檢察官大喊。

「法官大人，這對這個案子非常重要，而且非常切合這個案子的要點，」瑞提出請求。

「唯一的證實方法就是真的殺一個人[45]，」助理檢察官約翰‧費茲傑羅堅稱。

一番爭論後，法官決定不採用奧斯卡以真人模特兒在浴室做的實驗當證據。奧斯卡認為這對大衛‧蘭森的辯護團隊簡直是災難，而且荒唐。坐在被告席的大衛‧蘭森像洩了氣一樣，他的律師只能寄望接下來運氣能好一點。

證人席上的奧斯卡沉默不語——這個裁決對他的努力是一種冒犯。奧斯卡不敢相信竟然沒有人相信他，尤其是那位沒有科學背景的法官。但奧斯卡仍然冷靜的面對陪審團，因為他還有其他證據，更可信的證據。

他拿著一根木桿走向黑板，在上面畫了幾個尾巴各朝不同方向的血滴，接著花了幾個小時解釋如何用血滴的形狀和濃稠度來判斷死因。法庭上有人低聲謠傳他在實驗室裡進行了福爾摩斯般的可怕實驗──有人說，奧斯卡是切開自己的手臂動脈來做這些實驗的[46]。他言詞閃爍的否認了，不過他承認用自願者的靜脈血進行過血跡形態實驗。

奧斯卡指著一張浴室門內側的大幅照片，上面有十滴血滴痕跡。陪審員點點頭，奧斯卡似乎恢復了信心。但他試著描述艾琳的身體位置時，塞爾法官再次阻止他。奧斯卡覺得很困惑。法官表示，奧斯卡的個人看法與案子不相關，因為奧斯卡是在艾琳死後兩個星期才到現場的。法官大部分的裁定都對大衛・蘭森不利，這讓奧斯卡心灰意冷。

筋疲力盡的愛德恩・瑞決定不再提出新證據。現在大衛只能寄望陪審團會相信奧斯卡，只要能對檢方產生合理的懷疑就足夠。九月十六日星期六，檢察官在結辯時，鏗鏘有力的籲請陪審團判大衛有罪。

「我們不會讓這個手上沾滿了血的人就這麼走出法庭[47]，」艾倫・林賽說道。「讓我們終止犯罪率繼續攀升。如果你不這麼做，就等於放一個罪犯逍遙法外，難保他不會再犯，讓更多女性、小孩受害。」

「這沒辦法敲破腦袋嗎？[48]」林賽問道，然後拿鐵管敲打欄杆。

「我沒有使盡全力，」他說道。「想像一下，把它交給一個一百八十磅重的男人會怎樣。」

檢察官又敲了欄杆三次，然後注視著陪審團。
「想要我試試用它敲你們當中哪個人的頭嗎？」

奈兒・克萊門斯（Nelle Clemence）聽著首席陪審員重新檢視所有證據，感到無比焦慮[49]。木桌上有些文件，還有警察在案發現場拍的照片。記滿東西的筆記擱在一旁。這個頭髮斑白的中年陪審員是退休的果園主人，一位有堅定信念和幽默感的生意人，但地方報紙對她的描述卻不怎麼討喜。

「不難想見，她肯定是那種待在陪審團期間得找人幫她餵貓的人[50]，」《奧克蘭論壇報》寫道。

克萊門斯向來行事果敢，但是經過幾個小時的討論後，她開始猶豫不絕了。陪審團休息室可以讓人很不舒服，特別是遇到蓄意謀殺案的審判時。十二位沒什麼共通點的人要被隔離數日，甚至數個星期，被迫討論令人不安的死亡細節。打從殖民時期以來，陪審團休息室裡便發生過激烈的爭辯、謾罵，甚至肢體衝突。這些最終都被歸咎於大家在判斷一件可怕的悲劇究竟該怪罪於誰時，過於自我造成的。很不幸的，大衛・蘭森案的陪審團沒有這種自覺。這對奈兒・克萊門斯同樣不幸。

一九三三年九月十六日星期六，由十二個人組成的陪審團離席，進入聖克拉拉郡法院的休息室進行討論[51]。幾個小時後，小組準備休息用午餐，但就在他們離開前，首席陪審員喬治・彼得森（George Peterson）提議大家先口頭投票。這讓克萊門斯覺得

難堪——她是唯一投「無罪」的人。她看著其他人，大家都很肯定大衛．蘭森就是凶手。首席陪審員透過他的圓框眼鏡，看著這位年紀稍長的女士。他是來自薩拉托加（Saratoga）的生意人，留著黑色鬍子，在陪審團裡特別熱心。法庭觀察員也發現，檢察官陳述案情時，這名身材粗壯、年紀稍長的先生非常專心。

「在案子提交的差不多一個星期前，我就做好決定了[52]，」彼得森事後得意的告訴媒體。

他似乎不知道，這句話在相信美國司法制度的人聽來有多荒謬。但是其他陪審員都同意他的看法。

即使法官禁止他們接觸媒體，有兩名陪審員（其中一位就是彼得森）在審判進入第六天時，不只到橡樹谷公園（Oak Dell Park）野餐，還翻閱了報紙[53]。陪審團應該要隔離的，但是有陪審員去看了電影、參加公開演說，甚至在陪審員住的聖克萊爾飯店（Sainte Claire Hotel）與配偶會面。當中最年輕的陪審員，後來遞補上的歐拉．柯納弗（Ora Conover），在審判期間去了場派對，他宣稱：「被告有罪，不用審判就可以直接絞死了。」

被問到是不是和負責調查蘭森案的警長有交情時，熱心的首席陪審員喬治．彼得森說謊了。「沒有，」他回答。但事實上，他曾受聖克拉拉郡的警長邀請，到聖昆汀州立監獄進行私人訪問——有很明顯的利益衝突。

陪審團邊吃午餐邊討論證據時，彼得森似乎對於某人要投「無罪」感到震驚。他透過坐在奈兒．克萊門斯對面的陪審員威脅她。

　　「你知道馬特洛克案中那名不願意讓步的陪審員後來怎麼了嗎？[54]」他提出警告。

　　兩個月前，喬‧馬特洛克（Joe Matlock）在加州聖荷西開車時被警察攔下，他因此射殺了一名警員，被判有罪[55]。十一位陪審員贊成死刑，但是有一人堅持反對。這名五十七歲、持相反意見的人認為應該判他終身監禁，而不是死刑。由於詹姆斯‧霍華德（James Howard）一直拒絕讓步，辯論情形開始惡化。經過二十九次投票後，其他十一位陪審員放棄和他爭論了，同意對馬特洛克求處終身監禁。

　　幾個小時後，霍華德的生平故事出現在全國報紙上——他遭受了嚴厲的批判，甚至威脅。現在，大衛‧蘭森的陪審團中，有兩人是馬特洛克案的陪審員。整頓飯下來，奈兒‧克萊門斯安靜無助的坐在她的位子上。飯後[56]，另外十一名陪審員看來非常不高興，他們集結起來和克萊門斯辯論，「想要說服她被告有罪」。他們的解釋是大衛前一晚求愛不成，所以一氣之下殺死了他太太。

　　「不可能，」克萊門斯堅持。

　　她怒視在場的男性陪審員，問他們如果求愛被拒絕，是不是也會鞭打他們的妻子。這讓那些男陪審員氣炸了。

　　「你知道大衛‧蘭森是個道德敗壞的人，」J. A. 哈里斯（J. A. Harliss）氣呼呼的說。

　　彼得森和另一名成員大喊他們要投「有罪」好保護他們的女兒，讓社會不受這種惡魔侵害。他們指責克萊門斯罔顧社會安

全，還有兩名陪審員猛記筆記，揚言要拿它們當證據。

「她這樣是藐視法庭，」維爾拉‧布朗（Viola Brown）宣稱。「我們可以要求換掉她，找人遞補，這正是候補陪審員存在的用意。」

這說法當然是錯的。雖然他們大部分的論點都很可笑，但這些人攻擊起克萊門斯毫不留情。陪審員喬治‧海吉里希（George Hegerich）向她保證，地方檢察官不會起訴無罪的人，那是犯法的。

為了進一步說服克萊門斯改變投票意向，首席陪審員彼得森決定規避法院嚴格的規定[57]。他們在陪審團休息室裡，用桌子、椅子做成蘭森家浴室的樣子。結果當然不像。首先，它少了牆。真正的浴室非常小，小到不可能有人可以站在艾琳身後揮動鐵管。儘管如此，他們還是用檢察官給的平面圖、圖表和犯罪現場的照片大致擺放。接著，十二名陪審員一個接一個「從浴缸跌到外面」，試著重演艾琳‧蘭森當時的意外[58]。

「我們每個人都試著從浴缸跌到外面，看看怎麼樣能撞到洗手台，而且力道要大到把頭給撞破，」海吉里希說道。「最後我們成功說服自己，那是辦不到的。」

當時，在陪審團裡進行這樣的活動，很可能會立刻導致審判無效。大衛的辯護律師認為這是個大意、危險的實驗──未受監督，也未經教育。法官不准奧斯卡進行實驗，陪審團卻可以私自這麼做。

陪審團也討論了辯方的明星證人──案中最關鍵的專家。他們提到奧斯卡的血濺形態證據，這些必須以紙板刻度盤和細繩計算的複雜算術，是他用來證明大衛‧蘭森沒有殺人的證據，但都

被他們全盤否定了。

「我們知道死掉的人不會到處跳，把血噴得到處都是，」海吉里希說道。「辯方的犯罪專家並沒有說服我們任何事。」

依陪審團看來，奧斯卡的所有證詞理由都不充分，甚至荒謬可譏。他們一個個把火堆裡發現的鐵管拿在手裡研究，討論它的重量和長度。

「我們仔細端詳，也試著用它揮打，」海吉里希說道，「海因里希先生說過，那些傷不可能是那根鐵管造成的，但就在那時候，我們知道他錯了。」

陪審員誤解了專家證詞的大部分內容。奧斯卡並不是說那根鐵管殺不死人，而是鐵管不可能造成那樣的顱骨骨折。陪審團沒有把關鍵放在大衛的犯罪史、他與艾琳間的爭執、他和莎拉‧凱利間的情誼，或是跟警方或其他親人在記憶細節上的出入。這些動機看來沒有影響他們的討論，這其實是對的方向。陪審團原本就該根據他們對物證的了解來做出決定，然而這對大衛‧蘭森而言卻是可怕的消息。

「實際上，蘭森已經將自己定罪了，」彼得森堅稱。「如果他當時沒有清洗她的身體，接著又把她搬回浴缸，也不至於如此。」

陪審團記得普羅雪爾醫生提過許多次「洗過的血」（washed blood），其實它的意思是艾琳身上的血被浴缸的水稀釋了，但卻被誤解為大衛洗了艾琳身上的血。不只陪審團誤會了它的意思，媒體也是。

「證據顯示大衛曾試圖洗去血跡[59]，」《聖荷西晚報》報導，

「這意味著他想要迅速消滅犯罪證據。」

陪審團爭辯了一整天後，由法警護送去用晚餐。他們回來的時候，一名女性副警長邀請克萊門斯走在她前面。

「我知道大衛‧蘭森有罪[60]，」李奧娜拉‧蓋帝（Leonora sound path）低聲告訴她。「我知道大衛‧蘭森確實是個道德敗壞的人，我也知道他一開始就向他的律師承認了，但是他的律師不准他認罪。」

接著，蓋帝用與大衛的醫生姊姊相關的不實消息來干擾她。

「自從大衛來到這裡，蘭森醫生就一直帶毒品進來給他，」蓋帝堅稱。「蘭森醫生認為她這個弟弟沒救了，她已經為他惹上太多麻煩了。」

陪審員們回到法庭後，法警打開了巨大的木門，他們一一進入，走在最後面的奈兒‧克萊門斯進門後，門鎖上了。首席陪審員要求第三次投票——最後一次投票時，大家都盯著克萊門斯。她改變了答案，大家終於達成一致決。陪審團宣布大衛‧蘭森犯了一級謀殺罪。克萊門斯的態度軟化了。

陪審團可以選擇從寬發落，建議判他終身監禁，但他們決定讓他加入加州的死囚名單。他的命運最後由一個讓人充滿疑問的陪審團決定了，這些人連科學專家提供的血跡形態實驗都看不懂。奧斯卡‧海因里希的證詞讓大衛‧蘭森的希望落空了。這名鑑識科學家先是感到氣憤，接著覺得悲哀。他把錯怪在普羅雪爾醫生身上——又是一個在法庭上跟他作對的死對頭。

「我們正處於一個關鍵的寒冬時期，或許它會督促我們找到新方法與警長相抗衡[61]，」一九九三年，奧斯卡在寫給西奧多的信上提到。「對於一直沒有收到你的財務報告，我已經忍無可忍了。」

大衛‧蘭森這個案子帶來的壓力也考驗著奧斯卡的耐心，特別是在勸兒子有責任的使用有限的經費這件事上。西奧多當時在學費極為昂貴的英國劍橋大學讀研究所，摩提莫則在尤金的奧勒岡大學念書。即使蘭森的案子讓奧斯卡進帳不少，但他的生意已經短少了一半以上，這讓他開始厭惡二十三歲的兒子花錢的方式。

「為了供你讀書，我們不斷付出，這一直是破壞家裡經濟安全的最大因素，也使得我們少有餘力資助摩提莫的學業[62]，」他寫信給西奧多。「乍看之下，你花起錢來太過放縱了。」

隨著孩子年紀愈長，奧斯卡也愈嚴格控管他們的生活。他開始批評西奧多昂貴的歐洲旅行、他的同遊夥伴，以及他對不同職業的好奇心，甚至他對女友的選擇。「在這個階段，一名好妻子可以帶來美好的啟發，就像你母親對我一樣[63]，」奧斯卡告訴西奧多，「那些含金湯匙出生的金髮女郎可做不到這一點。」

這名犯罪專家認為，如果沒有他的指導，兒子將渾渾噩噩過日子，不懂得承擔責任，也無法在工作上獲得敬重。

「別在發展事業的關鍵時期讓女人催迫你[64]，」他告訴希奧多。「先完成你的學業，跟她說現階段你有必須完成的事。」

水泥地上有細小的玻璃碎片。年紀大的那名男子拳頭一揮，在對方下巴打出一道傷口。兩人彼此叫囂謾罵，瘋狂的拳打腳踢，一百多名圍觀群眾趕緊讓開，騰出空間給他們。他們臉上多處掛彩，場面令人震驚[65]——但也頗為尷尬，因為互毆的是兩名年屆中年的男子，還都是教育水準很高的律師。他們在聖克拉拉郡法庭上打得不可開交……全因為一個女人。

「我是六十歲了，還可以跟你來一場，」遭對方擊倒，躺在地上的辯方律師愛德恩・瑞大喊道。

「應該取消你的律師資格！」該郡檢察官艾倫・林賽大吼，然後突然起身朝他撲過來。

四十五歲的林賽體格顯然較好，但是瑞宣稱自己在哈佛大學時，曾拿下重量級拳擊賽的冠軍。兩人互毆了十幾拳後，艾琳・蘭森的哥哥，以及幾名法庭官員和勇敢的新聞記者終於將他們分開了。大衛・蘭森遭一級謀殺定罪的一個星期後，雙方人馬再度回到法庭——全拜奈兒・克萊門斯所賜。她是當初唯一認為大衛・蘭森無罪的陪審員，然而在承受九個小時的壓力後，改投了「有罪」。現在，她在震驚社會的書面陳述書中[66]，指責其他陪審員在審議期間，以「強制性的脅迫和不當行為」欺凌她。

「我一直相信蘭森無罪[67]，」克萊門斯在陳述書中表示。

地方副檢察官林賽被激怒了，指控辯方律師根據道聽途說的傳聞，捏造不實報告。

「你是說我做偽證？[68]」愛德恩‧瑞咆哮道。

幾分鐘後，這兩名報紙上稱的「打鬥律師」開始拳打腳踢，大衛‧蘭森則被送回了監獄。愛德恩‧瑞指控檢察官行為不當，並點出審判法官有許多錯誤之舉，像是阻止奧斯卡‧海因里希進行意外摔倒的實驗。辯方律師還指控法官給陪審團「有偏見的指示」。瑞要求重審，並稱目前的判決是「聖克拉拉郡史上最不可思議，也最醜陋的判決[69]」。

九月二十五日星期一，大衛來到法庭時很樂觀，他要焦慮不安的律師們「別擔心，一切都會沒事的」[70]。但是重審的辯論才開始，大衛的狀態就變了。高級法官和上次一樣是羅伯特‧塞爾，他駁回了辯方團隊的所有指控。

「蘭森原本直挺挺的背彎了下來，收起了笑臉，轉而皺起眉頭，」某報紙報導。

隔天，塞爾法官否決了辯方提議的重新審判，隨即宣布判處大衛‧蘭森死刑。

「一九三三年十二月十五日星期五，你將被以絞刑處死，」塞爾說道，「願上主憐憫你的靈魂。」

大衛輕輕的向法官點頭。

「我心裡知道我是個好丈夫[71]，」他告訴塞爾法官，「我沒有傷害她，關於她的死，我和你一樣清白。就這樣。」

這個鎮定自若的男人和他沉著有力的回應，令陪審團成員感到驚奇。他們在位子上坐了幾個星期，想要從這名凶手身上感受到一點激動情緒，但他們的希望落空了。

「我兒子不太流露情緒[72]，」他年邁的母親珍妮‧蘭森（Jennie Lamson）說道。「他由於沉著冷靜，令社會大眾對他有極大的誤解。但我是他的母親，不管他的命運如何，我都為此感到驕傲。他不會哀求大家同情他的。」

大衛的清白宣言似乎沒有打動塞爾法官。大衛很快被法警帶走，他淚流滿面的母親和姊姊快步跟在後頭。

「我沒有殺人，」大衛堅持。

「他們不能絞死我的孩子，」他的母親向記者們哭訴。「你們很清楚。他們不能絞死我的孩子。」

四個月來，大衛的姊姊們總是坐在大衛身後硬邦邦的木板凳上，在檢察官提出可怕的指控時緊閉雙唇。她們不相信大衛會殺死他的太太，聽到判決後她們更是傷心欲絕，因為這下她們恐怕連貝貝也會一起失去。艾琳‧蘭森的哥哥法蘭克‧索普（Frank Thorpe）已經提出要領養貝貝的要求[73]。貝貝現在和大衛的姊姊瑪格麗特‧蘭森醫生住在帕羅奧圖，但是索普和他的家人想要幫貝貝改名，並且搬到兩千英里外的艾琳老家，密蘇里州的拉瑪（Lamar）。

「艾琳生前是讓我，而不是讓她的母親照顧小艾琳‧吉納維芙[74]，」大衛的母親說道，「所以只要我有能力，我就會這麼做。對我而言，這孩子是神聖的託付。」

大衛的律師提出動議，要求將審判和裁決上訴至加州的最高法院，由在舊金山的七名法官組成的小組，判斷審判裁決是否公正。奧斯卡的心裡苦不堪言。

「除了嚴重的司法不公，這個判決對我沒有任何意義，」他告訴記者。[75]

曾任柏克萊警察局長的奧古斯特·瓦爾默非常憤怒。他在媒體上大力讚揚奧斯卡的浴室實驗，捍衛他最親密的實驗室盟友。

「任何有頭腦的人只要去了蘭森家的浴室，再看了海因里希的示範，就會知道那是意外死亡[76]，」他宣稱。

陪審團的決議與法官莫名其妙的判決，令奧斯卡深感噁心。

「我以專家身分出席作證，解釋不能憑那些事將蘭森定罪，更何況那些事反而是可以證明他清白的。但是檢方卻提出反對，不讓我展示我最有價值的演繹推理。」

由於還有其他案子要辦，奧斯卡沒有時間繼續為大衛·蘭森難過。他向他心目中最聰明的警察瓦爾默感嘆道。

「與其說這是揭發事實的場合，不如說這是一場律師間的較量，」瓦爾默說道。

瓦爾默相信司法，他也相信奧斯卡·海因里希的證據正確無誤。會有辦法的，瓦爾默向他保證。

他濃密的波浪棕髮已經不再，全小段小段的落在「魚缸」——收留新囚犯的囚室的地板上[77]。一九三三年十月六日星期五，三十一歲的大衛·蘭森在加州死囚牢房開始他的新生活。過去他是知名大學出版社的主管，現在則成了聖昆汀監獄的五四七六一號死囚。

　　大衛脫下帥氣的棕色毛呢西裝，換上暗灰色的囚犯制服。守衛讓他在一面傾斜的鏡子旁靠牆站著，一名攝影師幫他拍了照。他前面的金屬板上寫著執行死刑的日期：一九三三年十二月十五日，距離現在兩個月。他的手指頭沾了深色墨水，心裡既害怕又生氣，但是大部分的時候他都很冷靜。一直在關心這樁案子的媒體持續報導他的入獄過程。「冷靜，」部分記者寫到，但也很堅定。

　　「我是無辜的，」大衛告訴媒體。「我相信總有一天會還我清白的。」

　　有另外七個人和大衛一起加入了死囚行列，等著被處決。前陣子住在大衛待的二十二號囚房的囚犯，也不斷宣稱自己是清白的，還花了幾年拖延死刑執行，最後法院駁回了他的最終上訴。兩個星期前，警衛才剛將這名二十三歲的男子帶去行刑。這不是間幸運的囚房。

　　大衛把一張艾琳和女兒的合照放在桌上。他仔細端詳艾琳的婚戒，那是少數他可以帶進囚房的私人物品。他的母親和姊姊繼續跟法蘭克・索普爭取貝貝的監護權——兩家人同意大衛還在上訴期間，先暫停這邊的訴訟[78]。他的母親已經因為擔心失去兒子而心力交瘁。

　　但是有個稍微樂觀點的消息——有愈來愈多人公開支持蘭森，蘭森辯護委員會（Lamson Defense Committee）成立了，並由奧古斯特・瓦爾默領導。這名美國最頂尖的警察下定決心要還大衛清白。委員會成員很快便來到數十人，當中有教授、作家、記者、醫生和神職人員等。瓦爾默募集了更多研究資金，奧斯卡則

安靜的待在幕後──一名中立的科學家確實不適合加入這樣的發聲團體。但是他鼓勵瓦爾默不要放棄。成員們發表了一份長達一一九頁、具有說服力的報告《大衛‧蘭森案》（*The Case of David Lamson*），控告檢方不當指控一名無辜的男子。

「這個案子讓我們看見，當複雜的法律機制操控在具有偏見、欠缺判斷能力和資格不符的人手上，是多麼可怕的事[79]，」報告寫道。

就這樣，大衛‧蘭森接下來的處境從審慎樂觀，變成真的有希望。他的辯護團隊提交了一份六百頁的辯護狀，連同委員會的報告，說服了加州最高法院暫緩執行死刑，好讓他們重新評估這件極具爭議的案子。大衛‧蘭森的性命，現在掌握在舊金山這七位精通法律的人手上。

一九三四年十月十三日，一個秋高氣爽的星期六，大衛終於從律師那邊得到了消息。距離他進到聖昆汀已經一年又一個星期了。他感到頭暈目眩，加州最高法院法官找到一個對他有利的發現。

「被告的每一句話都經得起驗證，也都傾向支持他的說法，」主要決議的代表陳述這麼寫道。「這個案子中，預備犯罪的證據在哪裡？發布死訊的計畫在哪裡？預防被發覺或隱瞞事情的跡象在哪裡？沾了血液或不見的衣服在哪裡？引起他動手的衝突又有什麼證據？」

　　小組認為這件案子不只沒有直接證據，目前也沒有間接證據能據以懷疑大衛・蘭森殺了他的太太。「撕裂傷的浸軟區塊形成了獨特的紋路，」他們寫道，「以鐵製品揮打有可能這樣準確嗎？」

　　傷口的形態——不是血濺形態——改變了他們的決定。法官推翻了大衛的謀殺判決，並立即下令重新審判。這是重大的勝利，但還不算洗刷冤情。

　　「他或許真的有罪，但目前的證據都只算得上是懷疑，」他們說道。「錯放一個有罪的人，好過錯判一個無辜的人死刑。」

　　這個決定點出了美國司法系統長久以來的矛盾。七名法官中的多數懷疑大衛有罪，但是比起將一個嫌疑犯定罪，維持司法制度的核心價值更為重要。如果檢方無法證明被告有罪，那麼就算是犯了罪的人也不該受到懲罰——這是很難接受的理論。不管他究竟有罪或無罪，幾名法官都同意奧斯卡的實驗有助於提供大衛・蘭森一個公平的審判[80]。

　　「我們把洗手台、鐵管等物件搬過來做了檢驗[81]，」首席大法官威廉・威斯特（William H. Waste）說道。「我和聖克（Shenk）法官、史賓斯（Spence）法官都認為，當初沒有允許進行這個實驗是大錯特錯，它能幫助陪審團判斷蘭森是否有罪。」

　　最高法院忍不住進行了他們自己未經訓練的實驗。假裝跌倒真的能重現當時的意外嗎？三名法官認為可以，另外四人認為不行。

　　「其他法官不認同這一點，因為他們認為這個人必須死了，才真正複製了當時的情形，」威斯特說道。

　　這也是當時在法庭上進行這類展示的核心問題，即使進行實驗的是像奧斯卡・海因里希這樣的專家。該州的最高法院無法同意。

　　不管做這個決定背後的原因是什麼，蘭森家對於獲得重新審判的機會都感到歡欣鼓舞。大衛的母親更是欣喜若狂，三歲的貝貝則完全不知道發生了什麼事。珍妮・蘭森不想告訴貝貝她媽媽去世了，而別人認為是她爸爸殺死了她媽媽，所以判了他死刑。

　　「她以為媽媽『去了很遠的地方』，爸爸則『在醫院裡』[82]，」某篇報導提到。

　　艾琳・蘭森在密蘇里州的家人還在爭取貝貝的監護權，得知法院的決定對大衛有利令他們非常憤怒。

　　「自始至終我們都認為蘭森有罪[83]，」艾琳・蘭森的哥哥和父母寫道。「我們相信新的審判只會更加確認他有罪。」

　　大衛的辯護團隊要求地方檢察官既然沒有新證據，就應該先撤除他的罪名並釋放他。但是最高法院的法官羅伯特・塞爾，也就是原審判的法官，拒絕了這個請求──他也拒絕讓大衛交保。後來大衛回到了聖荷西的監獄，此後他開始為了自救而戰。

───────

　　竟然為了能回到舊牢房而感到開心──這真是奇怪的感覺。在加州最高法院做了決定的一個月後，刮過鬍子的大衛・蘭森穿回十四個月前的那套棕色毛呢西裝，走出了聖昆汀。

　　「我覺得很開心[84]，」大衛告訴記者，「我不在意現在會發

生什麼事。當初走到這裡時，我以為是條不歸路。現在可以揚帆重新出發，感覺真好。我不在意是不是在下雨，在我看來，今天的天氣很不錯[85]。」

幾個小時後，他走出聖克拉拉郡監獄，和母親與兩個姊姊相擁。他們在私人用餐房裡享用了很特別的一餐[86]，最後還吃了水果派，不過沒有見到貝貝。大衛不敢見她，他怕自己承受不了見面後再次與她分離返回監獄的痛。貝貝希望爸爸可以在下個月的聖誕節到來前出院。晚上，大衛回到牢房後坐在借來的打字機前，在燈光下敲打著。

辯方律師將一疊文件交給檢方，上頭是一些來自保險公司的數據，顯示每年約有三萬人在浴缸跌倒受傷而死亡[87]。大衛的辯護團隊希望，檢察官能以缺乏新事證為由釋放大衛，但是地方檢察官拒絕了他們的請求。他下定決心要將大衛‧蘭森送上絞架。

新陪審團選任在一九三五年二月十八日展開，而就在審判開始不久，辯方就收到了一個有如神助的禮物。一名陪審員在旅館的浴缸摔倒了，全身到處是瘀傷。大衛的辯護律師馬上把握住這個機會，讓這件事上了新聞。

「辯方律師愛德恩‧麥克肯茲（Edwin McKenzie）立刻——而且大張旗鼓的——安排旅館為所有陪審員浴室裡的浴缸裝了止滑墊[88]，」某報紙報導。

奧斯卡‧海因里希聽了法官給的好消息後，臉上綻放出笑容。他終於可以順利展示他的打滑後摔倒的證據，以及血濺形態的分析了。另外，他們還讓他在法庭複製一間浴室[89]，好幫助

他解釋他的意外理論。

「她打滑跌倒後，身體跨在浴缸的邊緣[90]，」奧斯卡以助理為模特兒向在場的人解釋。「我們重複了這個過程三次，每次得到的結果都一樣。這個位置和我發現的血濺焦點很接近。」

他的證詞很有說服力，但還不足以說服所有陪審員。最後形成了九票贊成定罪、三票認為無罪的僵局[91]。大衛感到很沮喪，但還是抱持著希望。地方檢察官認為沒有必要重新審判，但事情未如他所願，大衛還會有第三次審判。奧斯卡已經累壞了，為了健康打算，他得盡快了結這個案子才行。

大衛在牢裡一邊等著十一月的開庭，一邊編輯一份手稿。這本長三三八頁的非小說，講的是在聖昆汀裡服刑的人，那些跟他一起等著上絞架等了超過一年的人。幾個月前，紐約一家大型出版社斯克里布納之子公司（Charles Scribner's Sons）買下了它的版權，現在全國各地的報紙都摘錄了這名被定罪的殺手嘔心瀝血寫的文章。

「他們說，當你被一顆飛快的子彈射中，會有一段時間感覺不到疼痛——只覺得麻麻的[92]，」他這麼描述自己得知判決當天的心情。「這就像那樣。我感覺得到我臉上的肌肉僵化。除了讓自己的臉和身體保持鎮定之外，我認為我的大腦一片空白。不管發生什麼事，坐好接受它。」

一九三五年九月，在等待第三次開庭的期間，大衛寫的書出版了[93]。《我們這些將死之人：死囚眼中的監獄》（*We Who Are About to Die: Prison as Seen by a Condemned Man*）成了暢銷書，輿論似

乎開始倒向他這邊了。他藉由描寫司法系統的腐敗，同時賦予死
囚們人性，讓讀者們大開眼界。

「井底之蛙以為天空只有一米寬，因為那是牠能看到的全
部，」大衛寫道。「我無意、也沒有能力寫一本正向的書，因為
我在昆汀待太久了。」

全國各地的文學評論反應熱烈，特別是對他的坦率讚賞有
加。《洛杉磯時報》（_Los Angeles Times_）對他生動的筆觸讚不絕口，
評論家也非常欣賞他以獨特口吻寫出的另類觀點。

「它喚醒的不是憐憫，而是我們的意識[94]，」《紐約時報》報
導。「它就像一根堅硬的矛，瞄準了我們無知的盾，亟欲刺穿它。」

《紐約客》雜誌傳奇評論家、同時也是文學界動見觀瞻的人
物亞歷山大‧伍爾卡特（Alexander Woollcott）[95]稱這本書「極為
重要，比我今年讀過的任何書都教我難以忘懷。」

但是這位美國最受歡迎的新興作家並沒有到各個城市去舉辦
簽書會，而是盯著牢房的鐵窗。大衛沒有太多時間享受他在文學
上的成功。

訂於一九三五年十一月舉行的第三次審判，由於陪審團甄
選上的失誤，法官再次宣告審判無效[96]。在沒有受到任何阻礙
的情況下，檢察官下令進行第四次審判。這時最高法院法官羅伯
特‧塞爾已經自請撤換了[97]。大衛在聖荷西監獄待超過一年了，
監禁的時間也已經超過兩年。他還是沒和女兒見面，即使她就和
他的母親與姊姊住在幾英里外而已。

一九三六年三月，艾琳去世將近三年後，第四次審判終於

開庭，採用的證據和證人與前幾次審判基本相同。陪審團投票結果再度以九比三陷入僵局。陪審員依舊無法完全信任新的科學技術，但是檢方的提案也無法讓他們信服。四次審判中，共有三十位陪審員相信奧斯卡有罪——檢察官想著這個數字，一邊考慮要不要讓這個案子進入第五次審判[98]。但是一九三六年，在花了將近七萬美元後，地方檢察官讓步了。

「我們努力不懈的收集新的法律證據[99]，但是一直沒有任何新的斬獲。」檢察官說道。

坐在牢房裡的大衛聽到這個結果時崩潰了。被關了兩年半，其中有十三個月是在加州的死囚牢房，經歷了三次審判，一切終於結束了。一九三六年四月三日，大衛獲釋。

———

五歲的小女孩盯著那個身穿黑色西裝、長相英俊的先生看了一會兒。[100]

「這個人是誰？」她轉頭問姑姑。

「他是你爸爸，」瑪格麗特‧蘭森醫師溫柔的回答。

貝貝看著他，眼睛瞪得大大的。

「噢，爹地，」她大喊，並投入他的懷抱。「你今天要睡哪裡？」

大衛露出微笑。她的字彙已經這麼成熟了，這是兩歲小孩和五歲小孩的一大差別。他親吻著她，聽她說個不停，問個沒完，還提出各種要求。

「你該刮鬍子了，爹地。現在就讀故事書給我聽。」貝貝說。

就這樣，分開三年後，大衛・蘭森開始規劃他和女兒的新人生[101]。短暫休假後，大衛回到他在聖荷西監獄寫的書上，這本暢銷書留下了他在獄中的記憶。一九三七年，《我們這些將死之人》被改編拍成了同名電影，大衛以常駐作家的身分參與了編劇工作。內容講述一個人遭流氓綁架後，被迫扛起他們犯下的謀殺罪名，因此被判了死刑。定他罪的是個貪婪而有政治野心的檢察官，最後，在朋友的協助下，他從死囚牢房被釋放出來。

大衛・蘭森在獲釋的同一年再婚，對象也是個作家。電影首映後，大衛寫了另一本暢銷書《漩渦》（Whirlpool），這是根據他的案子寫的小說。大衛成了職業作家，在知名雜誌發表超過八十篇故事。一九七五年，他在加州洛斯阿圖斯（Los Altos）的家中去世，享年七十二歲。

大衛・蘭森出獄後事業發展相當成功，但是他似乎持續背負著一種壓力。在他死後，他的女兒曾這麼告訴一位報社記者。

「他從不提那個案子[102]，」她說道，「但是談及我的母親時總是充滿愛意。成長過程中，我有一個正常、快樂的家庭生活，但是過去的經歷顯然對他的餘生產生了深切的心理影響。」

大衛・蘭森在一九三四年離開聖昆汀時，已經和幾名獄友成了好朋友，同時他也對美國法院深惡痛絕。他是重獲自由了，但並沒有完全洗脫罪名——手銬挪去了，但他被迫看著手銬留下的傷疤。每當想起離開聖昆汀州立監獄那天的情景，他就被罪惡感吞噬。

「我抬頭看著死囚監獄，向他們揮揮手……突然為自己的幸

運感到有些內疚[103]，」他在《我們這些將死之人》中寫道。「你感到既無助又痛苦，這兩種情緒不斷加成，直到你變成充滿怨恨的無能者。」

對美國司法制度感到沮喪的還有奧斯卡‧海因里希。儘管他毫無保留的付出，科學依舊難以被法院接受。但是會有希望的。

一九三五年，在蘭森的第一次與第二次審判之間，柏克萊大學一名對鑑識科學感興趣的生物化學教授保羅‧柯克（Paul Kirk）博士[104]與奧斯卡聯絡。他邀請奧斯卡在美國化學學會的微化學研討會上發表一篇論文。參加這場會議的都是對測試微量物質（例如犯罪現場留下的證據）感興趣的化學家。奧斯卡向柯克博士傾訴他在蘭森案中與陪審團間發生的問題，以及所有鑑識專家在法院傳遞科學時遇到的困難。

「我想你肯定也觀察了蘭森的案子[105]，」奧斯卡寫信給柯克，「顯微分析師很難向陪審團展示他們難以理解的東西。」

從事鑑識科學數十年的奧斯卡得到了深刻的教訓，「只要是他們不懂的東西，他們一概不接受，」他這麼告訴柯克。

奧斯卡建議像柯克這樣的生化學家，從他個人的錯誤中學習，訓練化學家用簡單的證詞來說明複雜的測試。五個月後，柯克受雇調查他的第一件謀殺案──亞利桑那州圖森市（Tucson）一名年邁鞋匠被殺的事件。警方請他分析在死者手中找到的頭髮，但是這件案子從來沒有破解。在奧斯卡的推薦下，奧古斯特‧

瓦爾默鼓勵柯克前來柏克萊大學任教，擔任犯罪學教授。一九五五年，他擔任美國史上惡名昭彰的審判──俄亥俄州的山姆‧舍帕德（Sam Sheppard）[106]醫生謀殺案的鑑識專家，成了該案的明星證人。據說電視影集和電影《絕命追殺令》（The Fugitive）就是從這個案子獲得靈感的。

大衛‧蘭森和山姆‧舍帕德這兩個案子相似得驚人：兩名主角都英俊傑出，都娶了美麗的女人當妻子，也都被控毆打妻子致死而接受審判。全國媒體不遺餘力的追逐這兩件案子，下了各種不堪的標題，並指稱這兩名男士是花花公子。在山姆‧舍帕德一案，這名神經外科醫生宣稱有一個「頭髮濃密」的人入侵他家，經過一番纏鬥後讓他逃了。陪審團不相信他的說法，所以判了他死刑。

舍帕德被關了十年後，美國最高法院才下令重審，並指責媒體當時營造了「鬧劇般的氛圍」。一九六六年的審判，柯克博士指證從傷口的血濺形態判斷，舍帕德醫生並非凶手；柯克還分析了舍帕德手表上和牆上的血液，測量了不同點的高度，最後認定所有證據都指向凶手另有其人。陪審團相信他的說法，舍帕德被無罪釋放。

在大衛‧蘭森案中，奧斯卡‧海因里希要面對的是難纏的法庭專家，以及對犯案現場和屍體解剖有專長的病理學家。但是現在的司法系統認為，他們的醫學背景不足以指證大部分與血濺形

態分析有關的刑事案件，因為血濺形態分析還運用了數學、物理
等其他複雜的科學原理，而病理學家通常沒有這方面的訓練——
但是奧斯卡・海因里希有。他的化學學位，以及在過去的工作中
得到的生物學與物理學知識，讓他比任何專家更符合資格。只不
過他做結論時必須更審慎些。

「血濺痕跡可以告訴我們，血液噴出的速度是快是慢等訊息，
但是有些專家的推論卻遠超過合理的範圍〔107〕，」美國國家科學
院二〇〇九年發表的一份報告這麼警告。「血濺形態分析充滿了
不確定。」

奧斯卡的血濺形態測試是他的看法，而非事實。當代刑事案
件中，許多血濺形態分析都不是熟悉流體動力學和複雜數學的鑑
識科學家進行的，而是未經科學訓練或不具合格認證的執法人員
所做的。國家科學院的報告提醒，只有資格符合的專家才能進行
血濺形態分析實驗。在法庭上提出結論時，應該由他們正確的解
釋那些變數。此外，血濺形態的結果仍然不該做為刑事案件中的
唯一證據。

「總而言之，血濺形態分析師的建議更屬於主觀視角，而非
科學視角，」該報告寫道。

以血濺形態分析來決定嫌疑犯的自由……或性命，太不可靠
了。大衛・蘭森案並沒有令人滿意的結論。就算奧斯卡實際做了
實驗，判定死者真的是因為跌倒撞到洗手台死的，還是有太多變
數。人體難以預測。

有個兩邊都說得通的理論，既能解釋奧斯卡提出的意外致

死結論，也能滿足檢察官提出的謀殺說法。如果大衛・蘭森是在盛怒之下，一時衝動出的手，那他何必從後院拿來那根鐵管呢？如果是他把妻子推向洗手台，造成那些致死的骨折和平行彎曲的撕裂傷呢？沒有人在法庭上提出這個理論，但證據顯示這是有可能的。

艾琳・蘭森的死將永遠是個謎。沒有人敢說奧斯卡・海因里希究竟是幫一個無辜的人洗清了罪名……還是讓一個殺人犯逍遙法外。

註釋

1　"Lamson Case Is Continued for Ten Days," *Healdsburg Tribune* (CA), June 5, 1933; as well as several press photos featuring the little girl from the arraignment hearing; scenes also from various photos from the International News Photos agency on the day of the arraignment.

2　Letter from Theodore to Heinrich, February 2, 1932, box 27, folder 25–26, Edward Oscar Heinrich Papers.

3　Letter from Heinrich to Theodore, January 16, 1933, 89–44, box 23, file 179, Theodore Heinrich Collection.

4　Letter from Heinrich to Marion, May 12, 1932, 89–44, box 23, file 179, Theodore Heinrich Collection.

5　"Clippings, articles, publications" in Lamson Murder Case Collection.

6　*Simplified Blood Chemistry as Practiced with the Ettman Blood Chemistry Set* comes from a catalogue of Heinrich's books at UC Berkeley.

7　Stephen J. Morewitz and Mark L. Goldstein, *Handbook of Forensic Sociology and Psychology* (New York: Springer, 2014); Frederick Proescher, "A Remarkable Case of Carcinoma of the Gall Bladder," *JAMA* 48, no. 6 (1907): 481–83; 1940 California census confirms 1878 birth in Germany, https://www.ancestry.com/1940-census/usa/California/Frederick-Proescher_2ghgfj.

8　*Supreme Court of the State of California*, 188–96.

9　*Supreme Court of the State of California*, 188–90.

10　ibid., 204–5.

11　ibid., 204–23.

12　ibid., 188, 196–97.

13　ibid., 197–98.

14　"Leucomalachite Green Presumptive Test for Blood," National Forensic Science Technology Center, https://static.training.nij.gov/labmanual/Linked%20Documents/Protocols/pdi_lab_pro_2.18.pdf.

15　*Supreme Court of the State of California*, 33–34.

16　Russell and Winters, *The Case of David Lamson*, 34.

17　Russell and Winters, *The Case of David Lamson*, 34.

18　"Experiment Summary," dated June 20, 1933, in the "Lamson" folder, carton 71, folder 31–41, Edward Oscar Heinrich Papers.

19 Mark Okuda and Frank H. Stephenson, *A Hands-On Introduction to Forensic Science: Cracking the Case* (New York: Routledge, 2019), 94.

20 "Battle of Scientists Centers Around Dave," *Oakland Post-Enquirer*, September 5, 1933; "Heinrich Applies Benzedine Test on Floor," *San Francisco Call Bulletin*, June 24, 1933.

21 Associated Press of San Francisco, August 28, 1933.

22 "Blood Tests Disputed in Lamson Trial," *Arizona Republic*, September 9, 1933.

23 Letter from Heinrich to Kaiser, October 9, 1922, box 28, folder 14, Edward Oscar Heinrich Papers.

24 *Supreme Court of the State of California*, 306.

25 Russell and Winters, *The Case of David Lamson*, 16–17, 91–92; "Husband to Face Murder Charge in Campus Mystery," *Fresno Bee* (CA), June 1, 1933.

26 "Girl to Take Stand in Effort to Save Life of Stanford Man," *Oakland Tribune*, August 21, 1933.

27 Russell and Winters, *The Case of David Lamson*, 17–22; *Supreme Court of the State of California*, 248–52.

28 Ibid., 252.

29 "Discord in Lamson Home," *Oakland Tribune*, August 31, 1933.

30 Russell and Winters, *The Case of David Lamson*, 82; *Supreme Court of the State of California*, 167.

31 Russell and Winters, *The Case of David Lamson*, 14; "Accused Man's Mother Tells Story of Boyhood Fun Tragedy in Which Son Was Absolved," *Santa Cruz Evening News* (CA), June 5, 1933.

32 "No Hint of Trouble in Home Told by Journal," *Oakland Tribune*, June 11, 1933.

33 "Romance of Mrs. Lamson Well Known," *Oakland Tribune*, June 3, 1933.

34 *Supreme Court of the State of California*, 224–26.

35 Ibid., 245–46.

36 "Lamson Jury Casts One Ballot—to See Movie," *Oakland Tribune*, September 1, 1933.

37 Ibid.

38 Ibid.

39 *Supreme Court of the State of California*, 413.

40 "Lamson Tells Own Story," *Oakland Tribune*, September 7, 1933.

41 "Blood Tests Disputed in Lamson Trial," *Arizona Republic*, September 9, 1933.

42 *Supreme Court of the State of California*, 302.

43 "Blood Tests Disputed in Lamson Trial."

44 *Supreme Court of the State of California*, 266–67.

45 "Judge Halts Attempt of Dr. Heinrich," *Madera Daily Tribune* (CA), September 12, 1933.

46 "Ask Mr. Heinrich," True Detective, August 1944, 111.

47 *Supreme Court of the State of California*, 313.

48 Ibid., 307.

49 "Sketches of Jurors Given," *Oakland Tribune*, September 16, 1933; "Fate of David A. Lamson Rests in Hands of These Men and Women," *Oakland Tribune*, August 25, 1933.

50 "Five Women, Seven Men to Try Case," *Oakland Tribune*, August 25, 1933.

51 Russell and Winters, *The Case of David Lamson*, 91–92; "Lamson Convicted Himself—Juror," *Healdsburg Tribune* (CA), September 18, 1933; "Sentence to Death Tuesday," *Nevada State Journal*, September 18, 1933; "2 Lamson Jurors Served on Jury in Matlock Case," *Oakland Tribune*, September 18, 1933.

52 "Lamson Convicted Himself—Juror."

53 "Attorneys to Impeach Lamson Jury."

54 Ibid.

55 "The Holdout in the Matlock Case," *Mercury News* (San Jose, CA), May 26, 2012.

56 *Oakland Tribune*, September 23, 1933.

57 *Supreme Court of the State of California*, 589–607.

58 Ibid., 585–89; Russell and Winters, *The Case of David Lamson*, 91–93.

59 "Trial Errors, Jury's Misconduct Charged in Lamson's Plea," *San Jose Evening News* (CA), September 23, 1933.

60 *Supreme Court of the State of California*, 571–81.

61 Letter from Heinrich to Theodore, November 4, 1933, 89–44, box 23, file 180, Theodore Heinrich Collection.

62 Letter from Heinrich to Theodore, November 1, 1934, 89–44, box 23, file 180, Theodore Heinrich Collection.

63 Letter from Heinrich to Theodore, December 10, 1934, 89–44, box 23, file 180, Theodore Heinrich Collection.

64 Letter from Heinrich to Theodore, May 21, 1935, 89–44, box 23, file 180, Theodore

Heinrich Collection.

65 "Lawyers Swap Punches in Lamson Hearing Row," *Los Angeles Times*, September 26, 1933; "Lamson Hearing Marked by Genuine Fist Fight Between Two Attorneys," *Santa Cruz Sentinel* (CA), September 25, 1933.

66 "Trial Errors, Jury's Misconduct Charged in Lamson's Plea"; *Supreme Court of the State of California*, 431–608.

67 "Irregularities in Lamson Jury Said Cause for Retrial," *Santa Cruz Evening News* (CA), September 23, 1933.

68 "Lawyers Stage Fist Fight at Lamson Hearing," *Mercury Herald* (San Jose, CA), September 26, 1933.

69 "Trial Errors, Jury's Misconduct Charged in Lamson's Plea."

70 "Lamson Hearing Marked by Genuine Fist Fight Be- tween Two Attorneys."

71 "'I'm Innocent,' Lamson Asserts as Judge Sets Execution Date," *Mercury Herald* (San Jose, CA), September 27, 1933.

72 "Dave Didn't Kill Allene, Says Mother," *Oakland Tribune*, October 1, 1933.

73 "Conviction of Lamson Fails Dash Composure Open Fight for Child," *Madera Daily Tribune* (CA), September 18, 1933.

74 "Lamson's Mother Tells of His Life with Allene as Proof of Innocence," *Oakland Tribune*, October 1, 1933.

75 "Justice Miscarried, Heinrich Declares," *Oakland Tribune*, September 18, 1933.

76 "Lamson Held Guiltless by Vollmer," *Oakland Tribune*, February 12, 1934.

77 "Lamson Placed in 'Death Row,'" *San Bernardino Daily Sun*, October 7, 1933; "Prison Concessions Granted to Lamson," *San Bernardino Daily Sun*, October 8, 1933.

78 "Custody of Lamson Baby Fight Delayed," *Madera Daily Tribune* (CA), October 24, 1933.

79 Russell and Winters, *The Case of David Lamson*, 16.

80 *Supreme Court of California statement PEOPLE v. LAMSON*.

81 "Lamson Foresees Freedom Within Month, Daughter Still Unaware that Mother Is Dead," *Oakland Tribune*, October 14, 1934.

82 Ibid.

83 "Highlights in Lamson Case from Tragedy Until Today," *Oakland Tribune*, October 14, 1934.

84 "David Lamson Back in Santa Clara Co. Jail," *Santa Cruz Sentinel* (CA), November 15, 1934.

85 "Lamson to Learn Fate," *Oakland Tribune*, November 15, 1934.

86 Ibid.

87 "Ordeal Is Ended for David Lamson," *Oakland Tribune*, May 15, 1950.

88 Ibid.

89 "Bathtub, Girl Assist Lamson," *Petaluma Argus-Courier* (CA), April 12, 1935.

90 "Expert Heard: Lamson Fall Tests Cited," *Los Angeles Times*, April 3, 1935.

91 "Jury Deadlocked," *Daily News* (NY), March 24, 1936.

92 "Accused Tells of Reactions to Jury's Death Decree in Wife's Death," *Pittsburgh Press*, July 8, 1935.

93 "Lamson Writes of Men in Death Row Where He Lived," *Missoulian* (MT), September 20, 1935.

94 "A Compelling Revelation of Life in the Death House," *New York Times*, October 6, 1935.

95 Display ad 63, *New York Times*, January 12, 1936.

96 "Court Grants Lamson Plea for Mistrial," *Daily News* (NY), November 24, 1935.

97 "Disqualifies Self as Judge for David Lamson's 3rd Trial," *Daily Inter Lake* (Kalispell, MT), November 2, 1935.

98 "State Debates Trying Lamson Fourth Time," *Daily News* (NY), March 25, 1936.

99 "Former Stanford Campus Leader Is Turned Loose After Fourth Trial for Killing Wife Is Deadlocked," *Dayton Herald*, April 3, 1936.

100 "David Lamson Freed from Jail as Thrice-Tried Murder Case Is Dismissed by Prosecutor," *Oakland Tribune*, April 3, 1936.

101 "David Lamson's Ordeal," *San Francisco Examiner*, May 28, 2017; "David Lamson, Tried 4 Times for Murder," *New York Times*, August 9, 1975; "The 1933 Lamson Case at Stanford: A Murder?," *Mercury News* (San Jose, CA), March 12, 2017.

102 Bernard Butcher, "Was It Murder?," *Stanford Alumni Magazine*, January/February 2000.

103 Lamson, *We Who Are About to Die*, 268.

104 Douglas O. Linder, "Selected Testimony of Doctor Paul Kirk in Sam Sheppard's 1966 Murder Trial," *Famous Trials*, https://www.famous-trials.com/sam-sheppard/12-excerpts-from-the-trial-transcripts /24-kirktestimony; "Suspects May Be Released

Here," *Arizona Daily Star*, November 10, 1935.

105 Letter from Heinrich to Kirk, June 10, 1935, box 12, folder 49, Edward Oscar Heinrich Papers.

106 Linder, "Selected Testimony of Doctor Paul Kirk"; "Kirk Investigation Photos," "The Sam Sheppard Case: 1954–2000," Cleveland State University online database, https://library.csuohio.edu/ehs/access-database.

107 National Research Council, *Strengthening Forensic Science in the United States*, 178.

後記　結案
EPILOGUE Case Closed

　　一九五三年，奧斯卡的事業和許多專家一樣，在國家最動盪的年代倖存了下來，此時鑑識科學也開始蓬勃發展。接下來的幾十年，以電腦計算的指紋掃瞄、毒理學和DNA鑑定紛紛問世——所有科學都集結起來，幫助執法單位解決案件。

　　和奧斯卡同期的一些人後來都在美國刑法史上留名。奧斯卡在柏克萊大學的同僚奧古斯特・瓦爾默[1]成了發展刑事司法領域的領導者。凱爾文・高達[2]促成了許多彈道學的重要發展。保羅・柯克博士[3]協助瓦爾默建立了柏克萊大學的犯罪學學院，想要取得犯罪學學位的人都可以申請入學。

　　愛德華・奧斯卡・海因里希成了史上極具影響力的鑑識科學家。歷史學家和年輕調查人員回頭看了愛德華・奧斯卡受人矚目的職業生涯，他調查過的許多案件都成了教科書上的範例，讓接下來數十年的學子受惠。

　　在赫斯林神父案，他單憑筆跡就建立了凶手側寫，後來聯邦政府也開始訓練他們的專員，怎麼從凶手的習慣判斷他的身分。

　　多年後，奧斯卡在同一件案件首創的鑑識地質學，也成了破案、進而將凶手定罪的慣用方法。

　　在馬汀・科威爾案，他利用比較顯微鏡拍照存證的革命性作法，讓鑑識彈道學向前邁進了一大步，讓這個方法至今仍然受用。

　　奧斯卡在解決貝西・費格森案時運用了法醫昆蟲學，這是美國的第一例。這個方法仍是當今調查人員的利器，自從奧斯卡在一九二五年首度採用後，這些蟲子便在無數調查案件中扮演了重要角色。

　　他在西斯基尤火車劫案中的演繹推理，是分析痕跡證據極其精湛的例子。鑑識歷史學家讚揚奧斯卡是將證據進行整理、分類和編目的第一人。他的方法包括釐定發生了什麼事、在哪裡發生，以及什麼時候發生的（事情發生的先後順序）。這方法能幫助調查人員更有組織，許多人紛紛仿效，採用了他的方法。

　　奧斯卡在實地和實驗室裡的故事，一再震驚他在大學裡教的學生。或許這才是他留給世人最大的貢獻──奧斯卡在柏克萊大學教授犯罪學近三十年。上萬名學生在這裡向他學習，然後將得到技術用在自己的職業上。身為全國最受歡迎的犯罪學院校裡最熱門的教授，奧斯卡無疑是刑事司法界中極具影響力的人物。

　　除了這些這些史無前例的創新取證方法，奧斯卡也提出了一些不是特別可靠的方法，像是筆跡分析和血濺形態分析[4]，這兩個方法目前都被歸類為缺乏證據的偽科學。在法庭上用這兩個方法做為主要證據是相當危險的事，所以現在調查人員已經不太在刑事案件上用它們來支持自己的理論了。不幸的是，奧斯卡並

非最後一個提出不可靠科學的人。

一九三二年，美國聯邦調查局第一任局長約翰・埃德加・胡佛（J. Edgar Hoover）[5]創立了第一間聯邦犯罪實驗室，並開始雇用自己的專家和特別調查人員，大幅減少了對奧斯卡這類獨立鑑識科學家的需求。一九九七年，美國司法部批評聯邦調查局採用了有瑕疵的科學實踐，像是已經破壞數十樁刑事案件的鉛彈頭比較分析。「調查發現，實驗室的炸藥、化學毒理學和材料分析普遍不符標準，這迫使聯邦調查局人員重新審查數百件過去和現今的案件，以判斷有多少案子因為這樣的失誤受到影響[6]，」《紐約時報》報導。

奧斯卡・海因里希曾經警告，未經訓練的科學檢驗人員做出的劣質工作成果會破壞刑事司法。他說得一點也沒錯。清白專案的最新研究指出，被錯誤引導的實驗室技術人員或不合格的科學技術，例如咬痕證據或鞋印比對，導致了近五成的錯誤判決[7]。

國家科學院二〇〇九年的報告嚴厲指出，全美各地的犯罪實驗室都必須做大幅修正，內容包括技術標準化與訓練檢驗人員。受批評的項目有指紋辨識、槍枝識別、咬痕和血濺形態分析、筆跡和毛髮分析等常見的鑑識學科──這些都是有數十年歷史的辦案工具了。

專業人員的訓練可以因機構不同而有很大的差異，國家科學院指出，缺乏一致性對牽扯在刑事案件中的每個人都是件可怕的事。這些犯罪實驗室間沒有統一的認證或資格認可。大部分的司法管轄單位也不會要求鑑識從業人員必須有證照，甚至不會要求

他們接受這些技術的正式教育。大部分鑑識科學領域也都沒有強制性的認證計畫。就連那些只參加了四十個小時血液形態分析課程的人，也可以自居「專家」出庭作證。

這份報告提出的另一個問題是：州立和地方執法機構，都缺乏「促進並維持優良鑑識科學實驗室系統」所需的資金、人員和設備。

國家科學院提出了許多改善的建議[8]，包括嚴格的獨立測試所有缺乏科學支持的鑑識技術——基本上就是除了DNA鑑定和毒理學以外的所有技術。大多數的鑑識科學都是由執法機構內部發展出來的，這些技術並沒有經過嚴格而有系統的測試，也不像其他科學技術有同儕審查制度。為了維持刑事司法系統的核心價值，這方面一定得改變。

學院建議[9]透過提供研究資金與訓練，建立一個獨立的聯邦機構[10]，將鑑識科學標準化，好讓科學界與執法界在追求真相時，能更密切合作。這樣的積極措施需要國會和白宮大力協助——目前看起來不太可能。

現在律師知道要要求以道伯特聽審（Daubert Hearings）[11]來測試專家證人的可採信度。法官也經常在陪審團在場的情況下，被要求評估證人、鑑識方法、證詞或證據是否可以受理。但是法官畢竟只是把關人，他們通常不精通科學技術。偽科學還是存在於審判中。

一九九二年，德州的卡麥隆・托德・威林罕（Cameron Todd Willingham）[12]因為縱火燒死三名年幼的孩子（一名兩歲大的女

兒和一對一歲的雙胞胎）而被定罪。一開始，威林罕一直維持住自己的清白，但是警方調查人員後來宣稱，他們發現起火原因是某種液態觸媒。將近二十年後，縱火專家得到的結論認為當時的證據不足採信，進一步的證據則證實了威林罕的清白。只可惜為時已晚——卡麥隆・托德・威林罕已經在二〇〇四年伏法。

糟糕的鑑識技術還可能導致更嚴重的悲劇。二〇一四年，一位犯罪現場分析專家在加州自殺身亡〔13〕，原因是他的DNA被牽扯進一九八四年發生的一樁十四歲少女性侵與謀殺案件。在他身亡後，一名聯邦法官裁定，他的DNA很可能是因為他的犯罪實驗室採用了現在已不適用的標準，造成了交叉傳染，以致受害者的身體出現了他的DNA。布朗（Brown）認為自己永遠洗不清殺人嫌疑犯的罪名，因而自殺了。

在鑑識科學這門新興學問，我們還有許多重要的課題得學習。首先，我們需要有誠實、聰明，願意在現場善盡偵探職責的調查人員。社會大眾應該在不妨礙執法進度的情況下提出質疑，而陪審員不應該受專家名聲影響，而要確實評估他提出的理論。美國應該透過聯邦資助和研究，繼續引領鑑識科學發展下去。認罪不應該被當成定罪的唯一根據。事實上，虛偽自白（false confessions）〔14〕在錯誤定罪中佔了二十五％以上。另一個主要原因是目擊證人指認錯了人。

所有鑑識科學，包括DNA鑑定，都可能出錯。我們只能希望調查人員能執著於收集可靠的證據、提供可以揭發真相的線索，而不是迎合大眾的想法，或輕易放了有罪的犯人。不管是現

場或是實驗室的調查人員，都必須透過鑑識科學、心理學和分析法領域的研究，來提升他們的調查方法，並以嚴格的科學標準做測試，來決定它們的可信度。如果他們無法做到這些，便難以揪出真正的罪犯。即便只是錯殺了一個無辜的人，都代表我們的司法制度失敗了。

奧斯卡・海因里希從來沒有忘記大衛・蘭森的案子。這是他職業生涯中所遇到最具爭議的案子之一。到最後，科學證據只是讓陪審團一頭霧水而已。大衛・蘭森能保全性命，並不是因為他沒有犯罪，而是因為全國最頂尖的幾名鑑識專家無法根據證據達成共識。

奧斯卡沒辦法完全消弭大家在法庭上對鑑識科學的質疑，但是他確實讓陪審員們更加明白，身穿實驗袍的科學家有能力保護社會大眾。

────────

「我不知道我會用什麼身分邁入危險的七十歲，是一匹狼、一個瘋子還是一名太監[15]，」一九五〇年，奧斯卡在他七十歲的幾個月前，這麼告訴伯因頓・凱薩。「最後的結果應該會落在第一和第二種情況之間。就要七十歲了，沒什麼好抱怨的了。」

在大衛・蘭森審判後的二十年，奧斯卡・海因里希破了超過一千個案子，內容從偽造、假造遺囑到謀殺都有。兩個兒子長大成人後，還是努力想要滿足父親嚴苛的期待。摩提莫和西奧多都在第二次世界大戰的轟炸和槍林彈雨下倖存。摩提莫在太平洋

戰役的萊特（Leyte）戰役中受了重傷，獲得紫心勳章，之後又獲頒銅星勳章[16]。西奧多也得到了銅星勳章等表揚[17]，但他最令人印象深刻的成就，應該是在戰爭中被任命為著名的紀念碑救兵（Monuments Men）[18]。這是一支由來自十四個同盟國的藝術史學者和博物館工作人員組成的隊伍，任務是尋找並歸回納粹黨所竊取的藝術品。

儘管時間不長，但兩個兒子都曾經追隨奧斯卡的腳步[19]。摩提莫修了犯罪學，成了筆跡專家；父子倆曾在文書鑑定上短暫共事過。摩提莫最後還是選擇了在火奴魯魯的夏威夷銀行發展他的事業。一九四〇年代初期，西奧多和奧斯卡曾經以藝術鑑定家的身分一起在歐洲旅遊，但是西奧多後來成了紐約大都會藝術博物館（Metropolitan Museum of Art）的畫作副策展人，之後在多倫多大學擔任藝術史教授。

西奧多和奧斯卡間的金錢往來問題從沒有消停過，即使已經在大都會藝術博物館工作，這個四十三歲的大男人仍然伸手跟父親要錢。年邁的奧斯卡在去世前一個月還告訴西奧多，在填補好所有漏洞之前，他沒辦法退休。

「我還在等你的財務承諾，而且是下定決心的[20]，」一九五三年八月，奧斯卡這麼告訴西奧多。「過去你沒有錢，需要別人的同情和鼓勵，但那些快樂的日子已經結束了。」

奧斯卡在前一年的十月嚴重中風[21]，縮減工作量顯然才是明智之舉。但這位七十二歲，體力大幅衰退、患有多年高血壓[22]的老先生忽略了這些警訊，依舊每個星期在實驗室工作長達五十

五個小時[23]。由於租金過高，他被迫關閉了在舊金山的辦公室。他渴望休息，卻又背負著財務責任的重擔，只好一直待在實驗室，好確保妻子瑪莉安財務上有安全感。

「你的母親對於我花太多精神工作感到焦慮，這是讓我唯一不開心的事，」他告訴西奧多。「我最近在通往客廳的階梯裝了扶手[24]。」

隨著兩個孩子持續在他們個人的事業上發展，奧斯卡提供了他從嚴苛的教訓中汲取的經驗，特別是他的專家對手們給的教訓。那些關係並沒有隨著時間得到修補，競爭讓他們鄙視對方。

「你會發現，當你在專業領域持續成長、漸趨成功，總會有人認為這番成就並非你應得的，不是你靠自己的能力得到的，而是受到特殊待遇的結果[25]，」奧斯卡告訴摩提莫，「這時候，別理他們，繼續努力就對了。」

摩提莫有三個孩子，奧斯卡樂於含飴弄孫。他雖遺憾沒有成為著名的小說家，但似乎從發表鑑識科學相關文章和書籍獲得了滿足。即使他不斷抱怨西奧多和摩提莫對金錢缺乏責任感，但他無疑是愛這兩個孩子的。沒有人願意繼承家業這一點令他失望，但他決定用另一個角度看待他留下來的東西。

「我認為我最大的成就，是栽培了兩個具備能力、也願意在生活與工作上為社會福祉做出貢獻的孩子[26]，」奧斯卡在給西奧多的信上寫道。「這是一條漫長的路，但是我對於它的成果從來沒有懷疑過。」

一九五三年九月二十三日，奧斯卡獨自在實驗室工作時第二

次中風。在家人的陪伴下，他在醫院接受了五天的治療。他最要好的朋友約翰‧伯因頓‧凱薩立刻傳來了一份情感滿溢的電報。

「獻上最好的祝福，願你早日康復[27]，」凱薩在九月二十九日的電報寫道。「雖然你已經有許多令人矚目的成就，但這個世界仍然需要你，朋友們都希望看到你持續創造豐功偉業。」

但這份電報來遲了——奧斯卡的意識一直沒有恢復，並且在前一天過世了[28]。從某個角度來看，「美國福爾摩斯」的傳奇也跟著逝去了。奧斯卡的指印遍及所有鑑識科學的歷史書籍，許多他研究出來的技術至今仍受用。專家們稱奧斯卡為「美國二十世紀初最偉大的鑑識科學家」[29]。

「他幾乎是憑著一己之力，恢復了專家證人在美國法庭的聲譽，」一名鑑識學作者這麼寫道。「他的演繹推理有如出自小說的情節，讓他得到傳奇人物般的地位，成了享譽國際的鑑識科學要角。」

奧斯卡從來不追逐鎂光燈，相反的，是鎂光燈在追逐他。在犯罪的黑暗世界裡，他是一束燦爛的光，他的犯罪調查能力令人讚嘆，在他的年代無人能望其項背，即使在現在也是如此。很少有調查人具備這麼多學科的專長，而且能將這些技能與傑出的現場工作和實驗室裡的演繹推理結合。這點很令人遺憾，因爲我們遇到的某些特別具挑戰、看似無解的謎案，就需要像愛德華‧奧斯卡‧海因里希這樣的美國福爾摩斯來爲我們解開。

註釋

1 Dinkelspiel, "Remembering August Vollmer, the Berkeley Police Chief Who Created Modern Policing."

2 "Goddard, Calvin Hooker," *World of Forensic Science*, Encyclopedia.com (Access Date), https://www.encyclopedia .com/science/encyclopedias-almanacs-transcripts-and-maps/goddard-calvin-hooker.

3 "Kirk, Paul Leland," *World of Forensic Sciences*, Encyclopedia.com, https://www. encyclopedia.com/science/encyclopedias-almanacs-transcripts-and-maps/kirk-paul-leland.

4 Pamela Colloff, "Blood Will Tell," *New York Times Magazine*, May 31, 2018.

5 "The FBI Laboratory: 75 Years of Forensic Science Service," Federal Bureau of Investigation, *Forensic Science Communications* 9, no. 4 (October 2007).

6 "Report Criticizes Scientific Testing at F.B.I. Crime Lab," *New York Times*, April 16, 1997.

7 "The Causes of Wrongful Conviction," The Innocence Project, https://www. innocenceproject.org/causes-wrongful-conviction.

8 National Research Council, *Strengthening Forensic Science in the United States*, 6.

9 "Science Found Wanting in Nation's Crime Labs," *New York Times*, February 4, 2009.

10 Ibid., 19.

11 "What Is a Daubert Hearing?" Office of Medical and Scientific Justice.

12 "Cameron Todd Willingham: Wrongfully Convicted and Executed in Texas," The Innocence Project, September 13, 2010.

13 Radley Balko, "A Crime Lab Analyst Killed Himself after Contamination Wrongly Made Him a Suspect in a 30-Year-old Murder," *Washington Post*, June 5, 2017.

14 "False Confessions & Recording of Custodial Interrogations," The Innocence Project, https://www.innocenceproject.org/false-confessions-recording-interrogations.

15 Letter from Heinrich to Kaiser, November 11, 1950, box 1, in John Boynton Kaiser Papers

16 Letter from Heinrich to John McCloy, January 23, 1946, carton 85, folder 159, Edward Oscar Heinrich Papers.

17 "Biographical Sketch" (p. 6), 89–44, box 23, file 180, Theodore Heinrich Collection.

18 *The Monuments Men Foundation*, https://www.monuments menfoundation.org/the-heroes/the-monuments-men.

19　Mort's background from various family letters and obituary for "Mary Elizabeth 'Betty' Onthank Heinrich," *Honolulu Advertiser*, October 5, 2001.

20　Letter from Heinrich to Theodore, August 12, 1953, 89–44, box 24, file 188, Theodore Heinrich Collection.

21　Letter from Marion to Heinrich, October 13, 1952, box 2, John Boynton Kaiser Papers.

22　Letter from Heinrich to Theodore, May 14, 1953, 89–44, box 24, file 188, Theodore Heinrich Collection.

23　Letter from Heinrich to Theodore, February 15, 1949, 89–44, box 24, file 187, Theodore Heinrich Collection.

24　Letter from Heinrich to Theodore, August 27, 1953, 89–44, box 24, file 188, Theodore Heinrich Collection.

25　Letter from Heinrich to Mortimer, March 26, 1947, box 11, folder 19, Edward Oscar Heinrich Papers.

26　Letter from Heinrich to Theodore, June 6, 1948, 89–44, box 24, file 186, Theodore Heinrich Collection.

27　Telegram from Kaiser to Heinrich, September 29, 1953, box 1, John Boynton Kaiser Papers.

28　"Heinrich Rites Today," *San Francisco Examiner*, September 30, 1953.

29　Evans, *Murder 2*, 112–13.

致謝
Acknowledgments

　　身為本書的作者，這本書最令我興奮之處在於它誕生的過程。而且這個計畫差點就胎死腹中了。幾年前，我在一本美國犯罪百科全書（我猜你一定沒想到竟然有這樣的書！）讀到了西斯基尤火車劫案的故事，發現這位綽號「美國福爾摩斯」的愛德華·奧斯卡·海因里希。身為真實犯罪事件的寫手，我怎麼能忽略這樣的稱號呢？

　　當時我正在尋思我的第二本書該寫什麼，真人傳記這個想法非常吸引我。我發現柏克萊大學有海因里希的收藏，而且收藏量大得驚人。實在太大了。事實上由於內容太多，整理起來非常棘手，柏克萊大學一直沒有將它們編目建檔。網路上有一個請檔案管理人審核的表格可以填寫，有點像大眾陳情書，我可以在上面提出為什麼覺得某些資料應該整理出來，開放給大眾。我解釋我是德州大學奧斯汀分校的新聞系副教授，同時是非虛構類書籍的作家。我認為愛德華·奧斯卡·海因里希是美國史上最有建樹的鑑識科學家，應該要有人為他寫本書。

　　送出表格後⋯⋯我等了兩個月。終於，柏克萊大學班克羅夫特圖書館（Bancroft Library）的助理回電子郵件告知我這個壞消息——由於人手不足，加上有其他事情需要優先處理，他們近期沒有整理海因里希收藏的計畫。接著這名助理告訴我：「你知道那個收藏有多大嗎？」我知道。但我也知道那是我的書。幾個星期後，我再次寫信給這名檔案管理員。「不知道他們能不能重新考慮？」

　　一、兩天後，在圖書館負責檔案處理的拉拉・米歇爾給了我一個大驚喜。「好。我們開始整理。」她看了一些收藏內容，同意愛德華・奧斯卡・海因里希確實是個了不起的人。她將親自整理那些收藏。

　　海因里希的收藏共有一百多箱，放在距離學校圖書館不遠的校外設施中。接下來的十八個月，米歇爾每個星期會有一天去將他的收藏進行編目。我雖然高興，卻也擔心這過程會非常緩慢。確實如此。但米歇爾真的太優秀了。再怎麼細微的東西，她都分門別類了。她認真閱讀每份文件；仔細檢視海因里希保留的每一件證據（理應由他交給警察的），沒有捨棄任何東西。

　　米歇爾會把有趣的發現、可以更認識海因里希的東西拍照傳給我。整理好收藏後，她為我——就單為我——製作了一份特別導覽，並邀請我到收藏地點，讓我得以盡早開始我的研究。她過去從來沒有這麼做過。她繼續整理海因里希的箱子，我則將他奉獻一生做的調查工作拍照記錄。我們一起聊他的家庭、他的生活和他經手的案件。她建議我的書裡應該寫哪些案子，因為它們的檔案內容最豐富。我跟她分享了每一個案件的庭審筆錄，還給

她看了西奧多・海因里希收藏在加拿大里賈納大學（University of Regina）的信件。米歇爾對我在史丹佛大學找到的大衛・蘭森案照片大為吃驚。發現奧古斯特・海因里希自殺的事時，我寄了電子郵件告訴她。

身為作者、身為檔案保管人，我們都由衷希望這本書能夠成功，我覺得在出版界不會找到比這更好的關係了。要不是柏克萊大學和拉拉・米歇爾，愛德華・奧斯卡・海因里希的故事將遺失在歷史長河中。我永遠感謝他們。

另外我還要向這些人致意：

不可思議的事實查核員 Joyce Pendola，她是我永遠的安全網。曾擔任辯護律師的法律系教授 David Sheppard 是我最好的聽眾與顧問。傑出的記者朋友 Pamela Colloff 幫我檢查了血濺形態分析的部分，那真是一門難懂的學科。德州大學心理系教授 Kim Fromme 幫我確認了奧斯卡・海因里希古怪的個性。德州州立大學法醫人類學中心主任 Daniel Wescott 告訴我身體腐化的多種方式（好幾個章節都得藉助他的指導）。

Jill Heytens 醫生和 Steven Kornguth 博士都是令人尊敬的神經學專家，他們在艾琳・蘭森的案子上提供我指導。Heytens 醫生甚至提出要幫我重演艾琳的意外致死事件；我們最終決定不這麼做。我要謝謝 Tina Shorey 和 Desi Rodriguez，她們帶我到射擊場學射擊，並在我使用大型槍枝時很識相的站到一旁去。

我不能不感謝我在德州大學的同事們，特別是穆迪傳媒學院（Moody College of Communication）的院長 Jay Bernhardt，以及新聞

學院主任Kathleen McElroy。我也要感謝Maureen Healy Decherd '73教學基金多年來提供我慷慨的經費。另外，我還要謝謝我的堂姊Diana Dawson，她的辦公室就在我的對面，由於她多年前的啟發，我成了新聞工作者。我很高興能與全國最優秀的新聞工作教育者共事，擁有他們無條件的支持。

我要感謝德州作家聯盟（Writers' League of Texas）執行主任Becka Oliver，她從一開始就是最佳啦啦隊，她組織的這個團體太棒了。我還要謝謝在Stratfor出版社一路支持我的Emily Donohue。

這是我第一次和G.P. Putnam's Sons出版社合作，我感到非常榮幸。這個團隊的才華令人驚艷，我很幸運能和一群真誠喜歡這本書、支持這本書的人共事，特別是董事長Ivan Held、主編Sally Kim、公關部副主任Katie Grinch、市場部主任Ashley McClay、市場部副理Brennin Cummings，以及助理編輯Gabriella Mongelli。我特別要感謝我的執行編輯兼好友，才華洋溢的Michelle Howry，她能讓平淡的敘事化腐朽為神奇，沒有她我將不知道如何是好。

若不是我的寫作經紀人——Dystel, Goderich & Bourret公司的Jessica Papin，這本書還會繼續躺在我的硬碟裡。在這個書籍的世界裡，我找不到更值得我信任的人了。

謝謝德州女孩們，我三十年的至交好友，我會繼續寫書，這樣我們才有理由在Lake Travis的船上開派對。

謝謝我已故的父親Robert Oscar Dawson，他在德州大學執

教三十七年，是名傑出的法學教授。從小他就告訴我，被錯誤定罪的人一個都嫌多。

最後，我要把這本書獻給Jenny、Ella和Quinn，以及我的父母Lynn和Jack Lefevre；我的公公婆婆Sandra和Charlie Winkler；我的小叔Chuck Winkler和妹夫Shelton Green，謝謝你們在背後支持我。

INSIDE 23

美國福爾摩斯 海因里希與催生鑑識科學的經典案件
AMERICAN SHERLOCK
Murder, Forensics, and the Birth of American CSI

作　　者	凱特‧溫克勒‧道森（Kate Winkler Dawson）
譯　　者	張瓊懿
責任編輯	林慧雯
封面設計	蔡佳豪

編輯出版	行路／遠足文化事業股份有限公司
總 編 輯	林慧雯
社　　長	郭重興
發行人兼 出版總監	曾大福
發　　行	遠足文化事業股份有限公司　代表號：（02）2218-1417 23141新北市新店區民權路108之4號8樓 客服專線：0800-221-029　傳真：（02）8667-1065 郵政劃撥帳號：19504465　戶名：遠足文化事業股份有限公司 歡迎團體訂購，另有優惠，請洽業務部（02）2218-1417分機1124、1135
法律顧問	華洋法律事務所　蘇文生律師
特別聲明	本書中的言論內容不代表本公司／出版集團的立場及意見，由作者自行承擔文責
印　　製	韋懋實業有限公司
初版一刷	2021年9月

| 定　　價 | 460元 |

有著作權‧翻印必究　缺頁或破損請寄回更換

國家圖書館預行編目資料

美國福爾摩斯：海因里希與催生鑑識科學的經典案件
凱特‧溫克勒‧道森（Kate Winkler Dawson）著，張瓊懿譯
一初版—新北市：行路，遠足文化事業股份有限公司，
2021.09
面；公分
譯自：American Sherlock：Murder, Forensics, and the Birth
of American CSI
ISBN 978-986-06129-5-0（平裝）
1.海因里希(Heinrich,Edward Oscar,1881-1953)
2.傳記　3.犯罪學　4.法醫學
785.28　　　　　　　　　　　　110006285